FLENSBURGER HEFTE

Biographiearbeit

Liebe Leserinnen und Leser!

In diesem FLENSBURGER HEFT stellen wir ein relativ neues und unbekanntes Arbeitsfeld vor: Biographiearbeit. Nach einem einleitenden Artikel von Christine Pflug über die Biographiearbeit selbst folgt ein Interview mit Bernard Lievegoed über die verschiedenen Krisen und Entwicklungsschritte innerhalb der einzelnen Lebensphasen, was Ulrich Morgenthaler in seinem überarbeiteten Vortrag aufgreift und spezifiziert. Das Gespräch mit Tijno Voors eröffnet einen Blick auf die Idee und Praxis der Biographiearbeit, Mathias Wais berichtet aus der konkreten Arbeit einer anthroposophischen Beratungsstelle, Annette Vogt über das bewußte Einleben in die eigene Biographie, Helmuth ten Siethoff über seine spezielle Biographiearbeit und Unternehmensberatung. Im weiteren haben wir versucht, Vertreter zweier Berufsfelder, die wesentlich mit der menschlichen Biographie zu tun haben - Priester und Lehrer -, über ihre Arbeit zu befragen: Hans-Werner Schroeder zu seiner seelsorgerlichen Tätigkeit und Christoph Göpfert über die Bedeutung der Behandlung einzelner konkreter Biographien im Unterricht der Waldorfschule.

Wir danken Christine Pflug, in der Biographiearbeit und Erwachsenenbildung tätig, für die umfangreiche Mitarbeit und Zusammenstellung dieses FLENSBURGER HEFTES.

Es grüßt Sie
Ihre
FLENSBURGER HEFTE-Redaktion

Eine dringende Bitte an unsere Abonnentinnen und Abonnenten!

Teilen Sie uns bitte jede Ihrer Adreßänderungen mit, da die Post auch bei einem bestehenden Nachsendeantrag die FLENSBURGER HEFTE in der Regel nicht an die neue Adresse nachsendet, sondern sie lediglich mit dem Vermerk "Unbekannt verzogen" an uns zurückschickt. Aber auch bei einer eventuellen Nachsendung erfahren wir die neue Anschrift nicht, so daß uns dadurch viele Abonnentinnen und Abonnenten verlorengehen. – Geben Sie bitte bei der Mitteilung Ihrer Adreßänderung Ihre Abo-Nummer an, Sie finden sie jeweils auf dem Adreßetikett des Umschlags. Bitte teilen Sie uns Ihre Adreßänderung **nicht** auf einem Überweisungsträger oder Einzahlungsbeleg mit.

Danke!

Aus dem Inhalt

Was ist eigentlich Biographiearbeit?

Christine Pflug

"Biographiearbeit - was ist denn das?" werden sich vielleicht manche Leserin und mancher Leser fragen, die dieses Heft zur Hand nehmen. Biographien kennt man aus der Literatur, vielleicht hat man auch schon fasziniert dem Lebenslauf eines Mitmenschen gelauscht oder sich über den eigenen Werdegang Gedanken gemacht. Manche anthroposophisch gebildete Leserin, mancher Leser weiß auch um die Gesetzmäßigkeiten des Lebenslaufs, die Jahrsiebte oder andere Rhythmen, die Verwandlung der Leibesglieder in seelische und geistige, über Wirkungen des Karmas und andere geistige Erkenntnisse. Und nun soll mit all diesem *gearbeitet* werden?!

Biographiearbeit - ein fast neuer Begriff. Aber vielleicht geht es manch einem so wie einer Frau, die dazu bemerkte: "... irgendwie klingelt es dabei in mir." In den letzten Jahren hat sich die Aufmerksamkeit für diesen Themenbereich sehr gesteigert: Man betrachte nur einmal die Menge der Neuerscheinungen von Biographien in vielen Verlagen; die soziologischen und psychologischen Fakultäten an den Universitäten forschen seit einigen Jahren in diesem Bereich; und nicht zuletzt zeigt das sich steigernde Angebot psychologisch-spiritueller Methoden, wie Reinkarnationstherapien, verschiedenste Selbsterfahrungsgruppen, Ratschläge zur Lebensbewältigung usw. den wachsenden Bedarf in dieser Richtung.

All diese Phänomene waren noch eine Generation früher kein Thema. Wenn man den Lebenslauf der eigenen Eltern betrachtet, so waren die Wege und der Lebensstil relativ festgelegt. Gesellschaftliche Normen, wirtschaftliche Notwendigkeiten, Moralvorstellungen einer Familie oder eines größeren sozialen Zusammenhangs bestimmten von außen die meisten Biographien. Heute hat sich das vollständig geändert! Es herrscht totale Freiheit und Eigenständigkeit, Normen und Traditionen tragen fast gar nicht mehr. Jeder ist aber schon mehr oder weniger mit der Kehrseite dieser Tatsache in Berührung gekommen: Orientierungslosigkeit, Konflikte mit sich selbst und anderen, Krisen und auch völlige biographische Abbrüche sind an der Tagesordnung. Bei vielen Menschen entsteht eine Ahnung, daß eine Orientierung und ein Halt auf neue Weise gefunden werden muß. Die Suche danach läßt sich vielleicht auf folgende Fragen, die vor einigen Wochen in einer Biographiearbeitsgruppe mit mir formuliert wurden, verdichten:

– Wie kann eine Orientierung aussehen, die mir einerseits ganz konkret persönlich hilft, andererseits mich mein Leben objektiv betrachten läßt?
– Was ist Entwicklung?
– Wann habe ich subjektive Knotenpunkte in meiner Biographie, wann sind sie grundsätzlicher Natur?
– Was sind meine Aufgaben in diesem Leben; wo liegt mein Geburtsimpuls?
– Warum begegne ich immer wieder ähnlichen Konflikten? Welche Botschaft steht dahinter?
– Was passiert eigentlich, wenn sich in meinem Leben äußerlich nichts bewegt und verändert?
– Worin liegt die Verbindung zwischen den äußeren Ereignissen und meiner seelisch-geistigen Entwicklung?

– Welches sind die Quellen, aus denen heraus ich immer wieder Hilfen für die Gestaltung meines Lebens finde?
– Wie kann ich *erleben,* daß ich mit all diesen Fragen nicht alleine stehe, sondern ein Schicksal mit der Menschheit teile? Und wo führt uns dieses Schicksal hin?

Solche Fragen zeigen, daß die Menschen einerseits mit ihren ganz persönlichen Ereignissen umgehen wollen, andererseits einen über das Subjektive hinausgehenden Zusammenhang suchen. Damit ist man gleich bei dem wesentlichen Ziel, daß allen Formen von anthroposophischer Biographiearbeit zugrunde liegt. Bei allen noch so intimen und persönlichen Ereignissen geht es nie darum, bei den Empfindungen und dem Subjektiven stehenzubleiben. Ein zu langes und methodisch strukturloses Sich-Beschäftigen mit der Biographie würde zu einem Verhaften an die eigene Vergangenheit und zu einer Selbstverliebtheit führen. Und genau das Gegenteil wird angestrebt! Ein Verobjektivieren seines Schicksals und seiner selbst führt zu einem Zukunftswillen und zu Interessenskräften für andere Menschen und die Welt. Die Menschen sollten reiche, bunte und vielfältige Gefühle haben, aber nie, um darin verhaftet zu bleiben, sondern um sie zu Wahrnehmungsorganen zu entwickeln. Das Betrachten der eigenen Biographie dient als Methode, um sich selbst, aber auch andere, besser zu verstehen - vielleicht überhaupt erst einmal in ihrem eigentlichen Wesen zu erkennen - und dadurch für das Soziale und das Weltganze heilend zu wirken. Der Mensch wird in seinem bewußten autonomen Ich angesprochen, und dieses Ich wird gestärkt. Darin liegt auch der Unterschied zur Psychotherapie, die meist bei den Menschen eine Nachreifung bewirken will und mit dem Astralleib arbeitet. Es werden Gefühle und Schmerzen vergangener Situationen noch einmal durchlebt, um die ganze Spannweite der Ereignisse, die teilweise verdrängt wurden, zu erfassen und um sie dann in bewußter und bewältigter Weise in das jetzige Leben zu integrieren.

In der Biographiearbeit wird der Mensch gleich in seiner autonomen Bewußtheit angesprochen, und es soll durch ein distanziertes Betrachten des Vergangenen eine neue, künstlerisch-wahrnehmende Gefühlsqualität entstehen. Natürlich sind diese Unterschiede - je nach Situation - in der Praxis nur tendenziell und mit fließenden Übergängen vorhanden.

So oft das Umgehen und Betrachten eines Lebenslaufs in professionellen und auch alltäglichen Situationen vorkommt, so wenig gibt es *die* Biographiearbeit. Wie beschrieben, gehören eine gewisse Methodik und ein geistiger Hintergrund dazu, aber die Formen sind vielfältig. Je nach Zielsetzung findet sie in Einzelgesprächen oder in Gruppen statt, sie kann ein Bestandteil einer Unternehmensberatung, eines seelsorgerlichen Gesprächs, einer medizinischen Behandlung, einer pädagogischen Ausbildung, bei der Gründung von Initiativen, bei allen therapeutischen Behandlungen jeglicher Art und unzähliger Situationen sein. In jedem Fall kann man bemerken, daß ein einfühlsamer und kenntnisreicher Umgang mit dem Thema immer mehr im Alltagsbereich gefordert ist, sei es beim Gespräch mit der Nachbarin, beim Erziehen der eigenen Kinder, beim Zeitungslesen oder im Auf und Ab des eigenen Lebens.

Vielseitig wie das Leben selbst sind die Blickwinkel, aus denen heraus man es betrachten kann. Hat man erst einmal damit begonnen, hinter einer Biographie mehr als eine wahllose Abfolge von Ereignissen zu sehen, eröffnen sich ungeahnte und spannende Dimensionen. Zunächst einmal sind Erkenntnisse aus der Anthroposophie oder aus anderen Bereichen eine notwendige und hilfreiche Voraussetzung. Welchem 37jährigen, der vielleicht umziehen muß und seinen Arbeitsplatz verliert, ist es keine Hilfe zu wissen, daß ihm dies an einem rhythmischen Knotenpunkt der Biographie widerfährt - dem sogenannten zweiten Mondknoten -, der eine Loslösung aus dem Sozialen ist und die Chance in sich birgt, daß der Mensch mehr zu seinem eigentlichen findet? Wer fühlt sich nicht erleichtert und aus seiner Subjektivität irgendwie befreit, wenn er hört, daß es Lebensrhythmen gibt, die mit kosmischen Gesetzen zusammenhängen, für alle Menschen gelten und sich sogar in der Weltentwicklung wiederfinden lassen? Auch zur Erforschung des Karmas, des individuellen Schicksals, gibt Rudolf Steiner immer wieder biographische Übungen an. - Doch noch steckt die wissenschaftliche Seite der Biographiearbeit in den Anfängen, und es gibt noch viel zu tun.

Beim intensiven Betrachten eines Lebenslaufs stößt man darauf, daß auf geheimnisvolle Weise bestimmte Gestaltungsprinzipien unser Leben formen. Es sind die gleichen Gestaltungsimpulse, die man in der Kunst findet. So muß man, um dem jeweiligen Menschen wirklich gerecht zu werden, sein Leben mit einem *künstlerischen Blick* betrachten oder seinen Erzählungen mit einem musikalischen Ohr lauschen. Nur dann kann man ahnen, wie sich etwas individuell Geistiges durch dieses Leben *hindurch* ausdrücken möchte. Inwieweit die Biographiearbeit *selbst* zur Kunst wird, sei ihren Verfechtern und Verfechterinnen und der Zukunft überlassen.

Manchmal ist es so, daß sich im Leben Gegenwart und Zukunft scheinbar völlig verfinstern, man keinen weiteren Weg sieht und an seine Grenzen gekommen ist, wobei es auch Menschen gibt, die ständig an dieser Grenze leben. Durch solche Schicksalsmomente oder auch aus dem ständigen Gegenwärtigsein der eigenen Beschränktheit eröffnet sich der Zugang zu anderen Kräften, die auf weisheitsvolle Art das Leben führen. Man wird bei einem respektvollen Umgang im Betrachten eines Lebenlaufs auch konsequenter Weise zu solchen Erlebnissen kommen. Durch die Biographiearbeit kann der Wunsch und die Notwendigkeit nach einem vertieften religiösen Umgang mit geistigen Wesen entstehen.

Man darf hoffen, daß die Biographiearbeit neue Wege aufzeigt, um zwei dringend notwendige, bisher aber meist voneinander getrennt stehende Lösungen für die Menschheit zu verbinden. Es ist dies einmal die radikale Auseinandersetzung des Menschen mit sich selbst, mit seinen eigenen Konflikten und sozialen Schwierigkeiten und sein berechtigtes Interesse nach Selbsterfahrung und persönlicher Entwicklung. Diese Themen sind heute so komplex und schwierig geworden, daß es ohne Hilfe anderer Menschen und entsprechende Methoden nicht mehr geleistet werden kann. Zum anderen kann der Mensch selbst - und dadurch auch das soziale Umfeld - nur Heilung erfahren, wenn diese persönlichen Prozesse wiederum über das Subjektive zu einem selbstlosen Interesse hinausführen und die gewonnenen Erkenntnisse und Kräfte für das Weltganze eingesetzt werden. Nur wenn diese beiden Seiten miteinander verbunden und in einem ausgewogenen Verhältnis realisiert werden, kann wirkliche Heilung für den einzelnen, die Menschheit als Ganzes und die geistige Welt entstehen.

Auf der Suche nach dem roten Faden

INTERVIEW MIT BERNARD LIEVEGOED

von Christine Pflug und Wolfgang Weirauch

Foto: Wijnbergh

Prof. Dr. Bernard C.J. Lievegoed, *geboren 1905 in Medan-Deli (Ostküste Sumatras); 1918 nach Java, dort Realschule; 1923 nach Niederlande, dort Abitur, Medizinstudium in Groningen und Amsterdam. Mai 1930 Arzt. 1931 Gründung "Zonnehuis" - Heilpädagogisches Institut in Zeist. 1932 Mitglied des Vorstandes der holländischen Anthroposophischen Gesellschaft. In der Zeit von 1940 bis 1945 mehrmaliges Umziehen: Zeist - Haag - Zeist. Nach 1945 schnelles Anwachsen der Kinderzahl in "Zonnehuis" bis 200. Ab 1948 Klassenleser der Freien Hochschule für Geisteswissenschaft in Holland (zusammen mit Zeylmans und de Haan); ab 1949 Tätigkeit in der Betriebswelt; 1954 Lehrstuhl Soziale Pädagogik in Rotterdam; Gründung des "Nederlands Pedagogisch Instituut" - bekannt als NPI (Betriebsberatung); 1963 Gründungsdekan der Abteilung Soziale Wissenschaften in der Technischen Universität in Enschede (Ost-Niederlande); 1964 Vorsitzender der Anthroposophischen Gesellschaft in Holland; 1971 Gründung der "Vrije Hogeschool" in Driebergen-Zeist, eine freie Gründung auf universitärer Basis. 1974 Weitergabe des Vorsitzes der Anthroposophischen Gesellschaft; 1990 Weitergabe* *der Lesung der Klassenstunden der Freien Hochschule für Geisteswissenschaft an Nachfolger. 1983 wird ihm die "Goldene Feder" des Niederländischen Verlegerverbandes verliehen. In Deutschland bekanntgeworden durch sein Buch "Lebenskrisen - Lebenschancen".*

Der Mensch ist keineswegs nur das Produkt aus Vererbung und Umwelt, sondern wer den Menschen aufmerksam beobachtet, wird bemerken, wie durch jede äußere Menschenhülle eine geistige Individualität hindurchschimmert, die eine ganz andere Gesetzmäßigkeit mitbringt als dasjenige, was man als Vererbungsmerkmale und Umwelteinflüsse feststellen kann: Dies ist das individuelle Schicksal, was einer jeden Individualität eigen ist. Dieser rote Faden des Schicksals ist eine geheimnisvolle Spur in der Menschenwesenheit, die im Laufe des Lebens mehr oder weniger zur Erscheinung kommt. Für den einen ist sie eine sichere Fährte, für den anderen nur ein Wegweiser, der an markanten Entscheidungspunkten des Lebens die Richtung weist; für viele ist diese Schicksalsspur aber oftmals fast ganz versunken.

In einer Zeit wie der heutigen, in der sich die individuellen Eigenschaften der Menschen immer stärker herauskristallisieren, wird es zunehmend wichtiger werden, sich einen Blick für die einzelnen Lebensphasen, Knoten- und Krisenpunkte des menschlichen Lebenslaufes zu erwerben, um mit dieser Grundlage den roten Faden der jeweiligen Individualität, das persönliche Schicksal des Menschen, zu erhellen. Speziell die Krisenmomente in unserem Leben sind es, die uns die Entwicklungschance geben, für unsere im Vorgeburtlichen gesetzten Aufgaben aufzuwachen, die uns die Möglichkeit eröffnen, nach dem Sinn dessen zu fragen, was wir eigentlich wollen.

Bernard Lievegoed hat in seinem langen Leben auf den verschiedensten Lebensgebieten entscheidende Grundlagen für diese Erkenntnis des menschlichen Lebenslaufes gelegt: als Heilpädagoge, Jugendpsychiater und Pädagoge, als Hochschullehrer, als Vorsitzender der Anthroposophischen Gesellschaft in Holland, Autor zahlreicher Bücher sowie in der Beratung von Spitzenkräften der Wirtschaft durch die Gründung des NPI, dem Institut für Organisationsentwicklung. Wir besuchten Bernard Lievegoed in seinem Haus in Zeist/Holland und befragten ihn über die einzelnen Phasen des menschlichen Lebenslaufes, die er unter anderem anhand persönlicher Erlebnisse seines 85jährigen Lebens in lebendiger Weise darstellte.

Wolfgang Weirauch: Was hat Sie veranlaßt, sich Ihr ganzes Leben vorwiegend mit der Biographie des Menschen zu befassen?

Prof. Dr. Bernard C.J. Lievegoed: Bevor ich darauf eingehe, möchte ich bemerken, daß es mir wenig sinnvoll erscheint, die Inhalte meines Buches über den menschlichen Lebenslauf zu wiederholen. Ich möchte die Antworten mehr an Beispielen und persönlichen Erlebnissen orientieren. Also: Dazu muß ich sagen, daß ich ein Spätblüher bin. Ich hatte mit 24 Jahren ein Arztdiplom in der Tasche und wußte kaum, wie ich dazu gekommen bin; nebenbei sah ich aus wie 17 und konnte mich deswegen nicht als Arzt niederlassen. Niemand glaubte, daß ich Arzt war. Ende der zwanziger Jahre organisierte eine internationale Gruppe von jüngeren Anthroposophen ein Jugendtreffen in Holland. Wir alle hatten währenddessen das Gefühl, daß eine längere negative Periode kommen würde. 1.200 Jugendliche aus allen Ländern kamen zu diesem letzten Treffen vor dem

Dritten Reich zusammen, unter anderem sogar eine Gruppe von 17 Jugendlichen mit dem Fahrrad aus Rumänien.

Auf dieser Zusammenkunft begegnete mir eine ältere Dame, die auch höchst verblüfft zur Kenntnis nahm, daß ich bereits mein Arztexamen absolviert hatte. Da ich wußte, daß man mich so sieht, habe ich mich nicht als Hausarzt niedergelassen, auch keine wissenschaftliche Laufbahn genommen, sondern habe in der Pathologie an Karzinomfragen - allerdings noch nicht mit anthroposophischen Aspekten - gearbeitet. Später mußte ich als Sanitätsoffizier zum Militärdienst. In dieser Zeit kam ich auf einer dreitägigen Tagung in Leipzig mit der anthroposophischen Heilpädagogik in Berührung. Ich habe mich dann entschlossen, die psychiatrische Richtung zu wählen.

Nach meiner Militärzeit bin ich dann nach Arlesheim in die Schweiz gefahren, habe auf dem Sonnenhof gearbeitet und bin im weiteren durch verschiedene heilpädagogische Institutionen gegangen, um die verschiedenen praktischen Spielarten der Heilpädagogik kennenzulernen. Ich habe dann im Juni 1931 in einem gemieteten Haus in Holland mit meiner Arbeit als heilpädagogischer Arzt begonnen, und zwar mit einem nominalen Startkapital von 5.000 Gulden, die mir von Freunden vermacht worden waren. Allerdings nützte mir dieses Startkapital wenig, da sich die große finanzielle Krise 1929/30 in den USA auch auf Europa auswirkte und mein Startkapital von heute auf morgen auf 25 % abgewertet wurde. Das war eine harte Zeit, aber jedermann war derzeit arm in Holland. In einem Haus, das ich gemietet habe, begann ich mit fünf Mitarbeitern und sieben Patienten mit meiner Arbeit in unserem heilpädagogischen Heim in Zeist; es wuchs aber sehr schnell. Ich war derzeit der einzige anthroposophische Arzt in dieser Gegend, die anderen lebten alle im Westen Hollands; damals waren es fünf anthroposophische Ärzte in diesem Land, heute sind es etwa 200. Aber damals war ich der einzige, der in dieser östlichen "Wildnis" arbeitete. Diese anthroposophische Unberührtheit hat sich aber in den folgenden Jahrzehnten gravierend gewandelt, es kam eine Waldorfschule in Zeist hinzu und vieles mehr.

Allmählich mußte ich auch eine Hausarztpraxis aufmachen, um Geld für mein heilpädagogisches Institut zu erwerben, denn ich habe in diesen Jahren wirklich in Armut gelebt. Ich hatte nur 15 Gulden pro Monat als Taschengeld. Dies war eine sehr schöne Zeit, weil jeder der Mitarbeiter das gleiche bekam, während man zusammen aß und zusammen lebte. Ob diese Entlohnungsfrage nun die richtige ist, möchte ich einmal dahingestellt sein lassen, denn verschiedene Vertreter der Dreigliederungsbewegung werden dies gewiß anders sehen.

Innerlich ausgebrannt

W.W.: Wie unterscheiden Sie die innere und äußere Biographie des Menschen?

B. Lievegoed: Das Wort sagt es im Grunde schon sehr deutlich, aber ich kann in bezug auf Ihre Frage ein praktisches Beispiel geben: Zu mir kam ein Direktor eines Betriebes, der vor vielen Jahren einmal einen Kurs bei mir im Unternehmerverband mitgemacht hatte und erzählte mir von seiner großartigen Karriere, die er im äußeren Leben gemacht hatte. Er hatte zwei Diplome gleichzeitig gemacht, einen Betrieb gegründet, und zwar mit sehr großem Erfolg. Es war ein Mann, der allgemein als Vorbild angesehen wurde. Aber als er zu mir kam, sagte er: "Ich bin innerlich vollkommen kaputt, meine Ehe geht entzwei, ich habe keinen Kontakt mehr zu meinen Kindern, und wenn es so weitergeht, dann komme ich in die psychiatrische Klinik." Nach außen hin war er also noch immer der Mann mit dem außerordentlichen Erfolg, der den fast typischen amerikanischen Aufstieg hinter sich hatte, aber innerlich war er vollständig ausgebrannt.

Daran kann man erkennen, daß die innere Biographie nicht mit der äußeren parallel läuft. Wenn die innere Biographie zerstört ist, muß man diesen Menschen so behandeln bzw. ihm raten, daß dadurch nicht auch noch seine äußere Biographie einstürzt. Man muß die ganze Angelegenheit so angehen, daß der betreffende Mensch in die Lage versetzt wird, mit Aufrechterhaltung seines äußeren Lebens seine innere Biographie zu bearbeiten.

Auf der anderen Seite gibt es auch den umgekehrten Fall, daß ein Mensch mit einem ungeheuer reichen inneren Leben äußerlich überhaupt nicht zu Rande kommt. Ich kenne zum Beispiel einen jungen Mann, der glücklich verheiratet ist, ein ausgeprägtes inneres Leben führt, aber nicht in der Lage ist, sein äußeres Leben sinnvoll zu gestalten.

W.W.: In der Adoleszenz bzw. dem dritten Lebensjahrsiebt erwacht der Mensch für die Welt, sein Empfindungsleib erwacht. Welches sind die wichtigsten Erfahrungen in diesem Lebensabschnitt?

B. Lievegoed: Für diese Gruppe von Menschen haben wir vor zwanzig Jahren in Holland ein propädeutisches Zwischenjahr zwischen Abitur und Universität eingerichtet, welches von denjenigen Menschen besucht wird, die gerade die Adoleszenzphase hinter sich haben, also 18 bis 19 Jahre alt sind. Es ist ein einjähriger Kurs, der durchschnittlich von ca. 130 Jugendlichen besucht wird. Dieses Lebensalter ist die Zeit, bis zu der das Instrument geboren wird; mit der Geburt wird der physische Leib geboren und anschließend ausplastiziert, mit sieben Jahren wird der Ätherleib geboren und während der nächsten sieben Jahre herangebildet, und mit der Pubertät bzw. dem Anfang der Adoleszenz wird der Astralleib geboren. Das ist der Moment, in dem das Ich herannaht, auch wenn es noch nicht vollständig erwacht ist, aber es kommen in diesen Jahren bei dem Jugendlichen Fragen auf, die belegen, daß die Menschen für die Außenwelt erwachen. Die Realität der Außenwelt wird einem in dieser Zeit schmerzhaft bewußt. Eigentlich beginnt dies bereits mit dem elften Lebensjahr, also in der Präpubertät, in der die Kinder plötzlich sagen: "Warum wohnen wir in einer derartig schlampigen Straße?" Das Haus gefällt einem nicht, die Wohnung gefällt einem nicht, alles wird mit kritischem Blick angeschaut. Ein kleines Kind bis zum Alter von zehn Jahren akzeptiert dagegen die Umwelt so, wie sie ist, aber mit der Pubertät beginnt die Spaltung zwischen Innen- und Außenwelt.

Drei Fragen an die Jugendlichen

W.W.: Mit welcher Perspektive steht man am Ende der Adoleszenz?

B. Lievegoed: Meist ist dies der Zeitpunkt, in dem man die Schule abgeschlossen hat und vor der Ausgangssituation steht, einen Beruf wählen zu müssen. Wenn diese Jugendlichen dann zu mir kommen, stelle ich ihnen drei Fragen. Die erste Frage ist: Was möchten Sie? Im Grunde ist dies der Gesichtspunkt des Lustprinzips. Nach Freud ist der

Mensch auch ein Lustwesen, und er ist bestrebt, seine Lust zu befriedigen. Wenn ich die Jugendlichen frage, was sie möchten, so geben sie verschiedene Antworten. Meine zweite Frage ist dann aber: Was kannst Du? Das ist das Leistungsprinzip. Welche Diplome hast Du bisher? Hast Du die physische bzw. intellektuelle Veranlagung dazu, den Beruf Deines Wunsches auszuführen? Wenn wir auch diesen Fragenkomplex durchgesprochen haben, wenn wir also wissen, was der Jugendliche kann, aber auch, was er nicht kann, dann kommt man allmählich zu einem entscheidenden Punkt. Bevor es soweit ist, muß man aber das Erlebnis haben, wo die Grenzen der eigenen Fähigkeiten liegen. Ich selbst wollte auch mit 16/17 Jahren Dirigent eines Orchesters werden, spielte selbst Violine, aber ich mußte es durchmachen, zu bemerken, daß meine musikalische Veranlagung lediglich für einen mittelmäßigen Amateur reichte, nicht aber für eine Orchesterkarriere oder gar für den Posten eines Dirigenten. Ich wollte also etwas, aber mußte es aufgeben, weil ich es nicht konnte. Dieses Erlebnis der Begrenzung, des Blicks auf die Realität ist sehr wichtig.

W.W.: Welches ist die dritte Frage, die Sie stellen?

B. Lievegoed: Es ist die Frage: Was möchtest Du eigentlich? Was möchtest Du eigentlich mit Deinem Leben anfangen? Dies ist eine Frage, die sehr viel tiefer geht, weil sie auf das Ich geht. Das Lustprinzip dagegen berührt nur den Astralleib, das Leistungsprinzip den physisch-ätherischen Menschen.

Christine Pflug: Können die Jugendlichen diese Ich-Frage im großen und ganzen schnell beantworten oder helfen Sie ihnen dabei?

B. Lievegoed: Natürlich ist es nur *mein* Programm, diese drei Fragen in der von mir beschriebenen Abfolge zu stellen, aber im Grunde geht es sehr schnell, daß die Jugendlichen ihre Interessen darstellen: Der eine bekundet sein Interesse für Technik, die andere möchte gerne mit Menschen zu tun haben, andere wiederum wollen mit Kunst oder mit Tieren beruflich arbeiten. Natürlich reden auch noch viele ganz aus ihrem Lustprinzip heraus, indem sie unverblümt sagen, daß sie nur noch reisen wollen; aber das nehme ich alles sehr ernst. Selbstverständlich muß man immer alle Fragen miteinander verbinden, also daß man jemanden, der etwas will, auch fragt, ob er dieses überhaupt aufgrund seiner Diplome usw. erreichen kann.

Wenn jemand äußert, mit Menschen zu tun haben zu wollen, so sage ich ihm, daß das noch zu allgemein ist, denn er kann Lehrer werden, Medizin studieren, Heilpädagoge oder auch Personalchef in einem Unternehmen werden. Diese Berufe stehen alle noch in Verbindung zu unserer äußeren Kultur. Aber wenn man dann noch einmal intensiver die dritte Frage stellt, was der Betreffende wirklich mit seinem Leben machen will, dann entsteht oftmals ein Schweigen. Man kann diese Frage auch unbeantwortet lassen, aber sie ist gestellt worden! Sie wirkt weiter und kommt zurück.

Das Lustprinzip wird durch das Verlangen gesteuert; etwas völlig anderes aber ist die Erfüllung des Lebens durch einen Lebensinhalt, der von dem Ich gegeben wird. Diese Erfüllung steht hinter der dritten Frage, auch wenn man das den Jugendlichen nicht immer so deutlich darstellt. Oftmals verstehen es die Jugendlichen noch nicht, wenn man sie direkt fragt, wodurch ihr Leben erfüllt sein würde. Allerdings ist es die eigentliche Frage. Im Grunde ist es auch eine sehr schwierige Frage, denn man kann über achtzig Jahre alt werden, ohne daß diese Frage wirklich beantwortet ist. Wenn man ehrlich ist und seine Ich-Biographie in vollem Lichte anschaut, wird man sich meist gestehen müssen, daß man noch sehr viel mehr hätte tun können als man vollbracht hat. Bei mir selbst ist es ähnlich, meine äußere Biographie stimmt, aber ob meine innere Biographie damit übereinstimmt, möchte ich nicht unbedingt behaupten.

"Wer nie verliebt war, ist ein Stockfisch!"

W.W.: Ich möchte noch einmal in die Phase der Adoleszenz ein wenig genauer hineinschauen: Worin besteht für Sie der Unterschied zwischen Eros und Sexualität?

B. Lievegoed: Darüber spreche ich auch oft in meinen Vorlesungen: Es gibt reine Sexualität, ganz auf der biologischen Grundlage. Wenn man eine Beziehung zwischen Menschen rein auf dem Sexuellen aufbaut, so ist dies von vornherein immer eine kurzfristige, nach einiger Zeit wird es langweilig und man verlangt nach jemand anders. Der Eros ist allerdings etwas ganz anderes, man erlebt ihn zum ersten Mal, wenn man verliebt ist; oft ist es das Wunderbarste, was man im Leben erleben kann, wenn man richtig verliebt ist, denn dann wachen die Menschen aneinander auf. Wenn man verliebt ist, wandelt sich die gesamte Welt, die Farben der Umgebung verändern sich, man selbst und alle Dinge der Welt sind ebenso verändert. Häufig hat man am Anfang gar kein sexuelles Interesse, sondern ist darauf aus, von dem anderen gesehen zu werden, bei gewissen Handlungen beobachtet zu werden, oder darauf, daß man Kontakt mit dem anderen aufnehmen kann. Allein das erste Gespräch ist meist schon eine Beglückung.

Dieses menschliche Verhältnis, bei dem sich die gesamte Welt verändert, ist auf dem Eros gebaut, der seinerseits wiederum oftmals die Grundlage für große Teile der Poesie ist. Andererseits kann man aber auch in einen Garten oder einen See verliebt sein, auch in bezug auf ein Haus kann man eine Art verliebtes Verhältnis haben. Durch diesen Eros intensivieren sich alle Umstände und man erlebt Dinge, die man sonst nicht erlebt hätte. Man kann so in eine Landschaft verliebt sein, daß man auch noch in späteren Jahren den intensiven Wunsch hat, diese Landschaft während einer bestimmten Jahreszeit, zum Beispiel im Winter, noch einmal erleben zu dürfen, um den Farbenwechsel am Morgen und alle anderen Farbstimmungen am Abend noch einmal zu schauen. Bei einem derartigen verliebten Verhältnis zu einer Landschaft geht ein Stück seelische Landschaft in einem selbst auf, dieses liegt in der Empfindungsseele.

W.W.: Wenn ein jüngerer Mensch nun ausschließlich Sexualität kennenlernt, nicht aber den Eros, was dann?

B. Lievegoed: Wenn ein Mensch den Eros nicht kennengelernt hat, dann rate ich ihm, sich schnellstens zu verlieben: "Versuchen Sie es einmal, Sie werden dann etwas erleben, was Ihnen bisher noch nicht begegnet ist." Allerdings meine ich das auch sehr ernst. Dieses Gefühl der Verliebtheit ist eine sehr wichtige Erfahrung, allerdings muß man sich nicht unbedingt in einen Menschen verlieben, sondern es kann auch die Verliebtheit in ein Land bzw. in die eigene Stadt sein.

W.W.: Kennen Sie ältere Menschen, die niemals in ihrem Leben den Eros kennengelernt haben, weil sie ihre Beziehungen ausschließlich sexuell gestaltet haben?

B. Lievegoed: Wer niemals verliebt gewesen ist, ist und bleibt ein Stockfisch!

C.P.: Wann waren Sie das letzte Mal verliebt?

B. Lievegoed: Ich bin es noch immer. Natürlich kommen immer neue Dinge hinzu, in die man sich verlieben kann, aber das gehört zum Reichtum des Lebens. Man muß den

Wolfgang Mattheuer: Liebespaar
(1970, Öl auf Leinwand, 96 x 118 cm. Staatliche Museen, Schwerin)

Mut dazu haben, man muß es sich zugestehen, daß dies etwas Wünschenswertes ist. Für die meisten Anthroposophen ist die Empfindungsseele etwas Niedriges, man spricht oft abschätzig von diesem Seelenbereich, aber die Empfindungsseele ist die Grundlage des seelischen Lebens überhaupt, das Fundament. Natürlich gibt es Menschen mit einer armseligen Empfindungsseele, die nichts empfinden, wenn sie zum Beispiel mit einem Schiff über das Meer fahren, aber ein anderer Mensch fährt mit dem gleichen Schiff über die See und hat das größte seelische Erlebnis seines Lebens. Das ist dasjenige, was ich mit Verlieben bezeichne, denn dieser Mensch hat sich in das Meer verliebt.

Denjenigen Jugendlichen, mit denen ich zusammenkomme, rate ich immer wieder, daß sie sich ein möglichst reichhaltiges Seelenleben erwerben sollten. Eine Gruppe von Studenten hat mich zum Beispiel gefragt, ob ich außerhalb der Studienzeit bereit wäre, nachmittags zwei Stunden mit ihnen Fragen des Lebens zu erörtern, und bei so einer Gelegenheit hat man natürlich noch eine vielfältigere Möglichkeit, auf solche Fragen wie die Reichhaltigkeit der menschlichen Seele einzugehen. Vor allem versuche ich, ihnen deutlich zu machen, daß das reiche innere Leben dasjenige ist, was sie in ihrer Lebensphase - um die 20 herum - erwerben müssen. Wenn man dieses reiche Seelenleben erst einmal veranlagt hat, wird es für das gesamte Leben bleiben, wenn man es sich in jüngeren Jahren allerdings nicht aneignet, wird es in älteren Lebensphasen sehr viel schwieriger sein, eine entsprechende Reichhaltigkeit zu entwickeln. Die meisten Menschen kennen leider den Eros nicht, sondern nur die Sexualität. Ich sage nichts gegen die Sexualität, aber es ist nur die untere biologische Stufe, und sie ist nicht auf Dauer eingerichtet.

Wenn man das Ich eines anderen erkennt

W.W.: Was ist gegenüber Eros und Sexualität die Liebe?

B. Lievegoed: Liebe ist, wenn man plötzlich einen Menschen bzw. ein einzelnes Wesen so erkennt, daß einem in ihm eine Schwester- oder Bruderseele entgegenkommt, bei der man das Gefühl hat, daß man in ihr das Ich des anderen entdeckt. Ich sage den Jugendlichen oft, daß sie die wahre Liebe wahrscheinlich noch nicht erfahren haben, denn: "Wenn Ihr einmal in Eurem Leben einem Menschen begegnet, der Euer Ich entdeckt, dann ist das ein Geschenk. Liebe kann man nicht verlangen, Liebe wird einem nur geschenkt; Liebe kann man nur selber schenken, indem man das Ich eines anderen Menschen entdeckt." Wenn die Gespräche mit den Jugendlichen tiefer und ernster werden, wenn sie sich zu echten Schicksalsgesprächen erweitern, dann können wir in dieser Weise über die Liebe sprechen, und ich kann ihnen klarmachen, daß sie später, wenn sie im Leben nur nach dem Lustprinzip - gegen das ich nichts habe - leben, sehr einsam und von innen leer sein werden, weil ihnen etwas Entscheidendes fehlt.

Auf dieses Schicksalsgespräch bin ich während meiner jahrelangen Arbeit im Unternehmerverband aufmerksam geworden, wo ich Direktorenkurse gehalten habe, zu denen jeweils 15 Spitzendirektoren für eine Woche zu mir kamen, und ich mit ihnen gearbeitet habe. - Einer dieser Direktoren erzählte mir von seinem Schicksal, daß er ursprünglich Jura studierte und sein Vater einem Unternehmen vorstand, in das er selber nicht einsteigen wollte. Plötzlich aber starb sein Vater und seine Mutter rief ihn zurück, weil sie wollte, daß er das Unternehmen für seinen Bruder und seine Schwester führt. Er weigerte sich aber, denn weder fühlte er sich dazu fähig noch hatte er Lust, dieses Unternehmen zu leiten. Aber er hatte einen Onkel, der folgendes zu ihm sagte: "Weißt Du, ich habe Dich schon von klein auf gekannt, und deswegen weiß ich, daß Du es kannst; übernimm die Firma, und wenn Du wirklich in Schwierigkeiten kommst, dann werde ich Dir helfen, aber ich weiß, daß Du es kannst, und erwarte von Dir, daß Du es tust."

Dieser Direktor sagte mir, daß er die Kraft, wirklich anzufangen, dadurch hatte, daß sein Onkel diese Sätze nicht nur geflissentlich dahersagte, sondern weil er sie wirklich so meinte. Als er mir das erzählte, wußte ich, daß dies ein Schicksalsgespräch gewesen ist, und das ist das Geschenk, von dem ich sprach, wenn ein Mensch einen anderen Menschen in seinem Ich erkennt. Ich selbst spreche auch oftmals zu jungen Leuten, daß sie einen bestimmten Weg gehen sollen, weil ich weiß und das Vertrauen habe, daß sie diesen Weg gehen können. Natürlich darf man dieses nicht als eine Methode aussprechen, denn es geht nur dann, wenn man es wirklich selber so meint. In solchen Gesprächen können sogar Momente auftauchen, die ich mit Gnade bezeichnen möchte, aber das kann man sich nicht vornehmen. Das Erlebnis der Liebe und der Gnade taucht dann in einem menschlichen Schicksal auf, wenn dieser seine Biographie und sein Karma wirklich ergreift.

Ich habe Alfred Adler persönlich gekannt, und er hat sich bei mir über Sigmund Freud beschwert, weil dieser ausschließlich auf die Vergangenheit blickte. Adler aber hat mir demgegenüber versichert, daß eine Neurose nicht durch eine verpatzte Vergangenheit entsteht, sondern wegen einer unrealistischen Zukunftsplanung. Meine Therapie ist es ebenfalls, daß ich den Menschen helfe, eine realistische Zukunftsplanung zu gestalten, daß sie den roten Faden ihres Schicksals ergreifen. Insofern stimme ich Adler sehr zu, er war auch ein sehr viel innerlich reicherer Mensch als Freud. Leider war er kein Systematiker und hat auch nicht sehr viel geschrieben, aber er hat mit Menschen gearbeitet. Er hat die Menschen geliebt und so Kontakt zu ihnen bekommen. Ich war kein Assistent bei ihm, wir hatten auch nur einige kurze Begegnungen, aber ich habe sehr viel von ihm gelernt. Er kam früher oft nach Holland, wohnte dann in Utrecht bei einem mit mir befreundeten Arzt, und wir haben dann nach seinen Vorträgen noch im privaten Kreis Gespräche bis in die Nacht hinein geführt. Dabei habe ich ihm meine Fragen gestellt, aus deren Beantwortungen ich bis heute sehr viel gelernt habe.

Auch der kleine Verbrecher hat Ideale

W.W.: Ich habe noch eine Frage zum dritten Lebensjahrsiebt: In dieser Lebensphase ergreift der Jugendliche meist einige Ideale und wendet sich oftmals in starkem Protest gegen das Unrecht in der Welt. Welche Bedeutung legen Sie diesen Kräften der Ideale für die jetzige und spätere Entwicklung eines Menschen bei, und was fehlt den Menschen in späterer Zeit, wenn sie sich während des dritten Lebensjahrsiebts nicht für Ideale begeistert haben?

B. Lievegoed: Ob man wirkliche Ideale haben kann, hängt oftmals von äußeren Begebenheiten ab. Im Grunde aber hat jeder Mensch Ideale, auch der kleine Verbrecher. Neulich kam zu mir ein zehnjähriger Junge mit einer ganz dicken Mappe, gefüllt mit seinen eigenen Polizeiverurteilungen - das ist eine Leistung! Er lebt in dem düstersten Teil von Amsterdam, in dem Diebstahl und Prostitution alltäglich sind, und seine Schwestern und Brüder bzw. seine Eltern sind alle einschlägig bekannt. Die Menschen, die dort aufwachsen, haben kaum eine andere Chance als in die Kriminalität oder die Prostitution hineinzuwachsen, und so war das Verhalten des zehnjährigen Jungen ein Protest gegen die Gesellschaft, auch wenn dieser in die Zerstörung hineingegangen ist. Dieser zehnjährige Junge hatte seine Ideale, zum Beispiel auch in der Kunst des Verschwindens nach einem Diebstahl. Er war ein Meister, der Polizei zu entwischen. Diesen Jungen habe ich geliebt. Er ist später in die Landwirtschaft gegangen und hat seinen Weg gefunden.

Ich sagte bereits, daß jeder Mensch seine Ideale hat, nur werden sie ihm oftmals nicht bewußt. Das Ideal ist etwas, was man mit seinem Karma mitbringt, was man sich vor der Geburt vorgenommen hat. Ein Ideal zum Beispiel ist es, sich im Vorgeburtlichen vorzunehmen, einen roten Faden durch das Leben zu ziehen. Oftmals muß man 40 bis 50 Jahre alt werden, bis einem der rote Faden wirklich bewußt wird.

W.W.: Trotzdem treten bereits im dritten Lebensjahrsiebt deutliche Ideale in den Vordergrund, und es gibt nicht wenige Jugendliche, die in dieser Zeit für ein Ideal brennen, vehement für dieses eintreten, vielleicht sogar dafür "sterben" könnten. Entsteht nicht ein seelisches Loch in einem Menschen, wenn er in seinen jungen Jahren nicht für ein Ideal eingetreten ist? An was mangelt es einem Menschen im späteren Lebensalter, wenn er diese Begeisterung für ein Ideal nicht kennengelernt hat?

B. Lievegoed: Jeder Mensch geht in seiner Entwicklung von Schwelle zu Schwelle, von Krise zu Krise. An jeder Schwelle stehen immer Luzifer und Ahriman und versuchen, den Menschen auf die eine oder andere Seite zu ziehen. Im Alter von 18 oder 19 Jahren kann Luzifer zum Beispiel manchen Idealismus abfangen und den Jugendlichen in Scheinprojekte hineindrängen. Hin und wieder geht es sogar bis ins Humoristische.

"Ich gehe demonstrieren, und es wird großartig!"

Vor Jahren hatte ich einmal mit dem Sekretär der Universität von Utrecht zu tun, besuchte ihn zu Hause und er öffnete mir lachend die Tür. Als ich fragte, was ihn so erheitere, deutete er auf seine Tochter, die gerade um eine Häuserecke verschwand. Sie war Studentin im ersten Semester und hatte gerade ihrem Vater gesagt: "Paps, heute komme ich nicht nach Hause, ich fahre nach Amsterdam, um zu protestieren!" Als der Vater sie fragte, wogegen sie denn protestieren wolle, antwortete sie: "Das weiß ich noch nicht, aber es wird großartig!"

Das ist die Zeit um die 18 Jahre herum, in der man allgemein Enthusiasmus auslebt, um überhaupt etwas in der Welt zu bewirken. Vor allem ist man auch meist *gegen* etwas, ohne ganz genau zu wissen, warum. Man wird auch durchaus ziemlich fanatisch, denn Luzifer bewirkt immer den Fanatismus. Ich sage immer, daß es die Ayatollahs auch unter den Anthroposophen gibt.

W.W.: So ist es. - Inwieweit ist es von Bedeutung, daß der Mensch in dieser Zeit des dritten Lebensjahrsiebts Fehler macht, daß er Randerfahrungen macht, die man mit abgeklärterem Bewußtsein vielleicht nicht immer gutheißen würde?

B. Lievegoed: Es ist die Zeit, in der man Erfahrungen machen muß. Man sollte es einem Jugendlichen nicht übelnehmen, wenn er wegen seines Enthusiasmus auch Fehler begeht. Auch Ahriman steht bereit, und er ist sehr viel gefährlicher für die Jugendlichen. Ahriman schnappt sich die Überklugen und die Computerfreaks, die in andere Computersysteme eindringen, um Daten abzulauschen; dies ist auch eine Form von Besessenheit. In den sechziger Jahren war die luziferische Verführung stärker im Vordergrund, in den letzten zehn bis fünfzehn Jahren ist es eher die ahrimanische. Die Jugendlichen von heute gehen gar nicht mehr gern auf die Straße, um zu demonstrieren, um gegen soziale Ungerechtigkeiten einzutreten, sondern sitzen eher alleine mit einem Computer zu Hause und dringen mit diesem in die Welt vor. Trotzdem ist diese Phase der Jugendzeit diejenige, in der man Erfahrungen machen muß, in der man auch Fehler begehen darf, selbst unter der Gefahr, daß man vorübergehend leicht luziferisch oder ahrimanisch beeinflußt wird.

Wenn man für das gleiche Geschlecht schwärmt

W.W.: Sie schreiben in ihrem Buch "Lebenskrisen - Lebenschancen", daß der Mensch in der beginnenden Adoleszenz vorübergehend gleichgeschlechtliche Neigungen entwickelt; wie erklären Sie sich das?

B. Lievegoed: In jeder Kultur kann dies anders sein, aber meine Erfahrung ist es, daß während der Pubertät sowie kurz nach der Pubertät die Mädchen für eine Lehrerin schwärmen und die Jungen einen Sporthelden, oder was auch immer, haben. Da hängt dann zum Beispiel ein Bild an der Wand mit diesem großen 007 ...

W.W.: ... James Bond!

B. Lievegoed: ... genau, das ist dann der Mann, der alles kann. Leider werden diese Idole heute durch das Fernsehen herangezüchtet. Ich schaue mir manchmal bewußt nachmittags im Fernsehen das Kinderprogramm an, das ist ganz furchtbar! Luftschiffe, die sich gegenseitig vernichten, ein Feind - grundsätzlich ein dämonisches Wesen - wird meist bekämpft und ähnliche Bilder wirken auf die Kinder; die sind zwar großartig gezeichnet, aber wie wirkt dies auf die kindliche Seele? So etwas verändert die gesamte Lebenshaltung und -stimmung während der Pubertät. Also während der Pubertät und kurz danach schwärmt der Jugendliche für Menschen seines eigenen Geschlechts, aber das ist ein seelischer Vorgang.

W.W.: Gibt es Unterschiede zwischen seelischer und biologischer Homosexualität?

B. Lievegoed: Auf jeden Fall. Ich werde in meinen Vorlesungen von den Studenten auch immer wieder gefragt, ob ich etwas über Homosexualität sagen könne. Ich erzähle ihnen dann, daß Homosexualität nichts ist, was man nur schwarz oder weiß betrachten sollte. Jeder Mensch hat einen weiblichen und einen männlichen Anteil in sich; und dann behandele ich mit ihnen C.G. Jung. Ich spreche mit ihnen über Anima und Animus, daß jeder Mann eine Anima und jede Frau einen Animus in sich hat, also einen weiblichen bzw. männlichen Anteil. Wenn meine Studenten das verstanden haben, weise ich sie darauf hin, daß kein Mensch ausschließlich hundertprozentig Frau bzw. Mann ist, Gott sei Dank hat jeder Mann 30 bis 40 % Weibliches in sich. Allerdings gibt es auch Männer, die zu annähernd 95 % ganz Mann sind, zum Beispiel Athleten. Eine Frau, die zum Beispiel 95 % Frau ist, ist eine Sexbombe. Vielleicht sind diese Menschen aber gerade sehr unglücklich, vielleicht neigen sie auch eher zum Selbstmord. Das ist etwas ganz Furchtbares, denn man kann nur das andere Geschlecht verstehen, wenn man etwas von ihm in sich hat. Im Grunde ist der Mensch fifty-fifty, und es kann nach beiden Richtungen ausschlagen. Ich kenne viele Männer, die verheiratet sind und Kinder haben, bei denen aber homosexuelle Neigungen durchschlagen. Oftmals ist es nur vorübergehend und verschwindet dann wieder ganz.

In den dreißiger Jahren hatte ich eine Sprechstunde in Blazicum, das war ein Künstlerzentrum, und zwar zu einer Zeit, als man noch nicht über Homosexualität sprechen konnte, weil dies zu damaliger Zeit noch eine Schande gewesen ist, aber ich habe gemerkt, daß unter den Künstlern sehr viele Männer sind, die homosexuell veranlagt sind. Diese Menschen sind dann zu mir gekommen und haben ihre Not geklagt. Ein verheirateter Mann hat mir zum Beispiel erzählt, wie er einstmals neben einem jungen Knaben im Kino saß und wie es ihm überkam und er Dinge tat, die den Jungen veranlaßten, schreiend aus dem Kino zu flüchten. Natürlich wurde der Mann verhaftet. Wegen dieser homosexuellen Handlungen mit einem Kind wurde dem Mann erst bewußt, daß er auch gleichgeschlechtliche Neigungen in sich hatte. Soweit aber kann es alles noch im Seelischen liegen, bei biologischer Homosexualität ist dies dagegen anders, denn man erkennt einen solchen Menschen bereits an seinem Äußeren: Er ist weiblicher gebaut, geht und spricht anders.

W.W.: Haben Sie eine Idee, was bei einem Menschen, der biologisch homosexuell veranlagt ist, karmisch vorliegt?

B. Lievegoed: Ich habe es mir abgewöhnt, mir diese Frage zu stellen, weil ich das Gefühl habe, daß man da sehr bald ins Phantasieren kommt. Ich kann nur über einzelne Fälle sprechen, bei denen man eine Ahnung bekommen hat, aber das ist selten. Ich halte mich auch ganz allgemein damit zurück, nach dem karmischen Hintergrund zu fragen, obwohl man natürlich oft daran denkt, was ein jeweiliger Mensch wohl im letzten Leben gewesen sein könnte.

In manchen Menschen sieht man ja noch den Mönch vom letzten Leben oder man sieht noch einen Kriegshelden, auch in einer Frau kann man noch etwas von ihrer letzten Inkarnation als Mann erleben, wenn sie diese Inkarnation noch nicht ganz überwunden hat, wenn die Metamorphose nicht ganz gelungen ist.

Aber man kommt hier leicht ins Spekulieren, und ich weiß, daß man, um die Fähigkeit zu entwickeln, eine letzte Inkarnation objektiv wahrnehmen zu können, eine ganz andere Fähigkeit entwickelt haben muß; hierzu hat Rudolf Steiner ja die Karmaübungen gegeben, indem man sich drei Nächte hindurch eine bestimmte Frage stellt. Ich vermeide sogar, die Ahnungen, die ich habe, für mich selber auszusprechen.

Das 21. Lebensjahr als Spiegelachse

W.W.: Die ersten drei Lebensjahrsiebte dienen weitgehend der leiblichen Ausbildung, also der des physischen Leibes, des Ätherleibes und des Seelenleibes. Welche Rolle spielt nun das Ich, welches sich im dritten Lebensjahrsiebt bereits zunehmend äußert, für die seelische Entwicklung der drei nächsten Lebensjahrsiebte?

B. Lievegoed: Da möchte ich etwas erzählen, was ich in meiner Praxis erlebt habe, und ich glaube, daß Rudolf Steiner etwas ähnliches auch angedeutet hat. Meine Erfahrung ist, daß das 21. Lebensjahr eine Art Spiegelachse ist, d.h. daß zum Beispiel die sieben Jahre nach dem 21. Lebensjahr eine Spiegelung derjenigen sieben Jahre vor diesem Punkt sind. Was in den ersten 21 Lebensjahren von außen auf einen Menschen zukommt und untertaucht, kommt in den nächsten 21 Jahren wieder von innen hoch.

Im 21. Lebensjahr ist der Astralleib gebildet, inhaltlich größtenteils durch die Außenwelt, weniger durch das eigene Ich, in der Zeit zwischen 21 und 28 Jahren beginnt die Zeit der Entwicklung der Empfindungsseele, und die ist der umgewandelte Astralleib. In diesem Falle allerdings wandelt das Ich den Seelenleib um, es ergreift sozusagen dasjenige, was von außen gekommen ist und verinnerlicht es. Es geht also für den Menschen in diesen Lebensphasen darum, ob er dasjenige, was er in den ersten 21 Jahren aufgenommen hat, auch mit dem Ich aufgreift und durcharbeitet. Deswegen hat man noch einmal nach dem 21. Lebensjahr die Chance, dasjenige, was während der ersten 21 Jahre durch die Erziehung mit einem geschehen ist, durch das eigene Ich zu verändern und umzuwandeln.

Ich habe zum Beispiel oft Menschen kennengelernt, die im 33. Lebensjahr eine Angstneurose bekommen haben, die plötzlich nicht mehr in der Lage waren, in diesem 33. Lebensjahr aus dem Hause gehen zu können. Man kann sich dann fragen, was etwa im 9. Lebensjahr mit diesem Menschen geschehen ist. Zu diesem Zeitpunkt war vielleicht die Scheidung der Eltern. - Ein derartiger Fall ist mir bekannt. Der ehemalige Ehemann verlangte nach der Scheidung von der Frau, daß sie monatlich ihr Unterhaltsgeld bei ihm in einem Briefumschlag abholt. Da dies in seinem Büro war, hat sich die Frau so geschämt, daß sie ihre Tochter - damals im 9. Lebensjahr - bat, für sie diesen Umschlag abzuholen. Die Tochter tat es, aber jeden Monat, wenn der Tag herannahte, bekam sie davor große Angst. Diese Angst ist bei dem Mädchen dann wiederum im 33. Lebensjahr herausgekommen, aber als ich mit ihr darüber gesprochen habe und ihr von der Spiegelung erzählt habe, ist ihr der Ursachenzusammenhang deutlich geworden und sie konnte diese Angst nach und nach überwinden. Allerdings habe ich ihr gesagt, daß sie in der Verarbeitung der damaligen Lebensumstände noch nicht zu einem Endpunkt gekommen ist, da sie noch immer einen Groll gegen ihren Vater hatte. Ich habe ihr deutlich gemacht, daß, wenn sie diesen Groll nicht innerlich überwindet, sie dann in den dritten 21 Jahren - zwischen 42 und 63 Jahren - erneut mit diesem Problem zu tun haben wird. Wenn so ein Problem hängenbleibt, fällt das auf die spätere Ich-Entwicklung.

Mut zu Gefühlen im vierten Lebensjahrsiebt

W.W.: Ich möchte noch einmal unseren Blick auf das vierte Lebensjahrsiebt lenken. Welches sind die Kennzeichen einer gesund ausgebildeten Empfindungsseele in diesen Jahren zwischen 21 und 28, und welche Charakteristika hat diese Empfindungsseele?

B. Lievegoed: Die Ausbildung der Substanz der Empfindungsseele bedeutet, daß der Astralleib durch das Ich ergriffen und zur eigenen Seele umgewandelt wird. Die Grundlage des eigenen Seelenlebens entsteht jetzt mit der Empfindungsseele. Vorher war es eine von der Außenwelt geliehene Seele. Ein Charakteristikum dieses vierten Lebensjahrsiebts ist zum Beispiel, daß man sämtliche Seelenzustände von himmelhoch jauchzend bis zu Tode betrübt durchmacht. Goethe war 27 Jahre alt, als er diese Worte ausgesprochen hat; er hatte auf diese Lebensphase zurückgeblickt und sich nach dem Sinn dieser Jahre gefragt. Es ist ja auch so in dieser Zeit, wenn einem etwas gelingt, dann geht die ganze Welt für einen in Freude auf, man kauft Blumen usw., aber wenn einem etwas nicht gelingt, dann geht man ganz kaputt oder ist doch zumindest sehr niedergeschlagen.

In dieser Zeit darf man natürlich noch Versuche machen, zum Beispiel seinen Beruf wechseln, auch in den persönlichen Verhältnissen kann man sich neu orientieren, indem man sich zum Beispiel fragt, ob man den richtigen Lebenspartner schon gefunden hat. Das Wichtigste ist, daß sich auch die Empfindungsseele richtig ausbilden kann, daß man zum Beispiel den Mut zu Gefühlen hat, daß man diese Gefühle auch zuläßt. Goethe hat einmal darauf hingewiesen, daß man ebenfalls den Mut haben sollte, Leid wirklich durchzumachen. Oft sind die menschlichen Verhältnisse in dieser Zeit natürlich sehr oberflächlich und gefühlsmäßig hohl, deswegen ist es auf jeden Fall eine Mutfrage, die verschiedensten Gefühle - und sei es eine zutiefst empfundene Entrüstung - wirklich zu leben. Diese Gefühlspalette, die man in dieser Phase entwickeln kann, ist ein Fundament des gesamten Seelenlebens, und wer diese nicht einigermaßen entwickelt, wird in späteren Lebensjahren immer wieder auf große Schwierigkeiten stoßen.

W.W.: Welche Entwicklungsstörungen gibt es in der Phase des vierten Lebensjahrsiebts?

"Ich führe einen Kreuzzug für die Gemütsseele"

B. Lievegoed: Die größte Störung ist im Grunde diejenige, daß man nicht in der Lage ist, seine Gefühle wirklich zu entwickeln und auszuleben, denn wenn dies mißlingt, kann sich die Verstandesseele in dem fünften Lebensjahrsiebt nicht richtig entwickeln. Und die Verstandesseele ist nur die eine Hälfte dieses Seelenbereichs, genauso wesentlich gehört die Gemütsseele hinzu, die oftmals so vernachlässigt wird. Ich führe hier in Holland - so möchte ich es einmal formulieren - einen Kreuzzug für die Gemütsseele. In der Phase der Empfindungsseele geht es noch auf und ab, kommt man aber in die dreißiger Jahre, so stabilisiert sich das Seelenleben durch die Entwicklung der Gemütsseele.

W.W.: In welcher Weise stabilisiert sich die Gemütsseele?

B. Lievegoed: Sie konsolidiert sich insofern, als daß eine innere Wärme wie auch eine innere Kälte - es sind immer beide Pole vorhanden - konstant bleiben und nicht mehr solchen heftigen Schwankungen unterworfen sind wie in den Jahren zuvor. Durch diese Kontinuität kann dasjenige entstehen, was wir Treue nennen, dies ist zugleich die Grundlage der Liebe. Das vierte Lebensjahrsiebt bringt eigentlich den Eros zur Entwicklung, während die Gemütsseele die Grundlage für die Liebe, den Glauben und die Frömmigkeit ist. Das muß allerdings keine Frömmigkeit innerhalb einer Religionsgemeinschaft sein, sondern kann auch auf die Natur bezogen sein.

Durch diese genannten Qualitäten entsteht eine sichere Grundlage des Seelenlebens. Wenn aber nur die Verstandesseele im fünften Lebensjahrsiebt ausgebildet wird, so wird das Seelenleben zunehmend dünner und dünner, und die Menschen klagen dann darüber, daß sie niemals echte zwischenmenschliche Begegnungen haben. Wie viele Menschen gibt es, die auf diese Weise innerlich leiden, es äußerlich aber nicht zugeben wollen; wenn sie dann aber zu mir in die Sprechstunde kommen, dann heißt es oft: "Ich komme eigentlich deswegen, weil ich ungeheuer einsam bin, ich kann keine Freude mehr an einer menschlichen Begegnung entwickeln. Zwar kann ich mich mit Menschen zusammensetzen, ein Gläschen trinken, auch ein bißchen lachen, aber dann habe ich hinterher einen bitteren Geschmack in meiner Seele, weil ich immer das Gefühl habe, daß mir etwas fehlt."

Das ist ein wichtiges Motiv für das fünfte Lebensjahrsiebt, und man kann oftmals beobachten, daß es eine Scheidung zwischen den Menschen gibt: auf der einen Seite diejenigen, die fast ausschließlich die Verstandesseele ausgebildet haben, auf der anderen Seite diejenigen, die lediglich die Gemütsseele entwickelt haben. In der Heilpädagogik haben wir zum Beispiel eine Kindergruppenleiterin, die ein warmes reiches Seelenleben hat - also eine stabile Gemütsseele -, der man wirklich eine Gruppe von Kindern anvertrauen kann und die ihre Arbeit jahrelang verantwortungsvoll bewältigt, die aber nicht in der Lage ist, zum Beispiel ein Kind begrifflich zu beschreiben. Solche Menschen sind Perlen bei uns in der Heilpädagogik, da sie 20 Jahre und mehr treu zur Sache stehen, trotzdem fehlt ihnen etwas.

C.P.: Diese Personen leben also nicht ihr gesamtes Menschsein.

B. Lievegoed: So ist es. Allerdings gibt es auch Menschen, die ihr komplettes Seelenleben ausbilden. Allerdings hat man immer die Veranlagung, von Natur aus mehr die eine oder andere Seite zu entwickeln, und in so einem Falle muß man sich anstrengen, um das zu entwickeln, was einem fehlt. - Ich erinnere mich zum Beispiel an eine Heilpädagogin, die zu uns gekommen ist, die ihre Realschule nicht voll zu Ende machen konnte, weil sie eine Gelbsucht bekam; das war etwa im 14. Lebensjahr. Anschließend lebte sie in einem Zustand, in dem sie kaum noch in der Lage war, richtig zu essen, die Leber funktionierte auch nicht mehr. Ihr fehlte dadurch ein großer Teil der normalen Entwicklung innerhalb der Jahre zwischen 15 und 20. Das führte dazu, daß sie intellektuell ein einfacher Mensch geworden ist, daß ihre Schulbildung dürftig war, aber sie hatte ein reiches Seelenleben. Trotzdem hat sie es geschafft, nachdem sie in späteren Jahren mit dem Bücherlesen begonnen hat, ihr Lehrerexamen nachzuholen. Mit der Praxis hatte sie keine Schwierigkeiten, aber die Theorie war für sie problematisch, aber sie hat es getan. Heute ist diese Frau eine reiche Seele, denn sie hat beide Seiten - die Gemüts- und die Verstandesseele - ausgebildet!

Die Krise des 27. Lebensjahres

W.W.: In die Zeit gegen Ende des vierten Lebensjahrsiebts fällt auch die Krise des beginnenden 27. Lebensjahres. Diese Krise der Biographie fällt zusammen mit dem von Rudolf Steiner bezeichneten Alter der Menschheit, das alle 2.160 Jahre um sieben Jahre jünger wird. Rudolf Steiner nimmt oftmals darauf Bezug und formuliert, daß nichts wirklich Neues im Menschenleben mehr auftreten kann, wenn man vor dem 27. Lebensjahr keinen Bezug zum Geistigen gefunden hat. Womit hängt das zusammen?

B. Lievegoed: Ich möchte es einmal ganz grob formulieren: Man bekommt ein Anfangskapital und eine Anfangsenergie für seine Inkarnation, und beide sind bis zum 27. Lebensjahr verbraucht. Bis zu dieser Zeit hat man noch aus der biologischen und geistigen Vitalitätskraft gelebt, die man aus dem Vorgeburtlichen mitgebracht hat. Zwar hört das nicht von heute auf morgen auf, aber in etwa mit dem 27. Jahr ist es zu Ende. Die Psychologin Charlotte Bühler hat in den dreißiger und vierziger Jahren dieses Jahrhunderts viele Briefe von Menschen untersucht, die ungefähr im 28. bis 30. Lebensjahr geschrieben worden sind, und sie weist darauf hin, daß in fast jedem dieser Briefe ausgesprochen wird, daß die Jugend nun vorbei sei und daß eine neue Zeit in dem jeweiligen Leben beginne. - Viele Menschen merken das genauso, daß eine neue Zeit beginnt und daß das, was früher selbstverständlich war, jetzt nicht mehr so einfach von der Hand geht.

W.W.: Aber wie ist es mit der Aussage Rudolf Steiners, daß man in seinem späteren Lebensjahr nicht mehr zum Geist vordringen könne, wenn man vor seinem 27. Lebensjahr keine religiösen oder geistigen Erlebnisse gehabt hat. Oft wirkt diese Angelegenheit sehr dogmatisch, sehr absolut; ich habe damit meine Schwierigkeiten. Wie will man feststellen, daß der Mensch vor 27 keinerlei Religiöses oder Geistiges erlebt hat, und wie kann man sagen - selbst wenn dem so wäre -, daß nicht doch ein Aufwachen, eine innere Besinnung im späteren Leben - zum Beispiel mit 50 Jahren - erfolgen kann, zum Beispiel durch einen Schicksalsschlag?

B. Lievegoed: Ich bin nicht dogmatisch und habe diese Aussage bei Rudolf Steiner auch nie so dezidiert gefunden. Es gibt Menschen, die auch mit 50 Jahren noch pubertär sind, die ewig Adoleszenten bleiben und ihre Pubertät nicht überwunden haben; die gibt es in der Tat. Trotzdem meine ich, daß ein schwerer Schicksalsschlag sie auch zum Erwachen bringen kann, und ich denke auch nicht, daß es endgültig ist, wenn ein Mensch vor seinem 27. Lebensjahr keine Beziehung zum Geist hat aufgreifen können. Sicherlich wird es schwierig sein, aber ich habe das Gefühl, daß das Ich immer imstande ist, wieder den roten Faden zu ergreifen, obwohl er manchmal zurückgedrängt werden kann, so daß nicht einmal die geistige Welt eingreifen kann. Auf der anderen Seite gibt es natürlich auch Zustände, daß sich der Mensch körperlich so kaputtgemacht hat, daß das Ich in diesem Leben endgültig nicht mehr eingreifen kann, aber das ist natürlich eine andere Sache. Aber wenn das Körperliche einigermaßen funktioniert, kann man auch mit 60, sogar mit 80 Jahren noch neue Dinge in seinem Leben aufgreifen.

Ein Nullpunkt im Sozialen

W.W.: Ich komme zum sechsten Lebensjahrsiebt, zu dem Alter zwischen 35 und 42 Jahren, zu der Zeit, in der die Bewußtseinsseele vom Menschen entwickelt werden sollte. In der sogenannten Lebensmitte - mit 35 Jahren - kommt es oft zu einer Krise, man blickt zurück, man blickt nach vorn, denkt vielleicht an den eigenen Tod, daß die Hälfte der Lebenszeit vorbei ist, und es erschreckt einen, daß man noch nicht genügend erreicht hat oder daß das Leben in gleicher Weise bis zum Tode fortwährend so ablaufen wird. Wodurch wird dieses Verunsicherungsmoment, diese Krisis in der Lebensmitte bewirkt?

B. Lievegoed: Die Lebensmitte ist ein wichtiger Zeitpunkt. Ich selbst stand an meinem 30. Geburtstag, auch wenn das noch einige Jahre vorher war, auf der berühmten Seufzerbrücke über dem Canale Grande in Venedig und schaute auf das Wasser hinab und fragte mich: Was wird jetzt geschehen?

C.P.: Und was geschah?

B. Lievegoed: Ich hatte eine Ahnung, daß noch sehr viel Neues entstehen würde, allerdings wußte ich natürlich nicht genau, was dieses sein würde. Eigentlich kommt die große Krisis bzw. die große Frage nach sich selbst und seinem Leben erst mit 42 Jahren - oftmals gibt es allerdings auch in der Lebensmitte diese Krise, auch wenn dieser Zeitpunkt für sehr viele Menschen der Gipfel der inneren Sicherheit ist, und zwar deswegen, weil die Verstandesseele, die bei einer gesunden Entwicklung zu diesem Zeitpunkt voll ausgebildet ist, diese innere Sicherheit verschafft. Man kann dadurch in dem Gefühl leben, daß man auf dem Gipfelpunkt seiner eigenen Leistungen steht. Man fühlt sich in der Lage, die Welt zu meistern; zwar weiß man auch, daß man nicht alles erreichen wird, aber man ist doch auch meist sicher, eine weitere Stufe erklimmen zu können.

Die Bewußtseinsseele kommt anfänglich mit einer großen Unsicherheit für den Menschen, denn man kommt nun in ein Gebiet hinein, das sich die Menschheit noch nicht erarbeitet hat, nämlich in das Geistgebiet. Die Verstandesseele als solche ist dagegen von der Menschheit ganz absolviert, die Bewußtseinsseele noch nicht. Alles, was für die Verstandesseele vonnöten ist, ist schon einmal von den Menschen durchdacht worden, und das ist eine große Hilfe. Mit der Bewußtseinsseele dagegen stehen wir nun auf einem neuen Grund, und das bedeutet, daß man nun wirklich etwas ganz aus sich selber machen muß.

Auch unsere Kultur ist noch ganz auf die Verstandesseele gebaut, genauso faßt man die Anthroposophie anfangs auch noch mit der Verstandesseele auf: man studiert, man liest, man hört Vorträge. Die Bewußtseinsseele dagegen handelt aus der Intuition, das ist etwas ganz anderes. Am Ende der Zeit der Bewußtseinsseele, also nachdem die Menschheit die Bewußtseinsseele ergriffen haben wird - in annähernd 2.000 Jahren -, werden immer mehr Menschen die Kraft haben, diese geistigen Intuitionen aufgreifen zu können. Aber heute stehen wir noch am Anfang der Ausbildung der Bewußtseinsseele, sowohl die gesamte Menschheit als auch die meisten der Individualitäten.

Die Bewußtseinsseele führt das Ich des Menschen zu gleicher Zeit in die Einsamkeit. Sie führt den Menschen sogar zu einem Nullpunkt im Sozialen, weil die Bewußtseinsseele auf die Entfaltung des eigenen Ich gestellt ist, sie bedingt antisoziale Verhaltensweisen des Menschen, aber die Bewußtseinsseele veranlagt auch die Keime des Geistselbst. Rudolf Steiner sagt hierzu, daß man dabei in ein Gebiet hineinkommt, in dem man Wärme erlebt, gegen die die eigene innere Wärme ein Kinderspiel ist. In diesem Geistselbst wird man eine ganz neue Wärme erleben. Diejenigen, die Rudolf Steiner gekannt haben, hatten das Gefühl, daß er aus dieser Wärme gelebt und gewirkt hat, das Geistselbst hat ihm diese neue Liebesqualität und innere Wärme gebracht. Unsere Aufgabe ist es, davon die Keime zu entwickeln.

W.W.: Was empfehlen Sie einem Menschen, der im 35. oder 36. Lebensjahr zu Ihnen kommt, die Sicherheit der Verstandesseele erlebt hat, nun aber durch die Begegnung mit dem Geistigen - durch seine Bewußtseinsseelenentwicklung - verunsichert wird?

B. Lievegoed: Solange Menschen noch in ihrem sicheren Element leben, begegne ich ihnen mit Humor und empfehle ihnen leicht ironisch, daß sie so in ihrer Sicherheit weiter leben sollten. "Sie werden schon sehen, wohin Sie kommen." Oftmals haben die Menschen eine überschwengliche Idee von der Sicherheit der Verstandesseele, und man kann ihnen sagen, daß sich das ändern wird, aber sie glauben es einem einfach nicht. Deswegen kann man nur mit Humor den Zweifel in diese Menschen hineinbringen. Meist empfehle ich den Menschen dann, in drei oder vier Jahren noch einmal zu mir zu kommen. Wenn sie dann wieder bei mir sitzen und nun wegen der Bewußtseinsseele ein wenig verunsichert sind, dann sprechen wir natürlich darüber, daß sie nun verstanden haben, was ich vor einigen Jahren gemeint habe. Aber auch an dieser Stelle ist der Humor wieder gefragt, denn ein Mensch, der in der Psychotherapie arbeitet oder der Biographiearbeit durchführt, muß sehr viel Humor haben, sonst kommt man nicht weiter.

Mit 42 Jahren betritt man Neuland

W.W.: Kommen wir in die vierziger Jahre des Menschen. Was ist das Wesen der Krise um das 42. Lebensjahr herum?

B. Lievegoed: Die ersten 21 Jahre dienen der physisch-leiblichen Entwicklung, die zweiten 21 Jahre der seelischen Entwicklung, ab 42 beginnt die geistige Entwicklung. Ungefähr mit 42 Jahren schließt man die seelische Entwicklung ab und ist dann erst richtig erwachsen geworden. Man hat dann nicht nur einen umgewandelten Leib, sondern auch eine Seele, die man umgewandelt hat. Jetzt hat man einen eigenen Leib und eine eigene Seele, aber nun entsteht die Frage: Was tue ich damit? Man betritt nun Neuland, denn was geistige Entwicklung als Lebenshaltung bedeutet, das hat man bisher noch nicht durchgemacht. Manche kommen dadurch in eine große Krise. Man begegnet zum Beispiel einem Menschen, der sich sagt: "Ich bin jetzt 41 Jahre alt, habe noch 24 Jahre bis zu meinem 65. Lebensjahr, werde in meinem Beruf vielleicht noch eine Stufe höher klimmen, aber mein Gott, soll das noch 24 Jahre so weitergehen?"

Ich kenne zum Beispiel einen der Direktoren von Unilever, der in der ganzen Welt Öl zur Herstellung von Margarine eingekauft hat, der durch die ganze Welt gereist ist, der in der Abteilung bis an die höchste Stelle gekommen ist und der zu mir sagte: "Ich bin jetzt 52 Jahre alt und ich bin es einfach leid, bis zu meinem 65. Lebensjahr weiterhin Öl einzukaufen. Ich habe genug Öl eingekauft, ich will jetzt etwas anderes machen. Mein ganzes Leben wollte ich schon immer Verleger werden." Zwar war er schon 52 Jahre alt, aber das war genau das Wesen der Krise, die auch ungefähr während des 42. Lebensjahres auftaucht.

Als dieser ehemalige Direktor mir erzählte, daß er Verleger werden wollte, war ich sehr erstaunt. Ich fragte ihn dann, ob er es sich zutraue und das nötige Geld dafür habe, woraufhin er mir sagte, daß er durch persönliche Umstände Geld freimachen könne, was als Startkapital für einen kleinen Verlag ausreichen müßte. Ich wies ihn dann darauf hin, daß er nicht zum Verleger ausgebildet worden ist, daß dies nicht so leicht sei und daß er seinen Direktorposten schnellstens aufgeben müsse, um die Verlegertätigkeit zumindest in den Grundlagen zu erlernen. Ich vermittelte ihn dann zu einem Verlegerfreund von mir, bei dem er dann ein Jahr mitgearbeitet hat. Heute hat er einen eigenen Verlag und ist derjenige, der mein Buch über den menschlichen Lebenslauf herausgegeben hat, das im Deutschen "Lebenskrisen - Lebenschancen" heißt und das in Holland demnächst in die 16. Auflage geht. Er hat auch mein Buch über Organisationsentwicklung herausgegeben, das war auch ein Bestseller. Und ich sehe noch, wie dieser große Mann von Welt zu mir in die Praxis kam und aussprach, daß er im 53. Lebensjahr nicht mehr gewillt sei, bis zum Rest seines Lebens das gleiche zu machen, sondern daß er lieber noch einmal zur Schule gehen wolle, um etwas Neues zu erlernen. Es war ihm klar, daß er mit seiner Verlegertätigkeit ein großes Risiko einging, denn das ist ein schwieriger Beruf, bei dem man nicht ohne Fachkenntnisse auskommt, aber er hat es sehr schnell gelernt, weil er ein sehr kluger Mann ist; auch seine Frau hat im Verlag mitgearbeitet. Es ist übrigens der erste Verlag in Holland, der sehr schöne Kinderbücher herausgab, die er aus der ganzen Welt zusammengesammelt hat. Bei ihm hat man das Gefühl, daß er vielleicht etwas verspätet mit diesem Beruf wiederum auf seinen eigenen roten Faden zurückgekommen ist.

Mit der Krise im 42. Lebensjahr ist im Grunde eine Zeit abgelaufen, nämlich die Zeit der seelischen Entwicklung vom 21. bis zum 42. Lebensjahr, die im Grunde immer eine egozentrierte Einstellung des Menschen zeigt. Mit 42 Jahren beginnt die Zeit, in der man die Egozentrik überwindet und sich fragt, was man mit dem, was man bis dato erreicht hat, anfangen kann, um es der Welt zurückzuschenken. Das Schwierige ist nur das Wie.

In den Fragen spricht sich das Schicksal aus

W.W.: Was raten Sie diesen Menschen in dieser Krise um das 42. Lebensjahr herum?

B. Lievegoed: Natürlich kann ich ihnen ihre Entscheidung nicht abnehmen. Vielleicht kann ich an dieser Stelle ein persönliches Erlebnis erzählen: 1947 war ich 42 Jahre alt, also zwei Jahre nach Beendigung des Weltkriegs. In dieser Zeit wuchs unser heilpädagogisches Institut sehr schnell, von 100 Patienten auf etwa 230. Ich habe in dieser Zeit nächtelang schlaflos gelegen und darüber nachgedacht, was ich noch anderes zu machen hätte. Ich wußte, daß ich noch etwas ändern müßte, aber ich wußte nicht was. Ich hatte keine Ahnung, in welche Richtung es gehen könnte. Und da kam die Frage, und zwar aus der Industrie.

C.P.: Also von außen!

B. Lievegoed: Genau. Wissen Sie, was zu den letzten Sätzen gehörte, die Rudolf Steiner vor seinem Tode aussprach? Etwa 14 Tage vor seinem Tod hat er mit seinem Freund Polzer-Hoditz gesprochen, und als dieser schon im Fortgehen begriffen war, sagte ihm Rudolf Steiner noch: "Achten Sie auf die Fragen, die Ihnen gestellt werden. In den Fragen spricht sich Ihr Schicksal aus. Achten Sie auch darauf, *wie* die Fragen gestellt werden, denn daran erkennt man die Menschen." - Eine Art Modepsychologe der zwanziger Jahre, Künkel, hat ebenfalls ausgesprochen: "Das Schicksal kommt von außen!"

W.W.: Gilt das jetzt für das ganze Leben oder nur speziell für die Zeit um das 42. Lebensjahr herum?

B. Lievegoed: Ich denke, daß dies auf das gesamte Leben zu beziehen ist, denn das Ich lebt in der Peripherie um uns herum, das Ich lebt in der Welt um uns herum, nicht in dem, was ich selbst als mein Ich empfinde, denn das ist nur ein Spiegelbild von meinem Ich. Das wahre Ich ist in der Welt um mich herum, und das ist es, was meine Begegnungen mit anderen Menschen in der Welt organisiert. Das höhere Ich ist viel klüger als man denkt, meist ist man nur so dumm, nicht zu verstehen, was dieses von einem bzw. man selbst von sich will.

C.P.: Es ist ja so, daß der Mensch mit 42 Jahren biologisch abbaut; wenn er sich nicht spätestens ab dann geistig entwickelt, geht sein Leben mit dem biologischen Abbau nach unten. Nun gibt es sicherlich einige wenige Anthroposophen, die ab dieser Zeit regelmäßig meditieren, also ein geistiges Leben führen, aber das sind auf die große Breite der Menschheit bezogen die wenigsten. Auf der anderen Seite ist es allerdings nicht so, daß alle diejenigen Menschen, die keine Anthroposophen sind, nach dem 42. Lebensjahr eine Abwärtsentwicklung durchmachen. Wie kann man nach dem 42. Lebensjahr eine geistige Entwicklung durchmachen, wenn man nicht speziell einen Schulungsweg gehen möchte? Welche geistige Entwicklung gibt es für den Durchschnittsbürger?

B. Lievegoed: Der höchste Entwicklungsweg ist das Leben selbst, wenn man es nur ernst genug nimmt. Wenn man den Entwicklungsweg des Lebens geht, wird das Ich dafür sorgen, den roten Faden des Schicksals aufzugreifen, das Ich sorgt dafür, daß dem Ich dasjenige begegnet, was nötig ist, um den roten Faden festhalten zu können, um die wirklichen Inkarnationsentschlüsse zu verwirklichen.

In der Sonnensphäre, vor unserer Inkarnation, haben wir den Entschluß gefaßt, einen bestimmten Lebensweg zu gehen, bestimmten Ereignissen zu begegnen, eine gewisse Sache aufzugreifen, und das ist der rote Faden, der sich dann später durch das Leben ziehen wird. Nun sind die Anthroposophen sicherlich nicht die Durchschnittsbürger, aber auch sie haben vor ihrer Geburt in der geistigen Welt - in der Michaelschule - etwas aufgenommen, nämlich die Anthroposophie, die ihnen dann im späteren Leben entgegenkommt. Anthroposophie ist etwas, was man dann im Leben wiedererkennt. Man erkennt es als das, was man eigentlich gesucht hat.

Mir ist es bei meinem ersten Besuch in Dornach ähnlich ergangen, vor allem als ich in Arlesheim in die Klinik von Ita Wegman kam, da fühlte ich: Endlich zu Hause! Es war nicht so, daß ich dort arbeiten wollte, aber es war meine geistige Strömung. - In Paranthese kann ich vielleicht hier einfügen, daß Rudolf Steiner den jungen Leuten bei der Begründung der Jugendsektion, nach der ersten Zusammenkunft, gesagt hat: "Nun, in drei Monaten werden wir uns wiedersehen. Ich erwarte dann von Ihnen, daß jeder von Ihnen weiß, aus welcher geistigen Strömung er kommt. Die Frage ist allerdings nicht, *wer* Sie im letzten Leben waren, diese Frage ist höchstens für Ihre Eitelkeit interessant, aber Sie sollen wissen, aus welcher geistigen Strömung Sie kommen." Das waren alles noch Menschen im vierten Lebensjahrsiebt.

C.P.: Aber was sollen denn die Menschen machen, die nicht zur Anthroposophie kommen und sich dennoch geistig entwickeln wollen und sollen?

B. Lievegoed: Natürlich dürfen wir Anthroposophen keine Missionare sein, die die "armen Negerlein" zu Christen machen wollen, weil sie sonst in die Hölle kommen; das wäre furchtbar! Aber das Schicksal bietet für jeden Menschen viele Möglichkeiten, um zu einer geistigen Entwicklung durchzustoßen. Selbstverständlich gibt es zusätzlich zu der anthroposophischen noch viele andere Geistesströmungen. Während der atlantischen Zeit gab es verschiedene Planeten-Orakel, die sich in verschiedenen Mysterienströmungen in den späteren Jahrtausenden fortgesetzt haben. Zum Beispiel gab es das Saturn-Orakel, das sich in der Strömung der Indianer fortgelebt hat, ferner gab es die Jupiter-, Merkur- oder auch Venus-Mysterien, die sich über die ganze Welt verbreiteten. Zusätzlich zu den Sonnen-Mysterien gab es noch die Monden- und Mars-Mysterien. Die Menschen, die aus diesen einzelnen Strömungen gekommen sind, haben sich für ihre Inkarnationen immer diejenigen Völker ausgesucht, die mit ihren jeweiligen Strömungen verbunden waren.

W.W.: Welcher Art von Menschen sind dann diejenigen zum Beispiel, die aus der Saturn-Strömung kommen?

B. Lievegoed: Wenn man solchen Menschen begegnet, bemerkt man, daß dies Menschen sind, die Einsicht in große Zusammenhänge haben. Früher nannte man sie die Vertreter des Großen Geistes. Aber die Mysterien des Großen Geistes gab es nicht nur bei den Indianern Nordamerikas, sondern auch in Griechenland auf der Insel Samothrake; das sind diejenigen Mysterien, die aus der Kraft des Vater-Gottes wirken und bis in tiefste Vergangenheiten zurückgingen.

Allerdings möchte ich betonen, daß die Trennung der Menschen in diese geistigen Strömungen seit dem Jahre 1899, dem Ablauf des Kali-Yuga, vorübergeht. Nach dem Ablauf des Kali-Yuga, dem finsteren Zeitalter, beginnt das lichte Zeitalter, und Rudolf Steiner bringt das zentrale Sonnen-Mysterium, die Anthroposophie. Die Zeit der Differenzierung ist vorbei, die Zeit der Integrierung beginnt. Die Spaltung der Menschen in Rassen ist endgültig vorüber. Die Differenzierung war allerdings nötig, denn dadurch konnte man auf einzelnen Gebieten mehr in die Tiefe gehen, während man bei der Integrierung mehr generalisieren muß und nicht mehr so detailliert gewisse Eigenschaften ausbilden kann. Noch sind die Rassen da, aber sie werden verschwinden, allerdings nicht so schnell wie man das in Holland sehr gerne möchte, denn dort darf man das Wort Rasse schon nicht mehr aussprechen, wenn man nicht als Rassist gelten will. Aber diese Tendenz ist natürlich ein Zeichen dafür, daß eine alte Zeit zu Ende geht und etwas Neues in die Welt einzieht, nämlich die Integration. Wenn die Menschen in diesem Leben spirituelle Impulse aufnehmen, so werden im nächsten Leben die Rassenmerkmale verschwunden sein, und es wird eine Menschheit entstehen, die keine besonderen Rasseneigenschaften mehr hat.

Natürlich muß man sagen, daß die Anthroposophie nicht der einzige geistige Weg ist, es gibt sehr viele andere. Ich hatte das Glück, in Indonesien aufzuwachsen und war in der Schule fast der einzige Europäer, neben fünf Javanern, vielen Chinesen, einem Schwarzen und vielen Mischungen. Auf der Schulbank saß ich zusammen mit meinem Freund, einem Chinesen, der aus einer streng buddhistischen Familie stammte. Von ihm habe ich viel gelernt. Dabei habe ich verstanden, was es bedeutet, für einen anderen Menschen Interesse aufzubringen. Es war auch furchtbar interessant, in seine buddhistische Familie zu kommen, wo noch der Ahnenkult wirkte, wo die Familie strengst nach Rangordnung zu Tisch saß. Von ihm habe ich gelernt, daß das Menschenleben aus drei Perioden besteht: "Zwanzig Jahre, um zu lernen; zwanzig Jahre, um zu fechten, und zwanzig Jahre, um weise zu werden."

Das Klimakterium

W.W.: Was ist das Klimakterium, was geschieht auf biologischer Grundlage während der Wechseljahre bei Mann und Frau?

B. Lievegoed: Während des Klimakteriums findet eine hormonale Umwandlung statt, gewisse physisch-ätherische Kräfte hören auf zu wirken, was bei der Frau sehr viel deutlicher und plötzlicher ist als beim Mann. Die Menstruation verringert sich und hört nach einiger Zeit auf, womit auch die Möglichkeit, Kinder zu bekommen, aufhört. Bei dem Mann vollzieht sich diese Entwicklung langsamer, aber es gibt auch ein männliches Klimakterium. Das wird oft nur nicht erkannt, denn es fängt meist erst zwischen 55 und 60 Jahren an.

W.W.: Was geschieht mit dem Mann während dieser Zeit?

B. Lievegoed: Er bekommt zum Beispiel plötzlich Tränen in den Augen, sein ganzes Gefühlsleben kann sich ändern, er wird große Zweifel an sich selber zeigen und er kann plötzlich das Gefühl bekommen, daß eine ganze Welt für ihn verlorengegangen ist. Er kommt dann oft ins Nachdenken darüber, ob sein Leben überhaupt einen Sinn und Zweck gehabt hat. Diese Labilität der Männer im Alter zwischen 55 und 65 Jahren tritt selbst bei solchen auf, die sicher und fest im Leben gestanden haben. Über das männliche Klimakterium habe ich übrigens in meinem Buch gesprochen. Ich habe dazu sehr viel Material gesammelt und durch die Literatur sehr viele Dinge, die ich vorher nicht verstanden habe, neu verstehen können.

Älterer Mann schnappt sich jüngere Frau: auf der Suche nach dem verlorenen Paradies

W.W.: Oftmals entsteht während der vierziger und fünfziger Jahre nicht nur ein Gewöhnungseffekt in bezug auf das Leben bzw. den Beruf, sondern auch in der Ehe. Man langweilt einander zum Beispiel. Als häufiges Problem entsteht dabei oft, daß die Frau älter wird, der Mann scheinbar nicht, und daß er sich eine jüngere Frau schnappt. Woran liegt es, daß besonders der Mann in dieser Zeit eine jüngere Lebenspartnerin haben

Max Klinger: Schande
(1887, Radierung, Stich und Aquatinta, 46 x 32 cm. Hamburger Kunsthalle, Kupferstichkabinett)

möchte? Hat er gesteigerte sexuelle Bedürfnisse, die die Frau meist nicht begreift? Wodurch ist dies bedingt?

B. Lievegoed: Das liegt daran, daß der Mann in ein Gebiet hineinkommt, das er noch nicht kennt. Das Ende der seelischen Entwicklung wird als ein verlorenes Paradies erlebt. Deswegen steigt in ihm das Gefühl auf, noch einmal zwanzig Jahre alt sein zu wollen. Er möchte dann noch einmal aufs Neue die Empfindungsseele durchmachen, oftmals deswegen, weil diese während des vierten Lebensjahrsiebts nicht in der richtigen Weise entwickelt worden ist. Dadurch gerät man in eine große Zwickmühle, denn man ist in einer Situation - mit Ehefrau und Familie -, in der man die Phase der Empfindungsseele nicht mehr nachholen kann. Das Problem entsteht dann dadurch, daß der Mann aus seiner Familie wegläuft und sich eine Lebenspartnerin sucht, die in dem Alter der Empfindungsseele - also zwischen 21 und 28 Jahren - ist. Zwar kann dieses mal gutgehen, aber meistens erlebt man doch eine Enttäuschung, daß man nach dem ersten Rausch in ein neues Loch hineinfällt. Manche Männer werden dadurch auch unproduktiv oder bekommen einen Knacks in ihrer äußeren Biographie.

Man beobachtet auch immer häufiger einen Bruch in der sozialen Biographie, wenn Männer ihre Familien verlassen, aber auch wenn Frauen ihren Mann verlassen, nachdem die Kinder großgezogen worden sind. Frauen erleben dann, daß sie bisher nur geschuftet und für den Haushalt gearbeitet haben, nicht aber Zeit für sich selber hatten. Dadurch entsteht es, daß sich diese Frauen eine neue Ausbildung suchen, von zu Hause weggehen, oftmals sogar eine neue Ehe eingehen. Von Anthroposophen sollte man eigentlich erwarten, daß sie auf dieses Neue vorbereitet sind, aber auch unter Anthroposophen gibt es hier zuhauf die erschreckendsten Tendenzen.

W.W.: Wie bereiten Sie Frauen und Männer auf dieses Neue vor, also auf die geistige Entwicklung nach dem 42. Lebensjahr?

B. Lievegoed: Das Problem ist, daß ich sie nicht vorbereiten kann, solange sie nicht zu mir kommen, und sie kommen solange nicht zu mir, wie sie glücklich miteinander sind.

W.W.: Klar. Aber was würden Sie sagen, wenn Menschen Ihnen trotzdem zwecks ihrer eigenen Vorbereitung auf diese neue Phase eine entsprechende Frage dazu stellen würden?

B. Lievegoed: Ich habe leider sehr viel mit Menschen zu tun gehabt, die bereits in diese Krise hineingeraten sind. Meist spreche ich dann zuerst mit der Frau, dann mit dem Mann allein, dann wieder mit der Frau, oft versucht man auch mit beiden zusammen zu sprechen, aber es ist sehr selten, daß man etwas für sie tun kann. Jeder sieht in dem anderen nur den Doppelgänger, es findet keine Begegnung des Ich statt, und es fehlt der Grund für eine tiefere Liebe. Denn im Grunde genommen wollen die Menschen gar nichts Neues aufnehmen, weil sie davor Angst haben. Das Gefühl in bezug auf die Zukunft bedeutet für sie nur dann Sicherheit, wenn sie sich auf einem Terrain bewegen, auf dem sie zu Hause sind, und das ist die Seelenwelt.

Ich sagte ja, daß man in den Jahren zwischen 21 und 42 die seelische Entwicklung durchmacht, daß aber anschließend die geistige Entwicklung beginnt. Und die ist es, vor der die Menschen Angst haben und dann auf einen bereits absolvierten Entwicklungsstand zurückgreifen. In der Seelenwelt fühlt man sich noch zu Hause, für die Geistwelt aber erwirbt man sich nur dann eine Sicherheit, wenn man ganz aus einem Ich-Entschluß heraus handelt. Hinzu kommt, daß die Zeit zwischen 42 und 49 Jahren eine durch den

Mars impulsierte Zeit ist, d.h. daß die Entwicklung mit großer Impulsivität vonstatten geht. Es vollzieht sich oft ein großer Willensstoß, so daß das jeweilige Ereignis mit großer Dramatik abläuft.

Die Weite der Jupiterzeit

In dem nächsten Jahrsiebt, zwischen 49 und 56 Jahren, kommt man in die Jupiterzeit, und das ist ein sehr viel ruhigeres Fahrwasser. Jupiter verlangt eine viel größere Weite; das Ende der Jupiterzeit - in der Mitte der fünfziger Jahre - ist für bestimmte Berufe ein Höhepunkt. Für manche amerikanische Berufe wird in bezug auf dieses Alter von dem *Age of the eminent leaders* gesprochen. Es wird zum Beispiel davon gesprochen, daß man in der Mitte der fünfziger Jahre den Helikopter-Effekt lernt, daß man also in der Lage ist, aus dem Gewöhnlichen aufsteigen zu können, um ein viel größeres Gebiet überschauen zu können. Dies betrifft zum Beispiel Positionen, in denen man nicht nur auf einem Gebiet zu Hause sein darf, sondern in der Lage sein muß, die verschiedensten Bereiche überschauen zu können. - Bei anderen Menschen geht die Entwicklung nach unten, wenn sie das Geistige nicht ergreifen: sie verkrampfen sich, bekommen Magenbeschwerden, versuchen das eine oder das andere, aber es mißlingt.

W.W.: Nun gibt es eine Art innerer Prüfung im 56. Lebensjahr, was ist da los?

"Das ist das Schlimmste, was Du mir antun kannst"

B. Lievegoed: Ich kann vielleicht erzählen, wie ich dieses Lebensalter selber durchgemacht habe. Kurz vor meinem 56. Geburtstag sagte ich zu meiner Frau, daß etwas in meinem Leben auf mich zukommt, was ich im Grunde gar nicht will. Ich konnte auch nicht näher beschreiben, von wo es kommen würde. Zehn Tage später rief mich Dr. Zeylmans, der damalige Vorsitzende der Anthroposophischen Gesellschaft von Holland, an und erzählte mir, daß er für etwa ein halbes Jahr eine Weltreise machen würde. "Wenn ich zurückkomme, werde ich den Mitgliedern der Anthroposophischen Gesellschaft mitteilen, daß ich als Vorsitzender zurücktrete, und ich erwarte von Dir, daß Du meinen Posten übernimmst." Ich antwortete ihm: "Mein Gott, das ist das Schlimmste, was Du mir antun kannst! Ich bin kein Gesellschaftsmensch. Ich arbeite mit den Menschen in der Welt, nicht aber in der Anthroposophischen Gesellschaft, denn das ist für mich eine Beschränkung." "Ja", sagte er, "gerade deswegen frage ich Dich." Natürlich gab es genügend Menschen, die diesen Platz gerne eingenommen hätten, aber ein alttestamentarisches Sprichwort sagt, daß man die Macht an diejenigen geben soll, die sie nicht begehren. Deswegen war Dr. Zeylmans genau an der richtigen Adresse, und ich versicherte ihm, daß ich darüber nachdenken werde. Er sagte dann noch: "Weißt Du, ich bin dann ja auch noch da, werde auf Deine Arbeit schauen und mich darüber freuen, daß Du es ganz anders als ich machst." Sechs Wochen später starb Dr. Zeylmans in Kapstadt, nachdem er eine Woche Vorträge gehalten hatte, kurz vor seiner Abreise. Er ist morgens im Bett gestorben. Und da wußte ich, daß unser Gespräch nicht umsonst gewesen ist. Ich habe dann den Vorsitz der Anthroposophischen Gesellschaft übernommen, habe sogar meine

0 – 7 Jahre

Mondphase

Der Keim. Eine runde, liegende, alles noch in sich bergende Form.

Doorlie Gerdes: Lebenslauf II (1988; Entwürfe in Bronze); siehe Rückseite der letzten Farbabbildung.

7 – 14 Jahre

Merkurphase

Entwicklung. Die Form strebt empor und vorwärts in einer beweglichen Gebärde, wobei Konkav und Konvex im Gleichgewicht sind.

14 – 21 Jahre

Venusphase

Innenwelt und Außenwelt. Einerseits wird ein Innenraum gebildet, andererseits gibt es eine fortschreitende Bewegung nach außen.

21 – 42 Jahre

Sonnenphase

Ich lebe in die Welt. Ein kräftiger zielstrebiger Bogen, der sich durch zwei geballte dreieckige Formen im Gleichgewicht hält.

42 – 49 Jahre

Marsphase

Fall und Krise der Werte.

49 – 56 Jahre

Jupiterphase

Auferstehung - neu strecken und sich runden.

56 – 63 Jahre

Saturnphase

Vollendung und Opferung. Vertikal sich streckende Form. Spirale als Keim für die Zukunft oder Frucht des Lebens.

Die vorangehenden Farbseiten zeigen Arbeiten von
Doorlie Gerdes: Lebenslauf II
(1988; Entwürfe in Bronze)
Atelier Dijckhof
Gooyerdijk 43
NL-3972 MA Driebergen

Freude daran gehabt, denn wenn man erst einmal so weit ist, dann schlägt man sich auch durch. 14 Jahre habe ich diesen Posten ausgeübt und dann jemanden gesucht, der mein Nachfolger werden konnte.

W.W.: Und wie sieht die innere Prüfung speziell in diesem 56. Lebensjahr für den Menschen aus?

B. Lievegoed: Es beginnt die Impulsierung durch den Planeten Saturn, und das ist der Planet des Todes und der Auferstehung. Das bedeutet, daß vieles, was einem bisher wertvoll war, nun wegfällt, daß auch bestimmte Illusionen und Wünsche, die man noch hatte, verschwinden. Man kommt in eine Situation, in der man wirklich auf seine Ich-Gestalt gestoßen wird, und erlebt dies in gewissen Momenten, die nicht den ganzen Tag anhalten, sondern meist in der Nacht auftauchen. Man wacht dann auf, kann nicht mehr einschlafen; das ist ein gewisses Todesmoment. Die Auferstehung kommt dann dadurch, daß man es aushält und akzeptiert, daß man in seinem Leben nicht alles erreicht hat, was man erreichen könnte und was man erreichen wollte. Man muß dann bei dem zurückbleiben, was die eigentliche Aufgabe ist. Wenn man das akzeptiert, entstehen neue Kräfte. Es breitet sich eine innere Ruhe aus, die sich im zehnten Lebensjahrsiebt - zwischen 63 und 70 Jahren - konsolidiert. Mit 70 Jahren ist man dann mit der Inkarnation fertig, und Rudolf Steiner sagt, was danach kommt, sei alles Zugabe.

Die Mondknoten: Die Geburtspforte steht nochmals offen

W.W.: Das 56. Lebensjahr ist ja zusätzlich auch noch die Zeit des dritten Mondknotens.

B. Lievegoed: Genau, das kommt noch hinzu. Durch diesen Mondknoten steht die Geburtspforte noch einmal offen, und das Ich hat von neuem die Gelegenheit, den roten Faden des Schicksals aufzugreifen. Das ist eine Gnade, daß dies genau zu diesem 56. Lebensjahr noch einmal geschieht, denn vielleicht kommt man nur dadurch über diesen inneren Krisenpunkt hinweg. Natürlich muß man lernen, zu diesem Zeitpunkt manches zurückzulassen, vor allem auch manche Idee aufzugeben, was man alles noch verwirklichen möchte. Man kommt dann zum Beispiel auch zu der Erkenntnis, daß man zwar sehr viel im äußeren Leben bewirkt hat, aber daß fast alle Dinge *durch* einen geschehen sind, nicht aber *von* einem bewirkt worden sind. Auch ich selbst habe erlebt, daß manches in diesem Leben durch mich hindurch getan werden mußte, und was ich selber wollte, kam nicht in Frage. Es gab Dinge, die durch mich geschehen mußten, die ich aber nicht wollte; die Angelegenheit mit der Anthroposophischen Gesellschaft war davon nur die letzte.

Und so kommt der Augenblick, in dem man endlich einmal etwas tun möchte, was man nur für sich selber will. Natürlich muß man in so einem Lebensaugenblick auch loslassen können, und ich habe mir gesagt: Mein Gott, ich muß ja auch noch einiges für meine nächsten Inkarnationen übriglassen, denn wenn man jetzt schon alles macht, ist für die nächsten Inkarnationen nichts mehr vorhanden!

W.W.: Können Sie den Unterschied des dritten Mondknotens gegenüber dem zweiten und ersten darstellen?

B. Lievegoed: Beim ersten Mondknoten ist das Verhältnis zur sozialen Umwelt von Wichtigkeit, das Ich ist noch in der Phase des Erwachens. Während des ersten Mondknotens (genau: 18 Jahre, 218 Tage, 21 Stunden, 22 Minuten) stellt sich die Frage, was der Mensch wirklich will. Das ist auch die dritte Frage, die ich meinen Studenten immer stelle, im Grunde ist es eine Mondknotenfrage. Wichtig ist, daß der zweite Mondknoten (37 Jahre, und rund 72 Tage) nicht verschlafen wird, darauf muß man achten.

W.W.: Was ist denn das Wichtige für den zweiten Mondknoten?

B. Lievegoed: Es ist zugleich der Beginn der Entwicklung der Bewußtseinsseele, und es kommt nun darauf an, ob man die Kraft und den Mut dazu hat, die Bewußtseinsseelenproblematik zu ergreifen, oder ob man im Fahrwasser der Verstandesseele weitersegelt. Man kann natürlich ohne weiteres auf der Basis der Verstandesseele äußerlich weiter funktionieren. Genauso kann man natürlich immer seine Freude haben, indem man seine Empfindungsseele auslebt. Natürlich kommt man trotzdem in die Krise am Anfang der vierziger Jahre, aber wenn man einigermaßen stabil ist, kommt man durch diese Krise hindurch und findet einen Modus vivendi, wie man im Zwischenmenschlichen, zum Beispiel in einer Ehe, miteinander umgeht. Man geht dann nicht auseinander, aber es geschieht zwischen den Menschen nichts mehr.

Man kann dies ja zum Beispiel sehen, wenn man in den Ferien in einer Hotelhalle sitzt, wo ein 60jähriges Ehepaar sich gegenübersitzt: der eine sagt nichts, die andere sagt nichts. Aber plötzlich herrscht die Frau ihren Mann an: "Hör auf, Dir an der Nase zu kratzen!" "Wenn ich mir meine Nase kratzen will, dann kratze ich mir meine Nase!" An so einem einfachen Beispiel kann man schon sehen, daß in dieser Ehe nichts mehr läuft, daß diese Menschen sich nichts mehr zu sagen haben, denn sonst würden solche Kleinigkeiten, wie das Kratzen an der Nase, nicht ein Gegenstand des Streites werden. Es ist wieder ein Gefecht der Doppelgänger.

W.W.: Können Sie etwas über den vierten Mondknoten sagen?

B. Lievegoed: Das wäre also mit 74 Jahren. Dieser vierte Mondknoten spielt für die meisten Menschen keine Rolle mehr. Im Grunde kann ich auch nicht sehr viel dazu beitragen, ich persönlich habe keine besonderen Erlebnisse zu diesem Zeitpunkt gehabt, trotzdem weiß ich, daß dieser vierte Mondknoten für manche Menschen einen Wert hat und daß noch manche neue Dinge entstanden sind, besonders bei großen Künstlern (zum Beispiel Verdi und El Greco) wie bei Goethe (2. Teil des "Faust"); mit 74 Jahren schreibt Goethe die Marienbacher Elegie, ein Abschied an die Empfindungsseele. Aber die Entwicklung ist im allgemeinen nicht mehr dramatisch, höchstens daß man das Gefühl hat, daß man noch manche Entwicklungen zu Ende bringen muß, denn wenn die mich da oben vergessen, dann bin ich hier unten wohl noch nicht ganz fertig.

Wenn das Karma erfüllt ist

W.W.: Sie haben vorhin ja schon darauf hingewiesen, daß das Karma mit 70 bzw. 72 Jahren seine Erfüllung gefunden hat. Haben sie Erfahrungen von Menschen, die nach diesem Lebensalter von einer geänderten Lebenssituation gesprochen haben?

B. Lievegoed: Die Entwicklungszeit nach diesem Lebensalter empfindet man sehr stark als eine Gnade. Ich selbst bin oft erstaunt, daß ich noch lebe, und man fragt sich nach dem Sinn. Weil man noch lebt, hat man noch die Möglichkeit, manches für die Menschen zu tun, besonders für die jüngeren. Ich selbst habe mein ganzes Leben sehr viel mit jüngeren Menschen gearbeitet und habe erfahren, daß man für manchen jüngeren Menschen ein Wort sprechen kann, das für ihn tröstend ist.

W.W.: Sie sind mittlerweile 85 Jahre alt; können sie aus Ihren eigenen Erfahrungen noch von Krisen bzw. von ihrer Überwindung in der Zeit nach 72 Jahren berichten?

B. Lievegoed: Bis zu meinem 80. Lebensjahr habe ich immer gesagt, was quält es eigentlich die Menschen, daß man in einem hohen Alter so wenig kann, denn ich selbst habe davon nichts bemerkt, aber die letzten fünf Jahre zählen doppelt bzw. dreifach. Und jedes Jahr wird es physisch schwerer. Natürlich muß man dann vieles langsamer tun und sich auch von manchem befreien. Aber damit bin ich zufrieden, denn ich sehe, daß es die anderen auch können. Vielleicht können sie es sogar besser.

"Ich schaute bei dem sterbenden Jungen eine riesige Lichtgestalt"

W.W.: Was würden Sie einem Menschen raten, wenn er sich auf den Tod vorbereiten möchte?

B. Lievegoed: Auf den Tod vorbereiten, das ist bei jedem Menschen so verschieden ..., ich habe überhaupt keine Angst vor dem Tod. Vielleicht kann ich hier ein Erlebnis erzählen, das zur Biographie gehört. 1943 war die große Massenschlacht zwischen den Deutschen und Russen in Rußland, und die Deutschen begannen, sich zurückzuziehen. Zu dieser Zeit hatten wir in Holland in unserem Institut eine Scharlachepidemie bei den Kindern. Ich habe alle Kinder behandelt, und einer von ihnen hat mir sogar ins Gesicht gespuckt. Ich bekam allerdings keinen Scharlach und dachte, daß ich gegen Scharlach immun sei.

Ein Jahr später, wie aus heiterem Himmel, bekam ich eine schwere Scharlachkrankheit, mit einer Nierenentzündung, hohem Fieber (41 Grad) und lag in meinem Bett. Jedermann kam mit besorgtem Gesicht herein und dachte, daß ich an der Grenze wäre. Ich selbst fühlte mich aber so glücklich wie noch nie in meinem Leben. Ich lag in meinem Bett und hatte wunderbare Erlebnisse.

Das durchschlagendste Erlebnis allerdings war, daß ich in einen Zustand geriet, in welchem ich erlebte, was in Rußland geschah. Ich sah eine weite russische Ebene, über die sich das deutsche Heer zurückzog. Mittendrin war ein Bauernwagen, auf dem ein 18jähriger sterbender Soldat lag. Ich konnte sozusagen durch seine Augen schauen und sah durch diese Augen eine riesige Lichtgestalt, die halb über, halb in der Erde dahinschritt. Diese Gestalt kam zu dem Jungen heran, er schaute sie an und damit verschwand dieses Bild.

Da wußte ich, was beim Sterben geschieht. Ich selbst bin damals an meinem Scharlach nicht gestorben, auch wenn ich lange Zeit selber an der Grenze gewesen bin. Aber dieses Erlebnis hat mich für meine zweite Lebenshälfte zu der Gewißheit gebracht, was der große Hüter der Schwelle, also Christus, ist. Ich habe erlebt, daß Christus eine Realität ist. Und wenn man ein derartiges Erlebnis gehabt hat, dann hat man keine Angst mehr vor dem Sterben. Natürlich wird dieser Moment auch für mich kommen. Aber mein Erlebnis ist nicht durch eine innere Entwicklung bewirkt worden, sondern durch das Schicksal, daß ich selber an der Grenze stand. Aber das Ergebnis ist, daß man auf diesem Gebiet ganz ruhig ist.

Das beschreiben auch alle diejenigen Menschen, die klinisch tot waren und reanimiert wurden, und die auch alle diese Lichtgestalt erlebt haben; auch sie haben keine Angst mehr vor dem Sterben. Das ist ein ähnliches Erlebnis wie bei einer früheren Einweihung, denn auch dabei ging man durch den Tod. Zwar sorgte der Hierophant dafür, daß ein kleiner Rest des Ätherleibes mit dem physischen Leib verbunden blieb, aber wenn man in seinen Leib zurückkam, so war dies wie eine neue Geburt. Mein Erlebnis war allerdings keine Einweihung, man soll es nicht übertreiben. Es war ein Fiebergesicht, aber ich habe während dieses Fieberzustandes wunderbare Erlebnisse gehabt. Es war übrigens die Schlacht bei Uman, die ich geschaut habe. Ich kannte diesen Ort bis damals überhaupt nicht, er liegt irgendwo in der Ukraine.

Die zweifache Spiegelung innerhalb der ersten neun Lebensjahrsiebte

W.W.: In den ersten drei Lebensjahrsiebten werden physischer Leib, Ätherleib und Astralleib ausgebildet, Fehler kommen weniger durch die innere Entwicklung als vielmehr von außen, zum Beispiel durch die Erziehung. In den drei weiteren Lebensjahrsiebten, in denen der Mensch mit seinem Ich die drei ausgebildeten Wesensglieder (physischer Leib, Ätherleib, Astralleib) umarbeitet, gibt es entsprechende Spiegelungen: das dritte Lebensjahrsiebt spiegelt sich im vierten Lebensjahrsiebt, das zweite im fünften und das erste im sechsten. In welcher Weise ist zum Beispiel das vierte Lebensjahrsiebt eine Spiegelung des dritten?

B. Lievegoed: Diese Spiegelung im vierten Lebensjahrsiebt kommt von innen als Stimmung herauf. Man steht zum Beispiel morgens auf und fühlt sich nicht wohl; zwar ist man nicht krank, aber man ist mißgestimmt. Und diese Mißstimmung ist eine Spiegelung eines Ereignisses aus dem dritten Lebensjahrsiebt, und zwar die gleiche Zeit vor dem 21. Lebensjahr wie die Mißstimmung zeitlich nach der Spiegelachse des 21. Lebensjahres liegt.

Genauso kann es vorkommen, daß man sich plötzlich ganz glücklich fühlt, und zwar ohne Ursache. Man wacht morgens auf und sagt sich: Gott, was ist die Welt schön! Auch das kann eine Spiegelung sein. In so einem Fall ist dann im dritten Lebensjahrsiebt etwas Schönes geschehen, was nun im vierten Lebensjahrsiebt als eine Art Lichterlebnis heraufkommt. Oder es ist ein finsteres Erlebnis. Mit beidem muß man leben. Man kann natürlich zum Beispiel mit einem Finsternis-Erlebnis einfach so mitleben, man ist dann eben einige Tage mißgestimmt, aber denkt nicht weiter darüber nach. Wenn man aber das Mißgestimmtsein bzw. das Glück nicht einfach hinnimmt, dann könnte man eventuell eine anfängliche Ahnung davon bekommen, daß hier eine Spiegelung vorliegt. Vor allem ist es wichtig, daß man sich nicht in seinen Stimmungen gehenläßt, sondern diese mit dem Ich ergreift.

W.W.: Wenn man jetzt einmal davon ausgeht, daß im dritten Lebensjahrsiebt ein Ereignis vorkommt, welches im vierten Lebensjahrsiebt als Stimmung heraufschwingt, hat dieses dann eine weitere Fortsetzung im siebten Lebensjahrsiebt, wenn der Mensch mit seiner geistigen Entwicklung beginnt?

B. Lievegoed: Ja. Im großen und ganzen kann man sagen, daß das Geistselbst, das man im siebten Lebensjahrsiebt - in der Zeit zwischen 42 und 49 Jahren - entwickelt, das

Ergebnis dessen ist, inwieweit man im vierten Lebensjahrsiebt seine Empfindungsseele aus dem Empfindungsleib umgewandelt hat. Die Empfindungsseele aber wiederum ist bereits die Umwandlung des Astralleibes; es gibt hier also zwei Umwandlungen innerhalb von drei Lebensjahrsiebten, die miteinander in Beziehung stehen: dem dritten, vierten und siebten Lebensjahrsiebt. Wer aber die Empfindungsseele nicht entwickelt hat, kann dann auch nicht mehr den Keim des Geistselbst entwickeln. Man erlebt dann vielleicht den Sturm und die Dramatik in den vierziger Jahren, nicht aber, daß man auch vom Geistigen beschenkt werden kann. Denn in einem solchen Moment geht etwas vom Seelischen ins Geistige über, also in die Objektivität.

W.W.: Könnten Sie ein Beispiel davon geben, wie ein Ereignis des dritten Lebensjahrsiebts, welches im vierten Lebensjahrsiebt als innere Stimmung heraufkommt, im siebten Lebensjahrsiebt in ein Geistiges verwandelt wird?

B. Lievegoed: Hierbei kommt man natürlich in ein Gebiet, in dem man Ahnungen haben kann, aber wo man immer weniger sicher wird. Das Entstehen der Keimanlage des Geistselbst ist eine so zarte Angelegenheit, daß man kaum darüber sprechen kann. Auf jeden Fall aber gehört zu dieser zarten Angelegenheit, daß man ein neues Liebesverhältnis zu den Menschen entwickelt, aber das ist ein Liebesverhältnis ohne luziferischen Einschlag. Es ist ein Wärmegefühl, daß man sich darüber freut, daß ein Mensch gewisse Dinge sagt oder tut. So etwas ist ein ganz anfängliches Geistselbst-Erlebnis. Man kann hier schwierig Beispiele geben, denn es sind Momente, die vorüberhuschen und die man nur so charakterisieren kann, daß man sich dadurch freudig angerührt fühlt, daß ein Mensch irgendeine Äußerung getan hat. Es ist auch die innere Freude, daß ein bestimmter Mensch einen für ihn wichtigen Entwicklungsschritt vollzogen hat. Aber wir sind heute noch sehr weit von einer Geistselbstkultur entfernt.

W.W.: Rudolf Steiner spricht im ersten Vortrag des Zyklus "Die Offenbarungen des Karma" (GA 120) auch darüber, daß ein einschneidendes Schicksalsereignis im Menschenleben auch als Spiegelachse dienen kann. Haben Sie damit Erfahrungen gemacht?

B. Lievegoed: Ich weiß davon, aber - ehrlich gesagt - bin ich dem nicht näher nachgegangen. Ich habe diese Schicksalsereignisse nicht als Fokus genommen, um die Wirklichkeit zu betrachten. Es wird sicherlich so sein, wie Rudolf Steiner sagt, aber ich habe damit keine Erfahrungen.

W.W.: In dem Vortragszyklus "Das Karma des Berufes ..." (GA 172) spricht Rudolf Steiner auch noch über Auswirkungen des letzten Lebens auf die ersten Lebensjahrsiebte, zum Beispiel daß die Menschenbegegnungen des letzten Lebens das Hineinstellen in eine bestimmte Lebens-, Familien- und Volkszugehörigkeit im ersten Lebensjahrsiebt dieses Lebens bewirken und daß in das zweite Lebensjahrsiebt dieses Lebens die beruflichen Lebensbedingungen des letzten Lebens hineinwirken und sich im Wachstum, der Gestik und dem Gang des Menschen äußern.

B. Lievegoed: Genau, er spricht in diesem Zyklus auch noch über Goethe und sagt, daß man in den verschiedenen Lebensaltern mit Menschen aus früheren Leben zusammenkommt. Je älter man wird, desto weiter liegen die Inkarnationen derjenigen Personen zurück, mit denen man zusammenkommt. Er gibt diese Beispiele am Leben von Goethe: Als junger Mensch erlebt er seine Inkarnation im Mittelalter, dabei schreibt er den "Faust", dann reist er nach Italien und sucht dabei das Land der Griechen, also seine zweitletzte Inkarnation, bis er dann etwa mit 55 Jahren persische Quadrinen schreibt und mit 70 Jahren beginnt, über Brahma zu schreiben. Rudolf Steiner sagt dazu, daß jedes Mal bei Goethe eine frühere Inkarnation lebendig geworden ist.

So etwas habe auch ich sehr stark erlebt. Man kommt dann an einen Moment, an dem gewisse karmische Zusammenhänge plötzlich aufhören und man in neue karmische Zusammenhänge hineingerät. Bei mir ist das zum Beispiel meine Verbindung mit der heilpädagogischen Bewegung, auf der anderen Seite meine spätere Begegnung mit der Wirtschaft, wobei ich mit dem Top-Management und den größten Betrieben in Verbindung kam. Wir haben uns sofort befreundet, so daß ich für mein Institut - das NPI - Aufträge bekam, die kein anderer bekam. Das NPI - das Institut für Organisationsentwicklung - hat sich dadurch schnell entwickelt. Mit diesen Menschen fühlte ich also eine Verbindung bzw. eine Art von Wiedererkennen. Wenn man dafür ein Organ hat, dann merkt man, wann eine Zeit abgelaufen ist und wann man wieder mit ganz neuen Menschen zusammenkommt. Das hat sich noch einmal im Universitätsleben wiederholt. Doch das bleibt eine geheimnisvolle Sache!

WEGE DER BIOGRAPHIE UND SEELISCHEN ENTWICKLUNG

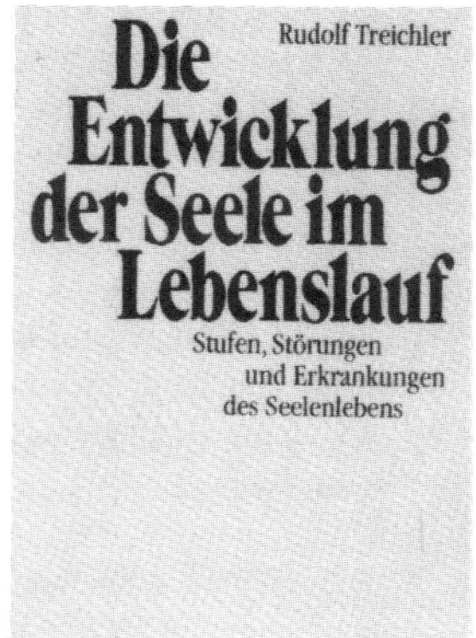

Vom rechten Umgang mit sich selbst

ADAM BITTLESTON

Das Leben meistern

Zur Praxis des achtgliedrigen Pfads.
128 Seiten, geb. DM 24,–
(Falter 6)

Wie ein Mensch denkt und Entscheidungen trifft, wie er redet und handelt, wie er sein Leben einrichtet und nach Zielen strebt, wie er vom Leben lernt und sich sammeln kann – das zeigt erst an, inwiefern er zu den Meistern des Lebens gerechnet werden kann. Adam Bittleston beschreibt einen Weg der Lebensführung.

Aus dem Inhalt:

I. Autofahren und Charakter
II. Reden in der Familie
III. Alter und Schicksal
IV. Lebensberatung und geistige Entwicklung

Ein Grundwerk anthroposophischer Psychologie

RUDOLF TREICHLER

Die Entwicklung der Seele im Lebenslauf

Stufen, Störungen und Erkrankungen des Seelenlebens.
3. erweiterte und vollständig überarbeitete Auflage,
376 Seiten, Ln. DM 59,–

«Dieses Buch beweist die Überlegenheit eines ganzheitlichen Menschenbildes auch bei der Lösung der seelischen Konflikte, unter denen heute immer mehr Menschen leiden. Ein Buch, das wie kaum ein anderes geeignet erscheint, das Wesen der seelischen Krisen in einem erweiterten Zusammenhang begreiflich zu machen und den Leser durch richtige Einstellungen wieder zur seelischen Gesundheit zu führen.» *Volksgesundheit*

Eine feministische Provokation im besten Sinne

ALMUT BOCKEMÜHL

Selbstfindung und Muttersein im Leben der Frau

195 Seiten, geb. DM 29,–

Vier Monate nach Erscheinen bereits vergriffen und nun in zweiter Auflage – das Buch über das Mysterium der Liebe und die Dauer einer Lebensgemeinschaft, über Mutterschaft und Beruf und Berufung von Frauen, die ihr Selbstbewußtsein erhalten und erhöhen wollen.

«Mich begeistert das Buch vor allem durch seine Weite und Reichhaltigheit, durch die man sofort ins Weiterdenken und Weiterfragen kommt.»
Dorothee Jacobi, Die Christengemeinschaft

VERLAG FREIES GEISTESLEBEN

Geld in den Wind
für eine gesunde Umwelt...
können Sie durch den GKG-Windkraftfonds investieren.
Mit dem Kapital des GKG-Windkraftfonds werden Windkraftanlagen in Norddeutschland auf Höfen mit biologisch-dynamischer Anbauweise, in einem niederländischen Windpark und in einer Gemeinde in Sachsen-Anhalt gebaut.
Durch diesen Fonds tragen Sie dazu bei, den Anteil der regenerativen Energiequellen zu erhöhen, und Sie können eine Verzinsung von 5% auf Ihr Kapital erwarten.
Die GKG-Windkraftbroschüre und ausführliche Informationen erhalten Sie unter folgender Adresse – oder rufen Sie uns doch einfach an:
GEMEINNÜTZIGE-KREDIT-GARANTIEGENOSSENSCHAFT eG (GKG)
oder
GLS GEMEINSCHAFTSBANK eG
Oskar-Hoffmann-Str. 25 · 4630 Bochum 1
Tel. 02 34/3 76 53 · Fax 02 34/3138 83

Persönliches Selbstverständnis im Lebenslauf

VORTRAG IM FORUM 3, STUTTGART*

Ulrich Morgenthaler

Zu Beginn möchte ich das Wort *Schicksal* vom seelischen Erleben her beleuchten. Welche Bilder finden sich darin, und was können sie uns bedeuten? Zum einen ist das Wort *Geschick* oder *sich schicken* bzw. *schicken* darin enthalten. Darin liegt unter anderem eine doppelte Bedeutung, im Sinne einer Fähigkeit, also der Geschicklichkeit, und in der Tatsache, jemanden zu beauftragen, zu schicken. Schickung bedeutet Prüfung. Zum anderen ist das Wort *Sal* enthalten. Was bedeutet Sal? Wir finden es in Schicksal, Mühsal, Trübsal, aber nicht als Frohsal. Wir kennen es noch in Labsal. Beim Erleben der Geste im Vergleich dieser Worte kann man etwas "Fließendes", "Durchdringendes" erleben; am anschaulichsten zum Ausdruck gebracht im Wort Rinnsal. Daneben habe ich die Frage, ob *Sal* in diesem Zusammenhang *Salz* bedeutet. Wir hätten dann auf der einen Seite die zu prüfende Fähigkeit, auf der anderen eine für den Menschen lebenswichtige mineralische Substanz.

Wenn man den Begriff Schicksal untersucht, bemerkt man, daß auf der einen Seite etwas von außen auf einen zukommt, zum Beispiel prägende Lebensbegegnungen und -umstände, und auf der anderen Seite steht die innere Haltung, mit der man sich in entsprechende auftretende Situationen hineinbegibt. Man kann ein Schicksal ertragen, es auf sich nehmen oder auch darüber mißmutig werden. - Die eine Seite, nämlich die außen liegende, möchte ich heute ein wenig stärker betonen und betrachten. Im Vortrag gestern haben wir ja untersucht, wie die Lebenserfahrungen nach innen gelangen.

Um dies zu verdeutlichen, möchte ich eine ganz alltägliche Begebenheit erzählen, die mir jüngst widerfahren ist. Vor zwei Tagen - nach dem Orkan - war ich auf dem Dachboden meiner Wohnung, um einige Dachziegel zurechtzurücken, wobei ich bemerkte, daß das Überlaufgefäß unserer Zentralheizung leckte. Ich habe gleich der Nachbarin, die in der Wohnung unter mir lebt, Bescheid gegeben, daß ich den Monteur benachrichtigen werde, damit sie ihn hereinlassen möge, denn ich mußte zur Arbeit. - Es war bereits Freitagnachmittag, der Monteur kam, konnte aber nicht auf den Dachboden gelangen, da ich aus Versehen die Tür zugeschlossen und den Schlüssel mitgenommen hatte. Als man mich benachrichtigt hatte, bestand die Alternative darin, meinen Schlüssel mit einem Taxi nach Hause zu schicken oder meinen Freund, der den Reserveschlüssel besitzt, aufzuspüren. Ich rief ihn an, aber es meldete sich niemand. Ich versuchte es daraufhin bei seiner Freun-

---

*Dieses Referat wurde im Rahmen eines mehrtägigen Biographieworkshops im Forum 3 in Stuttgart gehalten. In kleinen Gruppen und anhand gezielter Fragestellungen waren die Seminarteilnehmer angeleitet, in bildhafter Weise ihre eigenen Lebenserfahrungen beispielhaft aufzuarbeiten. Neben begleitenden Bewegungs- und Farbübungen dienten Referate dazu, entstandene Fragen auf dem Hintergrund allgemeiner Gesetzmäßigkeiten des menschlichen Lebenslaufs zu besprechen.
Das vorliegende Referat wurde für die schriftliche Wiedergabe überarbeitet. Ursprüngliche Gesprächspassagen wurden in die Vortragsform geändert. Diesem Referat ging ein grundsätzlich einführendes voraus, in dem Lebensrhythmen in Kindheit und Jugend in Verbindung mit dem anthroposophischen Menschenbild dargestellt wurden.

din - von der ich jedenfalls meinte, daß es seine Freundin sein könne. Das war eine etwas unangenehme Situation. Das Fazit jedenfalls war, daß ich seinen Reserveschlüssel erst am späten Abend hätte erhalten können. Ich benachrichtigte also wieder die Nachbarin, daß ich den Schlüssel in ca. einer halben Stunde mit einem Taxi vorbeibringen lassen würde, sie möge dies dem Monteur ausrichten. Kaum hatte ich aufgelegt, fiel mir ein, daß unsere Dachbodentür so einfach zu öffnen ist, daß jeder gelernte Einbrecher bzw. Klempner dies mit wenigen Handgriffen hinbekommen müßte. Also rief ich die Nachbarin wiederum an und teilte ihr mit, daß sie dies dem Monteur ausrichten solle, aber nun war der bereits wieder gegangen, um zu Hause oder anderswo eine Pause einzulegen. So fuhr schließlich der Taxifahrer mit dem Schlüssel zu meiner Wohnung, mit dem Auftrag, Schlüssel und den Rest des Fahrgeldes der Nachbarin auszuhändigen. Als ich mich später erkundigte, hatte mit dem Schlüssel, dem Geld, dem Taxifahrer und dem Monteur auch alles geklappt.

Was ich mit dieser Geschichte andeuten möchte, ist nicht, daß damit etwas Großes geschehen sei, sondern daß durch die einfache Tatsache, daß ich meinen Dachbodenschlüssel aus Versehen mit zu meiner Arbeitsstelle genommen habe, eine Kette von Ereignissen durch mich in Bewegung gesetzt worden ist. Wäre ich wacher gewesen, so wäre der größte Teil der Kette von Handlungen nicht geschehen. Es wäre zum Beispiel kein Taxifahrer nötig gewesen, um zu uns nach Hause zu fahren. Der Monteur hätte keine zweite Anfahrt für diese Arbeit durchführen müssen. Ich hätte ferner nicht in das Privatleben meines Freundes eindringen müssen.

Das sind natürlich nur die vordergründigen Ereignisse, aber im weiteren kann man noch versuchen, sich vorzustellen, welche etwas tiefergreifenden Geschehnisse damit ebenfalls verbunden sind. Mit Wahrscheinlichkeit habe ich einen gewissen Ärger bei der Frau in meinem Haus sowie bei dem Handwerker ausgelöst, fernerhin habe ich mit zwei Telefongesprächen das Telefonnetz in Anspruch genommen, ein Taxifahrer wurde herbeordert, um einen zusätzlichen Weg durch den Feierabendverkehr zu machen, und er hat auf diesem Weg sein Benzin verbraucht. Der Handwerker mußte zwischenzeitlich nach Hause, um eine dreiviertel Stunde Pause einzulegen - vielleicht hat er wirklich pausiert, vielleicht hat er sie mit anderer Arbeit ausfüllen können, auf jeden Fall sind dies alles Kosten, die bei größerer Wachsamkeit meinerseits nicht auf mich zurückgefallen wären.

Man kann diesen Faden immer weiter spinnen, zum Beispiel in der Weise, daß der Taxifahrer niemals meine Nachbarin kennengelernt hätte, vielleicht haben sie sich ja gut verstanden. Es wäre aber auch möglich, daß der Taxifahrer durch schwierige Verkehrsverhältnisse zu dieser Zeit auf dem Weg zu meiner Wohnung mit anderen Autofahrern in Streit geraten ist. Ich möchte damit andeuten, daß durch eigene Tätigkeiten in der Welt Wirksamkeiten erzeugt werden, die man sich meist gar nicht vorstellt und die oft größere Kreise ziehen, als man ahnt. Wenn man recherchierte, so würde man auf immer größere Zusammenhänge stoßen. Vom Benzin des Taxifahrers könnte man bis zu den Erdölvorkommen weiterdenken, die beteiligten Gelder bewegen sich letzten Endes im globalen Geldverkehr usw. Zwar verliert sich alles nach geraumer Zeit in die Zukunft hinein, aber es besteht weiter als Wirkung in der Welt.

Das Merkwürdige dabei ist, daß wir das Bewußtsein für die Wirkungen unserer Taten - seien es Kleinigkeiten, sei es Schwerwiegendes - ab einem gewissen Umkreis, der in der

Regel nicht sehr groß ist, zunehmend bzw. vollständig verlieren. Meist kümmert uns die Seite, die in die Welt hineinwirkt, nur sehr wenig, während die Seite, die wir selbst als Erlebnis an einem Vorgang haben, Teil unserer Erinnerung wird. Aber die Wirkungen unserer Taten verteilen sich irgendwie über die ganze Erde hin.

Wenn man den Gedankengängen Rudolf Steiners folgt, so kann man in voller Berechtigung die Frage stellen, was aus diesen Wirkungen wird. Wenn wir zum Beispiel nach vielen Jahren einen Menschen wiedertreffen, mit dem wir in früheren Jahren ein gemeinsames Erlebnis gehabt haben, dann wird uns durch die äußere Erscheinung dieses Menschen schnell erinnerbar werden, was wir mit ihm erlebt haben. Wir können also dasjenige, was sich in uns abgelagert hat, wieder emporholen. Wie aber steht es demgegenüber mit den Wirkungen unserer Taten in der Welt? Zwar haben wir sie ausgelöst, aber sie verlieren sich für unser Bewußtsein. Verschwindet nun der innere Bezug der Wirkungen zu uns, oder behalten sie auch in ihrer feinsten Fortsetzung noch eine Spur unserer ursprünglichen Tat eingeprägt? Wohin verlieren sich diese Spuren, die gegebenenfalls trotzdem mit uns in Verbindung bleiben?

(Es wird gezeichnet. Siehe Abbildung übernächste Seite.)

Zum einen haben wir hier unten auf der Zeichnung die Erdoberfläche *(die Welt)*, die ich gleichzeitig so betrachtet wissen möchte, daß man links die Vergangenheit und rechts die Zukunft denkt. Dann kann man sich über diese Erdoberfläche hin, eingebettet in den Lauf der Zeit, den Lebenslauf des Menschen vorstellen. Dieser Lebensweg gleicht einer Fußspur, die sich von der Geburt bis zum Tode hinzieht.

Wenn wir nun zusammenstellen, was wir teils schon besprochen haben, dann ist es so, daß wir uns während des gesamten Lebens mit verschiedenen Kräfteströmungen auseinanderzusetzen haben. Zum ersten bekommen wir unseren Körper von unseren Eltern, damit gleichzeitig die verschiedensten Merkmale bis in einzelne Charakterzüge hinein. Kurz gesagt: alles das, was wir *Vererbung* nennen. Als zweites haben wir eine ganz bestimmte äußere Umgebung, in die wir hineingeboren worden sind und die uns prägt. Und drittens bemerken wir - je älter wir werden, desto mehr -, daß auch aus uns selbst ganz bestimmte Absichten, Wünsche und Ziele entstehen und Gestalt annehmen, die aber nichts damit zu tun haben, daß sie eventuell auch von unseren Eltern oder Vorvätern vertreten worden sind; auch aus unserer Umwelt sind sie nicht entstanden. Wir erleben etwas ganz Eigenes, das sich in den verschiedensten Formen der Selbstverwirklichung, zum Beispiel im Beruf, zunehmend herauskristallisiert, das sich nach und nach herausarbeiten möchte, um sich in der Welt fruchtbar zu entwickeln und zu entfalten. - Kräfte aus diesen drei Richtungen wirken von Geburt an in unser Leben ein und ergeben in ihrer Wechselwirkung miteinander die ganze Fülle und Buntheit unserer Erfahrungswelt.

In dieser Beziehung standen gestern Kindheit und Jugend im Mittelpunkt, die Möglichkeit, deren 7-Jahresrhythmen mit Hilfe der eigenen Erinnerung und dem anthroposophischen Menschenbild anfänglich zu unterscheiden: In den ersten sieben Jahren die Entwicklung des physisch-materiellen Körpers in bezug auf seine Formgestalt. Im zweiten Jahrsiebt die Ausbildung des ätherisch-lebendigen Leibes mit seinen Wachstums- und Rhythmuskräften, und im dritten Jahrsiebt der astralisch-seelische Leib mit seinen Neigungs- und Abneigungskräften. Dazu galt es zu beachten, daß diese Jahrsiebtrhythmen keine schematische Einteilung darstellen, sondern urbildhafte Erscheinungen sind, deren zeitliche Grenzen - besonders in unserer Zeit - individuell sehr stark variieren. Am Schluß, angekommen beim 21. Lebensjahr, Kindheit und Jugend abgeschlossen, von Elternhaus und Erziehung in die Selbständigkeit entlassen, standen wir vor der Frage: Was wird der Mensch nun aus sich machen?

Er muß anknüpfen an die eigene Erlebenspolarität der vorangegangenen Jahre: rational-kühle Verstandesverarbeitung oben im Kopfbereich und triebhaft-warme Wunschnatur im unteren Stoffwechselbereich. Diese Polarität ist die Polarität des Lebens. Aus ihr heraus muß der Mensch sich erst finden.

Wenn wir uns dazu die gesamte Wesenheit des Menschen vorstellen, dann haben wir hier auf der unteren Seite als erstes das *Begehren* des Menschen. *(Es wird gezeichnet).* Dieses Begehren richtet sich auf alles dasjenige, was wir sehen, was wir leben und wahrnehmen. Das *Wahrnehmen* ist das zweite. Auf dasjenige, was wir in der Welt erfahren, richtet sich unser Wunsch. Es entsteht in uns der Wunsch, vieles um uns herum intensiver zu genießen oder besitzen zu wollen, sei dies nun ein Buch, eine Reise oder eine bestimmte kulinarische Köstlichkeit. Das aber, was sich daraus als eine Erfahrung ergibt, möchte ich als *Empfindung einer Sache* bezeichnen. Jedes Erlebnis, das von einem Wunsch geleitet wird und eine äußere Erfahrung aufsucht, hinterläßt in uns einen irgendwie gearteten Empfindungseindruck. Das ist das dritte. Dieser Empfindungseindruck wird uns entweder gefallen, so daß wir befriedigt sind, oder er wird uns nicht gefallen, so daß wir frustriert sind. *Befriedigung* oder *Nichtbefriedigung* ist das vierte. Im großen und ganzen ist dies allerdings ein Kreislauf, der nie zu einem Ende kommt, weil man immer wieder angeregt wird, neue Erfahrungen aufzusuchen oder diejenigen, die man bereits in der Vergangenheit genossen hat.

Dieser Kreislauf verläuft bei den Tieren ganz instinktiv, bei uns Menschen ist er zwar auch vorhanden, aber es steht ihm auf der anderen Seite eine doppelte Polarität gegenüber: der Kopfbereich. Im Kopf begleitet der Mensch permanent in inneren Bildern, was er tut; mit dem Kopf stellt er vor und er hat so ein Bewußtsein von den meisten Vorgängen. Wir haben aber nicht nur die Möglichkeit, den anderen Pol des Menschen innerlich begleitend abzubilden, sondern auch mit unseren Verständnismöglichkeiten in unsere Wünsche und Taten, aber auch in die Gegenstände der Welt, hineinzuschauen, so daß wir in den Vorgängen bestimmte Zusammenhänge entdecken können. Damit versetzen wir uns in die Lage, unbefriedigende Erlebnisse auszuschalten bzw. umzusetzen, so daß wir sie letztlich in befriedigende Situationen verwandeln können. Zum Beispiel: Sämtliche Gegenstände unserer technischen Zivilisation sind Ergebnisse dieses Bearbeitens unserer Bedürfniswünsche. Letztlich ist alles daraus entstanden, was das Leben bequemer, einfacher, handhabbarer und effektiver gestaltet hat. Wir erarbeiten also etwas aus den Erfahrungen der Welt heraus, was wir dann als gedanklichen Zusammenhang und wissenschaftlich vermittelbares Ergebnis zur Verfügung haben, und verändern damit die Welt. Das können Tiere nicht. *Vorstellen* und *Begreifen* ist die eine Polarität im Kopfbereich.

Was wir hier permanent tun, steht nun in noch einer Polarität. Wir können diese Vorgänge *erinnern*, wir sind aber nicht gezwungen, sämtliche Vorgänge permanent im Bewußtsein zu behalten. Gedanken und Erlebnisse können wir auch *vergessen*. Weil wir die Fähigkeit des Erinnerns und des Vergessens haben, sind wir in dem Kopfpol beständig frei, uns hin und her bewegen zu können. *Erinnern* und *Vergessen* bilden die zweite Polarität im Kopfbereich.

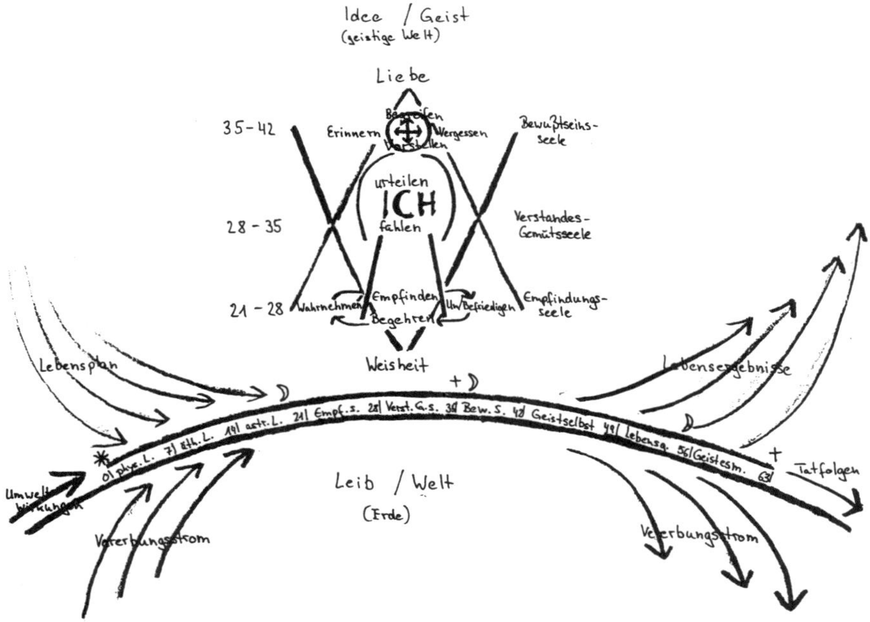

(Zeichnung: Ulrich Morgenthaler)

Wir können in uns also oben eine doppelte Polarität beobachten, unten einen sich selbst antreibenden Kräftekreislauf. In dem Maße, in dem man versucht, diese beiden Prozesse, die wir beständig ausüben, miteinander in Bewegung zu bringen - zusammengefaßt gesagt: die Wärme des Wünschens und die Kälte des Begreifens -, bildet sich in der Mitte etwas heraus, nämlich daß man *urteilen* kann, daß man bewußte Selbständigkeit erwirbt. Die Empfindsamkeit dafür, was in der Welt geht und was nicht geht, kann sich durch ein stark intensiviertes *Fühlen* herausbilden, was noch etwas anderes ist, als dasjenige, was ich vorhin als Empfindung bezeichnet habe.

Wenn man von sich selber spricht und dabei auf sich zeigt - "Das bin ich!" -, dann wird man weder auf seinen Kopf noch auf seinen Unterleib zeigen, sondern auf die eigene Mitte. Man erlebt das eigene *Ich* in bezug auf die Mitte des eigenen Körpers. Aus dieser Orientierung auf die eigene Mitte suchen wir die Selbstfindung zwischen oben und unten. Im bewußteren Urteilen begleiten und werten wir die Vorgänge, die wir denkend mit dem Kopf ausführen, um ihr "Wahr" oder "Falsch" für uns zu unterschieden. Im traumhafteren Fühlen vollziehen wir unsere Willensprozesse im Stoffwechselbereich mit, eine instinktive Sicherheit in bezug auf deren "Gut" oder "Schlecht" suchend.

Der Mensch muß nun mit dieser Dreiheit seiner selbst zurechtkommen. Alles, was wir bisher besprochen haben, steht dabei in einer weiteren Polarität: Auf der einen Seite ist die *Welt*, die Welt der Erfahrungen, auf der anderen Seite sind die *Ideen*, die unabhängig von uns bestehen, alles, was wir zusammenfassend mit *Geist* bezeichnen können.

Die äußere Umwelt kommt auf den Menschen zu. Er nimmt sie wahr und muß sie verarbeiten und auswerten; wir greifen diese äußere Umwelt also auf und arbeiten sie durch. Aus dem, was wir durcharbeiten, kommen wir zu Einsichten und Absichten, die wir wiederum in äußere Handlungen umsetzen; und diese äußeren Handlungen werden zu äußeren Taten, die sich wiederum in der Welt verlieren. Wir nehmen also etwas Äußeres in uns hinein, verarbeiten es, kommen zu Einsichten, fassen den Entschluß, gezielte Handlungen zu unternehmen, greifen in unsere Willenskräfte hinein und vollziehen Handlungen, die äußerlich in der Welt wirksam werden. Das Ganze muß man sich so vorstellen, daß wir *lernen* und währenddessen aus diesem geistigen Bereich greifen, der zum größten Teil jenseits unseres Bewußtseins liegt.

Wenn man sich zur Aufgabe macht, das eigene Handeln nach bestimmten Ideen auszurichten, nicht aber nach persönlichen egoistischen Bedürfnissen, und wenn man sich gleichzeitig zur Aufgabe macht, daß man die Widrigkeiten des Lebens, unsere eigenen Schwächen und diejenigen der anderen Menschen nicht mit abstrakter Kälte zu verstehen sucht, sondern sie mit verständnisvoller Wärme begleitet, dann entstehen in zwei Richtungen neue Qualitäten, die man vorher nicht besessen hat. Die eine davon ist die *Weisheit*. Weisheit ist diejenige Qualität, die man erwirbt, wenn man den Umständen der Welt mit tiefem Verstehen entgegenkommt, wenn man gelernt hat, die Welt nicht nur wissenschaftlich zu verstehen, sondern sie bis in die Einzelheiten hinein zu durchdringen und sie in ihren Schwierigkeiten als Mensch anzunehmen.

Wenn man auf der anderen Seite die Triebkraft, die jeder Mensch in sich trägt, zunehmend zur Klarheit des reinen Denkens heranführt, sie also läutert, dann wird aus der Egoität, aus dem egoistischen Begehren, das in jedem Menschen natürlicherweise veranlagt ist, eine selbstlose Qualität, die man mit *Liebe* bezeichnen kann. Liebe bedeutet, Taten und Handlungen zu vollziehen, die nicht für einen selber sind, sondern zum Wohle anderer Wesen.

In dieser Polarität von Aufgaben steht heute jeder Mensch drinnen und arbeitet in ihr, je nachdem, wo man Fähigkeiten und Unfähigkeiten hat. Und ich meine, aus ihr spricht ein Ideal, das im Grunde jeder Mensch als eine tiefe Sehnsucht in sich erleben kann: eine freie, autonome Persönlichkeit werden zu wollen.

Denken wir uns nun den Menschen in dieser Weise sich mit dem Leben auseinandersetzend und dabei in der vorhin angedeuteten Dreiheit von Kräfteströmungen drinnenstehend: dem Vererbungsstrom, den Umwelteinflüssen und den eigenen Entwicklungswünschen. Wie können wir diese Kräfte im weiteren Lebenslauf verfolgen, und was wird aus ihnen nach dem Tod des Menschen? Mit Bezug auf den Vererbungsstrom ist es sehr deutlich. Insoweit wir Kinder haben, geben wir manches an sie ab, denn durch unser eigenes Leben bewirken wir eine Tingierung des Vererbungsstroms. Die äußere Umgebung ist durch unsere Taten verändert worden. Deren vielfältige Wirkungen haben sich für unser Bewußtsein in der Welt verloren. Für uns selbst bemerken wir schon während des Lebens, wie durch unsere Erlebnisse unser Erfahrungsschatz reicher wird und wir dadurch neue Fähigkeiten erwerben.

Was wird nun aus diesem Erfahrungsschatz und aus den Taten, die man im Laufe seines Lebens vollbracht hat? Was wird daraus, vor allem gegenüber dem Umstand, daß einem im Leben von außen Dinge entgegenkommen? Denn es ist ja nicht nur so, daß man Wirkungen in der Welt verstreut, sondern es kommen auch zum Beispiel Schicksalsschläge auf einen zu, und diese Schicksalsschläge sind auch Wirkungen.

Wenn Rudolf Steiner beschreibt, was mit dem Menschen in den Tagen nach seinem Tod geschieht, dann spricht er davon, daß der Tod kein Ende ist, sondern daß die Taten und Wirkungen aus dem vergangenen Leben erst richtig zur Geltung kommen, daß sie frei werden und vor dem Bewußtsein des Sterbenden in Bilderform aufsteigen. Alles das, was man während eines Lebens durchgemacht hat, kann nach dem Tod vollständig angeschaut und begriffen werden, weil man nicht mehr in der Auseinandersetzung mit äußeren Umständen steht. Nach dem Tod wird geschaut, inwieweit sich der Mensch innerhalb dieser Polarität entwickelt hat, inwieweit er es verstanden hat, wirklich liebevoll und mit Weisheit zu leben. Es ist dann so, als würde man sich an einem Menschheitsideal messen und danach auch den tiefen Wunsch haben. Aus dem Erlebnis der Diskrepanz, aus dem Wissen der eigenen Schwächen, im Wissen um die Wirkungen, die man im Leben hinterlassen hat, die keineswegs alle zu einem guten Abschluß gebracht worden sind, faßt man den Entschluß - so sagt die Anthroposophie -, diese Tatfolgen wiederum aufzusuchen. Gemäß dem, was man vorher gelernt hat, tritt man mit neuen Fähigkeiten und neuen Absichten zu einer weiteren Geburt in einem neuen Erdenleben an. Für die Erde ist dies so, als ob sie sich beim Anblick dieses wiederkommenden Menschen an ihn erinnert, als ob ihr die Taten des jeweiligen Menschen dann wieder bewußt werden.

Im ganzen gesehen wertet man also nach dem Tode das Leben aus und tritt mit neuen Lebensplänen auf ein weiteres Erdenleben zu. Wobei man aber im Moment der Geburt vergißt, was man konkret als Absichten gefaßt hat, was man sich im einzelnen für die folgenden Lebensabschnitte vorgenommen hat. Es wird so unbewußt, daß es in die eigenen Füße rutscht, die einen an Orte des Lebens tragen und führen, an denen man wiederum mit den Wirkungen der eigenen Taten des letzten Lebens konfrontiert wird. Mit diesen Wirkungen wird man wiederum so konfrontiert, als hätte man sich dieses in einer von den irdischen Verhältnissen weit entfernt liegenden Region so eingerichtet. Man hat sich zum Beispiel vorgenommen, daß es für einen selbst richtig ist, die Qualität der Ehrlichkeit auszubilden, und daß man deswegen sein Leben so einrichtet, daß es einem schwerfallen wird, ehrlich zu sein. In so einem Falle werde ich also das Leben diesbezüglich für mich schwierig einrichten, damit ich herausgefordert werde und die Qualitäten entwickele, die von mir verlangt werden. So etwas wird in der geistigen Welt konkret geplant, auch wenn es in der jeweiligen Situation auf Erden schmerzhaft durchgemacht werden muß.

Mit diesem Denkmodell vor Augen schließe ich jetzt noch einmal neu an die Ausführungen von gestern über Kindheit und Jugend an. Dabei wird die vorhin gemachte Beschreibung der Lebenspolaritäten, aus deren Mitte wir unser "Ich" zur Selbständigkeit herausarbeiten, im Hintergrund stehen.

Nach anthroposophischem Verständnis kommt der Mensch nach und nach auf Erden an und entwickelt und entfaltet sich in den ersten 21 Jahren, indem der Körper aufgebaut und die Lebens- und seelischen Kräfte entwickelt werden. Aber erst ungefähr mit 21 Jahren beginnt der Mensch an dem zu arbeiten, was er sich vor seiner Geburt vorgenommen hat; vorher wird noch der ganze Rucksack ausgepackt. Spätestens mit 21 Jahren spürt man das gesunde Bedürfnis, die Welt kennenzulernen; vorher hat man in der Schule gelernt und hat vielleicht auch schon eine Lehre abgeschlossen, aber jetzt entsteht das

Bedürfnis, in die Welt hinauszuziehen. In früheren Jahrhunderten nannte man dies die Wanderjahre. Heute ist dies die Reiselust bzw. die Unternehmungslust auf allen Gebieten des Lebens, zum Beispiel im Zwischenmenschlichen oder bei der Arbeit. Man bewegt sich in diesen Jahren in der Art, daß man die Welt einfach kennenlernt, sie empfindet und dabei seine eigene Empfindungsfähigkeit steigert. Je nachdem, ob einem die Weltverhältnisse zusagen oder nicht, wendet man sich ihnen zu bzw. ab. Man identifiziert sich dabei auch mit den Äußerlichkeiten des Lebens, zum Beispiel durch die Kleidung. Es ist auch typisch, daß viele Menschen in diesen Jahren die Hände in den Hosentaschen tragen, weil dies der eigenen Erlebnissituation entspricht.

Der Wunsch, sich an der Welt auszuprobieren, kommt natürlich auch irgendwann zu einem Ende, weil man genug Erfahrungen gesammelt hat, weil man sich auch selbst in genügender Weise erfahren hat; und so entsteht das Bedürfnis, in dieser ganzen Unternehmungslust einen Mittelpunkt zu finden. Dies ist etwa in den Jahren 26 bis 28, in denen man das Bedürfnis empfindet, ein wenig mehr zur Besinnung zu kommen, sich hinzusetzen, um sich zu fragen, was man in den letzten Jahren überhaupt gemacht hat, was dabei mit einem selbst geschehen ist. Man geht also sein Leben mit einem vertieften Bewußtsein durch und bildet an den Erfahrungen, die man empfindend gemacht hat, vertiefte Gefühle und Eindrücke heraus. Daran kann man auch eine bestimmte Art des Verstehens und Urteilens herausbilden, man wird reifer für die Welt, man entwickelt seinen eigenen Standpunkt konkreter, man entwickelt schematische oder kleinere ordnende Systeme, mit und in denen man sich in der Welt zurechtfinden kann. Während man im vierten Lebensjahrsiebt einfach drauflos gelebt hat, beginnt man im fünften Lebensjahrsiebt bis in die tagtäglichen Verhältnisse hinein die Lebensführung geordneter zu gestalten. Oftmals ist man auch bestrebt, eine Partnerbeziehung erstmals viele Jahre durchzuhalten und nicht nur den verschiedenen Beziehungen freien Lauf zu lassen.

In der Anthroposophie wird das vierte Lebensjahrsiebt, die Jahre von 21 bis 28, als die Zeit der Entwicklung der Empfindungsseele bezeichnet; in dieser Zeit wird ein Teilbereich der menschlichen Seele, die Empfindungsseele, herausgearbeitet. Im fünften Lebensjahrsiebt, in der Zeit von 28 bis 35, entwickelt sich die Qualität des Verstehens und des Gemüts. Das Wort Gemüt ist heutzutage nicht mehr so geläufig, es sind damit nicht einfach Gefühle gemeint, sondern daß man an durchgemachten Erfahrungen noch einmal tiefere Gefühlsqualitäten entwickelt. In diesem fünften Lebensjahrsiebt entwickelt sich also die Verstandes- und Gemütsseele. Das ist auch die Zeit, in der man am stärksten zu sich selbst kommt, sich am weitesten von der Welt abschließt, um sie als einzelner zu erleben. Im vierten Lebensjahrsiebt lebt man noch gerne in Gruppen bzw. im eigenen Freundeskreis, nach dem 28. Lebensjahr schließt man sich aber oftmals sozial von den anderen ab, um sich auf sein Eigenes zu besinnen, um sich auf sich selbst zu stellen. In dieser Zeit ist man auch sehr viel weniger dazu in der Lage, sich sozial zu verhalten, es sei denn, man macht dieses ganz bewußt, aber von der Anlage heraus ergibt sich es nicht von selbst.

Mit 35 Jahren ist gemeinhin die Lebensmitte erreicht; mit diesem Punkt im Leben ist die Mitte zwischen Geburt und Tod gemeint. Bis zu dieser Lebensmitte überwiegt das Aufbauende, das Gesunde, das Frische, während innerhalb der zweiten Lebenshälfte das Absterbende und Tote in den Vordergrund tritt. Diese Lebensmitte ist für jeden Menschen ein entscheidender Umbruch, an dem er sich fragt, was für die Zukunft noch aus ihm werden kann. Zudem gelangt man oftmals zu der Fragestellung, was denn in der Welt wirklich wichtig ist. Es geht weniger darum, was man für sich selbst erlangen und erfahren kann, sondern vielmehr darum, daß man für den Rest des Lebens etwas wirklich Wesentliches vollbringt. Natürlich fragt man sich, ob es überhaupt etwas Wesentliches gibt oder ob alles nur subjektive Einbildung, entstanden aufgrund irgendwelcher chemisch-physikalischer Körperprozesse, ist. Gibt es etwas, was mit *Idee* oder *Geist* benannt werden kann? Bin ich selbst als Mensch ein wirklich eigenständiges geistiges Wesen, oder bin ich nur die Summe der in mir nachwirkenden Kindheitserinnerungen und die der fehlerhaften Umstände meiner Umwelt? Diese Fragestellung tritt während der Lebensmitte sehr stark in den Vordergrund, und man wird darauf angewiesen sein, sie zu lösen. Man kommt innerlich in die Situation, auf sich selbst zu schauen und die Qualitäten des Erinnerns, des Begreifens und auch des Vergessens so zu betrachten, daß dahinter wirklich etwas konkretes Geistiges steht und zum Ausdruck kommt. Man wird spüren können, daß dies jenseits der physischen und seelischen Welt urständet. Diese jenseitige Region ist die geistige.

In dem Maße, in dem man sich zu diesem Geistigen durchringt, bildet sich *Bewußtsein* heraus, Bewußtsein von sich und der Welt. Deshalb wird diese Zeit - zwischen dem 35. und 42. Lebensjahr - die Zeit der Bewußtseinsseele in der menschlichen Entwicklung genannt. Man kann in dieser Zeit ein Bewußtsein vom Geistigen der Welt erlangen und sich so intensiv mit dem Geistigen einer Idee verbinden, daß man es sich zur Aufgabe macht, diese Idee zu einer gewissen Entfaltung im Äußeren zu bringen. Wenn das nicht der Fall ist, dann droht das eigene Leben sinnlos zu werden. Oftmals ist es gar nicht wesentlich, ob ich selbst diese Idee verwirkliche oder ein anderer, wichtig ist nur, daß man sich selbst darum kümmert, daß es geschieht. Von sich selbst nimmt man in dieser Phase zunehmend Abstand.

Wenn ich hier unten auf der Zeichnung, innerhalb des Lebenslaufs die Lebensjahrsiebte mit dem 63. Lebensjahr beende, so heißt dies nicht, daß damit das Leben zu Ende wäre, sondern in der Zeit zwischen 0 und 63 Jahren entfaltet sich die Wirksamkeit dessen, was man mit den Kräften der Jahrsiebte bezeichnen kann. - Wenn ich in bezug auf die Lebensmitte davon gesprochen habe, daß es wichtig ist, an den Sinn des Lebens heranzudringen, so ist dies für die späteren Lebensjahre noch sehr viel wesentlicher, denn man muß ins Auge fassen, daß das Leben jetzt nicht mehr auf seinen Höhepunkt zusteuert, sondern auf sein Ende. Wenn in dieser Lebensphase zunehmend die Frage auftaucht, worum es jetzt eigentlich noch gehen kann, dann wird es wesentlich sein, das eigene Leben in den Dienst einer über einem selbst stehenden Aufgabe zu stellen. Es wird darum gehen, ob man in der Lage ist, die Welt des Geistes und der Ideen so zu sich in einem Verhältnis zu erleben, daß man sich sagt, daß man dem, was daran sinnvoll erscheint, für den Rest des Lebens dienen möchte.

Ich möchte nur in bezug auf diese Jahresfolge noch zwei wesentliche Punkte herausheben: Das eine ist, daß in dem Moment der Geburt - geschaut auf die kosmischen Konstellationen - die Erde, der Mond und die Sonne in einem ganz bestimmten Verhältnis zueinander stehen. Dieses Verhältnis von Erde, Mond und Sonne wiederholt sich rhythmisch im Laufe der Zeit, und zwar nach jeweils 18 Jahren, sieben Monaten und neun Tagen (genau: 218 Tage, 21 Stunden und 22 Minuten). Die Behauptung ist nun - und das muß jeder für sich prüfen -, daß man immer nach dieser Zeit, weil wieder die Geburtskonstellation herrscht, sensibler für die Impulse wird, die man sich vor der Geburt gesetzt hat. Es entstehen oft Chancen, wiederum an die eigentliche Lebensaufgabe heranzukommen. - Diese Konstellation, die man auch den Mondknoten nennt, wiederholt sich in etwa im 38. und 56. Lebensjahr. Man kann versuchen, sich zu erinnern, ob in den Träumen während dieser Zeit oder in den Ideen, die man vielleicht innerhalb dieser Tage aufgeschrieben hat, etwas Wesentliches gelegen hat. Vielleicht hat man auch in dieser Zeit einen entscheidenden Entschluß gefaßt. Oftmals wird in dieser Zeit etwas deutlich, was vorher sehr schwierig war und sich nachher wiederum ein wenig verliert, aber doch herausgearbeitet werden kann, wenn man sich darauf besinnt. -

Das andere ist, daß man mit einem gewissen Schwung in das Leben hineinkommt, und das wirkt sich so aus, daß man die Verhältnisse des Lebens so eingerichtet findet, daß man meinen könnte, alles ergäbe sich von selbst. Je jünger man ist, desto eher ergeben sich die meisten Lebensverhältnisse von selbst, zum Beispiel die Freunde, die man trifft, oder die Aufgaben, die man sich vorerst im Leben stellt. Oftmals erlebt man in dieser Zeit, daß einem die Entscheidung, einen bestimmten Beruf zu ergreifen, wie zugefallen ist. Aber je älter man wird, desto öfter kommt man in Situationen, in denen man nicht mehr von vornherein weiß, was richtig ist: Gibt es nur eine Entscheidung? Bin ich es, der die Entscheidung treffen muß?

Das hängt damit zusammen, daß dieser vorgeburtliche Entschluß eine Zeitlang wirkt, einen unbewußt an konkrete Plätze stellt. Aber nach einer bestimmten Zeit, im Zuge des Selbständigwerdens, wird man finden, daß einem nichts mehr an äußeren Hilfen zur Verfügung steht, sondern daß man selbst herausfinden und auch das Risiko übernehmen muß, sich zu beantworten, wie es weitergehen soll. Etwa bis Mitte bzw. Ende 20 ist die Zeit, in der einem das meiste zufällt, danach aber muß man zunehmend mit den Folgen rechnen, die von den einzelnen eigenen Entscheidungen ausgelöst werden. Man muß sich klar sein, daß, wenn man eine Entscheidung trifft, man mit den Folgen zu leben hat.

Man wird sich aufgefordert sehen, viel bewußter die äußeren Lebensumstände, die Schicksalsverhältnisse zu verarbeiten, um in diesem Material Entscheidungshilfen für sich herauszulesen. Denn in unserer Umgebung kann, auch gemäß diesen Gedanken, das enthalten sein, was wir uns selbst als zu bewältigende Aufgabenstellung zubereitet haben.

Damit möchte ich zum Schluß an den Anfang meines Referates zurückkommen. Wir fanden im Wort *Schicksal* die Geschicklichkeits- oder Fähigkeitsprüfung, aber auch die Schickung, die Sendung; des weiteren das Salz in fließender, durchdringender Form. Ohne Salz können wir nicht leben, wir könnten unser Bewußtsein auf der Erde nicht aufrechterhalten. Nur geringe Mengen davon, aber die täglich, müssen wir uns durch die Nahrung zuführen. Schicksal könnte demnach die Würze im Leben sein, die wir uns selbst aus hohen geistigen Regionen in unseren Alltag auf der Erde hereingestreut haben, um uns immer wieder für neue Entwicklungsschritte aufzuwecken, die uns im Grunde ja das Leben erst schmackhaft machen. Und die harten Schicksalsschläge? Nun, das wären dann ganze Salzbrocken, die wir uns da zuwerfen. Deren harte Kanten schmerzen. Sie wären noch kristallin, von uns noch nicht gelöst und unseren Lebensstrom fruchtbar durchdringend. Aber wir können wissen, daß wir die Fähigkeit, solche "Salzkristalle" aufzulösen, irgendwo, verborgen in uns selbst, als Möglichkeit mitgebracht haben. Das kann ermutigen. So betrachtet, wird man den eigenen Schicksalsschlägen gegenüber dankbar werden können.

Im Scheitern liegt der Zukunftskeim

INTERVIEW MIT MATHIAS WAIS

von Christine Pflug

Mathias Wais: *geboren 1948 in Stuttgart; Abitur an der Werkschule Merz in Stuttgart 1968. Studium der Psychologie, Judaistik und Tibetologie in München, Haifa (Israel) und Tübingen; Abschluß 1976 als Dipl.-Psychologe; 1974-1979 psychoanalytische Ausbildung. Zunächst berufliche Spezialisierung auf Neuropsychologie, auf diesem Gebiet eigene Forschungen und Veröffentlichungen.*
Durch die Begegnung mit anthroposophischer Erkenntnisarbeit und mit der Christengemeinschaft Befassung mit biographischen Fragen, Fragen nach dem Wesen des Heilens im Individuell-Biographischen und in der menschlichen Begegnung. Seit 1985 Mitarbeiter an der anthroposophischen Beratungsstelle für Kinder, Jugendliche und Erwachsene in Dortmund. Arbeitsschwerpunkt: Beratung von Erwachsenen in biographischen Fragen und Lebenskrisen.

Desorientierung im eigenen Leben, seelische Abgründe, problematische oder gescheiterte Partnerschaften und Hilflosigkeit beim Erziehen der Kinder gehören mittlerweile zu den alltäglichen und unausweichlichen Situationen des Lebens.

Traditionen und äußere Stützen fallen weg, sogar - so Mathias Wais - die kosmisch gegebenen Lebensrhythmen werden von dem sich immer mehr individualisierenden Ich des Menschen übertönt. Der Mensch steht völlig in seiner eigenen Verantwortung und Freiheit! Brennende Fragen nach dem Sinn, dem Woher und Wohin des Lebens drängen sich auf.

Die Antworten sind allein im ständigen Ringen des Menschen mit sich selbst zu finden, ein Sich-Festhalten geht nur im eigenen Ich. Je intensiver und tiefer der Mensch sich aber dieser Herausforderung und Verunsicherung stellt, desto mehr öffnen sich neue Dimensionen und Kraftquellen. Eine Verbindung mit dem eigenen Engel schafft eine ganz andere Sichtweise über das eigene Leben, eine Lebenskunst kann entstehen. Partnerschaft und Ehe *müssen* nach der Lebensmitte neu ergriffen werden, weil die alte Zusammengehörigkeit wegfällt und man mit dem anderen in Freiwilligkeit und erübter Fremdheit eine geistige Gemeinschaft aufbaut.

Solche Prozesse verlangen mit all den Schmerzen, Verunsicherungen und Erschütterungen, die damit einhergehen, nach einer Umgehensweise, die einerseits praktischer als ein nur geistiges Verstehen ist, andererseits den Menschen mehr in seinem autonomen Ich anspricht als das bei der Psychotherapie (meist) der Fall ist.

Mathias Wais hat sich in seiner Praxis der Lebens-, Ehe- und Erziehungsberatung in Dortmund jahrelang mit dem Thema Biographie beschäftigt. Er ist dabei konsequenterweise darauf gestoßen, daß die Gestaltungsprinzipien der Kunst ähnlich zu denen der Biographie sind und daß das Wegfallen der äußeren Stützen zu einer Öffnung gegenüber geistigen Kräften führen muß. Gleichzeitig hat er für seine Beratungsgespräche Methoden entwickelt, die dem Menschen ein Erkennen seiner Geburtsimpulse, ein Verständnis seiner bisherigen Biographie und einen neuen Zugang für die Zukunft eröffnen.

Christine Pflug: Man kann heute bemerken, daß das Thema "Biographie" immer mehr an Aktualität gewinnt. Zum Beispiel werden immer mehr Bücher mit Biographien unbekannter Menschen verlegt. Jeder kann in persönlichen Gesprächen, und Du in Deiner Praxis sicherlich noch viel mehr, feststellen, daß die Frage nach dem eigenen Lebenslauf große Bedeutung hat. Woraus entspringt das Bedürfnis der Menschen, sich damit zu beschäftigen, und warum ist diese Frage gerade heute so aktuell?

Mathias Wais: In meiner Arbeit kann ich feststellen, daß sich ein Lebenslauf heute nicht mehr von alleine ergibt. Früher war ein Lebenslauf durch Traditionen und gesellschaftliche Erwartungen vorgezeichnet; es gab typische Biographien eines Handwerkers, eines Bauern oder von Frauen. Diese Traditionen tragen heute nicht mehr, und man kommt als Erwachsener in die Situation, daß man seine eigene Biographie selbst gestalten muß, mit Bewußtsein Entscheidungen treffen muß, und zwar aus dem Ich heraus, d.h. aus dem Kern der Person.

C.P.: Früher war es so, daß Entscheidungen von der katholischen Kirche, von einem Sittenkodex, von einer Dorfgemeinschaft oder dem sogenannten guten Ruf bestimmt wurden und die Menschen sich im allgemeinen auch an diese Regeln hielten.

M. Wais: Es ist etwas ganz Neues, daß man heute über Biographien überhaupt nachdenkt. Noch vor fünfzig Jahren war es kein Thema, was ein menschlicher Lebenslauf ist. Es gab nur besonders herausragende Biographien von Künstlern oder in der Literatur. Heute stehen wir in der Situation, daß jeder Mensch seinen eigenen Lebenslauf selbst gestalten muß. Daß das Thema überhaupt ins Bewußtsein kommt, hängt damit zusammen, daß all die alten Traditionen heute weder tragen noch gelten und auch dem Menschen nicht mehr helfen. Statt dessen bin ich in der Situation, daß ich aus mir selber, aus meinem Ich, aus meiner Freiheit, aber auch aus meiner Verantwortung heraus den eigenen Lebenslauf in die Hand nehmen muß. Das bedeutet zunächst einmal Orientierungslosigkeit, Fragen und auch Depressionen: "Um Himmels Willen, wie komme ich mit dieser Situation zurecht? Wie entscheide ich mich jetzt? Was ist denn jetzt richtig? Warum bin ich meinem Schicksal gegenüber so alleine?"

C.P.: Bedeutet das, daß jeder Mensch heute eigenverantwortlich und ganz alleine die Aufgabe hat, sein Leben zu gestalten, und damit aber auch der Gefahr ausgesetzt ist, Umwege zu gehen, zu scheitern, zu straucheln oder völlig abzuirren?

M. Wais: Die Grenze zwischen Freiheit und Willkür ist zunächst sehr verwaschen, d.h. man ist in die Freiheit gestellt, sein Leben selber zu ergreifen, ist aber auch gleichzeitig in der Gefahr, Entscheidungen völlig willkürlich zu treffen. Wenn solche Entscheidungen dann nicht mehr aus der Tiefe kommen, sondern aus irgendwelchen Gefühlen oder Bedürfnissen heraus getroffen werden, können diese in Sackgassen oder zu Mißerfolgen und Problemen führen.

Man kann heute häufig erleben, daß Menschen auf privater oder beruflicher Ebene einen bestimmten Weg einschlagen, und irgendwann sieht man dann, daß alles nicht mehr trägt. Und die Menschen haben das Gefühl: "Das bin ich gar nicht mehr. Ich muß das irgendwie anders machen. Ich muß einen neuen Beruf haben, ich muß einen neuen Partner haben." Solche Phänomene hängen damit zusammen, daß man einerseits frei ist, andererseits aber auch der Willkür ausgesetzt ist. Der Durchschnittsmensch ist nicht hellsichtig, und er kann nicht wissen, wo der Weg mit einer bestimmten Berufs- oder Partnerwahl hinführt.

Der rote Faden des Lebens liegt da, wo etwas nicht klappt

C.P.: Das ist ein interessanter Punkt! Auf der einen Seite wird der Mensch in seiner Biographie nicht mehr von alten Traditionen, dem Sittenkodex, der Eingebundenheit in eine Familie oder Dorfgemeinschaft getragen; auf der anderen Seite kann es aber auch nicht die Willkür sein, aus der heraus man sein Leben bestimmt.

Woran kann man sich dann heute mit seiner eigenen Freiheit und Individualität trotzdem noch orientieren, wenn man den *roten Faden* seines Lebens finden möchte und auch nach ihm leben will?

M. Wais: Das ist genau das, was ich hier in der Arbeit mache. Solch eine Einzelarbeit beginnt zuerst damit, daß man sich die Biographie, wie sie bisher verlaufen ist, anschaut. Wo sind zum Beispiel typische Situationen, in denen mir etwas mißlingt, wo ich an meine Grenzen komme oder scheitere? Es gibt bestimmte Muster des Scheiterns, die für jeden typisch sind. Gerade darin, an diesen Punkten, stecken die Aufgaben eines Lebens, der sogenannte rote Faden, und das, woran man sich zu entwickeln hat. Der rote Faden eines Lebens ist nämlich nicht eine Ereignisabfolge, die sich von ganz alleine ergibt, sondern er ist genau da zu finden, wo etwas nicht klappt, wo man immer wieder neu einsetzen muß, wo man mit sich selber, mit Schwächen, Grenzen und mit Verhaltensmustern ringt. Da liegt oft der Geburtsimpuls verborgen.

Zum Beispiel gibt es Menschen, die in einer Partnerschaft immer wieder an den Punkt kommen, an dem es ihnen zu eng wird und sie dann ausbrechen. Ein solcher Mensch lebt dann vielleicht eine Zeitlang alleine, trifft einen neuen Partner, es entwickelt sich eine Beziehung, bis dann wieder das Gefühl kommt: "Es wird mir zu eng." Wieder verläßt er diesen Partner, und das wiederholt sich oft im Leben. Die Aufgabe einer solchen Biographie hängt damit zusammen, sich mit dem Thema Nähe auseinanderzusetzen und da immer wieder innere Widerstände zu überwinden. Natürlich klappt das nicht sofort. Der Sinn einer Biographiearbeit liegt darin, daß man gemeinsam erarbeitet, ob der Betreffende nicht auf andere und neue Weise an solch eine Situation herangehen kann.

C.P.: Dann könnte man fast sagen, daß solche Krisen ganz wunderbar sind - denn Partnerschaften scheitern heute sehr viele -, weil sie die Anhaltspunkte für den roten Faden eines Lebens sind!

M. Wais: Das ist etwas überspitzt, aber man kann es schon so sehen. Die meisten von uns scheitern an solchen Krisen und denken dann: "Das war nicht meine richtige Partnerin". Viele gehen dann weg, haben damit aber das biographische Problem nicht gelöst, sondern es kommt in irgendeiner Form wieder. Wenn man jetzt bleiben könnte und sich mit solch einer Partnerin - die ja meistens reziprok ein ähnliches Problem hat, in diesem Falle könnte es zum Beispiel sein, daß sie zu sehr die Abhängigkeit sucht - durch eine Eheberatung oder vielleicht die Schulung des Lebens selbst zusammen entwickelt und dieses Problem löst, so glaube ich, daß man auf eine sehr vertiefte Weise seine Biographie ergriffen hat.

C.P.: Was ist heute eine Biographie?

M. Wais: Eine Biographie ist nicht die Summe dessen, was gewesen ist, sondern sie liegt in dem inneren Zusammenhang der vergangenen Ereignisse. Dazu würde ich auch Ideale, Hoffnungen, Mißerfolge und Sehnsüchte zählen. Es ist der innere Gestaltungszusammenhang, der eine Biographie ausmacht.

C.P.: Du meinst also das, was man an Wünschen, Sehnsüchten und Hoffnungen hat?

M. Wais: Ja, und auch wie das mit den äußeren Ereignissen zusammenhängt und damit, wie man es versucht zu verwirklichen oder wie man gescheitert ist. Dieser innere Sinnzusammenhang, das ist heute die Biographie. Sie ist nicht der äußere Ablauf der Ereignisse.

C.P.: Früher - wie Du ja schon erwähntest - waren die Biographien anders. Wenn man jetzt einen Menschen betrachtet, wie zum Beispiel Goethe, so kann man sehen, daß er eine "klassische" Biographie hatte. Er lebte sozusagen pünktlich seine Jahrsiebte, an den Mondknoten fand das statt, was immer stattfinden sollte. Ich nehme an, daß dies bei anderen Menschen früher genauso war, wenn vielleicht auch nicht so deutlich. Wie ist das heute, wenn man gerade die Phasen und Rhythmen einmal betrachtet? Passiert im Äußeren etwas, was mit diesen betreffenden Lebensrhythmen und -krisen übereinstimmt?

M. Wais: Das erlebe ich heute nicht mehr so! Ich beobachte, daß das, was ich die innere Gestaltungskraft oder Dynamik genannt habe, stärker bzw. teilweise schwächer ist als diese Rhythmen. Man hat den Eindruck, daß ein sehr starkes Ich, ein kräftiger Kern der Persönlichkeit da ist, der seine eigene Form und Gestaltungskraft im Laufe des Schicksals darzulegen versucht. Wenn das ein starkes, aber noch ungeformtes Ich ist, kann es das Wirken der Gesetze eine Zeit durcheinander oder gar zum Aussetzen bringen. Zum Beispiel kann das Thema des dritten Jahrsiebts, daß man Idealen begegnet, Pläne entwirft, gar nicht in diesem Alter, sondern erst im fünften Jahrsiebt auftauchen. Ein anderer begegnet Idealen erst in der Lebensmitte.

Einerseits versucht das Ich, seine Gestaltungskraft auszuleben, und andererseits begegnet man äußeren Umständen, gesellschaftlichen Verhältnissen oder anderen Menschen, die dann so massiv auf einen einwirken, daß die eigene Gesetzmäßigkeit nicht mehr gelebt werden kann.

C.P.: Wie sieht das aber in der Realität aus? Wäre es nicht gesund, daß sich ein Jugendlicher im dritten Jahrsiebt an Idealen begeistert, erwärmt, entzündet und daran seinen Willen entwickelt? Wenn Du nun sagst, daß er diesen Idealen erst im fünften Jahrsiebt, also nach 28 Jahren begegnet, hat er da nicht bestimmte Reifungsprozesse ausgelassen?

M. Wais: Selbstverständlich wäre es gesünder, wenn es zeitgerecht erfolgen würde. Das sind aber Erschwernisse, mit denen man heute in seiner Biographie zu arbeiten hat, und ich glaube nicht, daß so etwas dann nur schädlich ist, sondern daß ein tieferer Sinn darin liegt. Durch diese Schwierigkeiten ist man viel direkter mit Grenzen, Krisen und der Möglichkeit des Ringens verbunden, und die Chance, seelisch-geistige Kräfte zu entwickeln, ist dadurch auch größer.

Ich kann mir nichts Neues erobern, solange alles schön zeitgerecht abläuft, sondern nur dann, wenn es Verschiebungen und Schwierigkeiten gibt und mir bestimmte Reifungsschritte erschwert sind. Wenn ich erst den Idealen nach 28 begegne und damit Reifungsschritte nachhole, gleichzeitig aber eine bestimmte Jugendlichkeit lebe, gibt das in meinem Lebensumfeld oder an meinem Arbeitsplatz Schwierigkeiten. Andererseits gibt es mir wiederum die Chance, mit neuer Intensität diese Ideale aufzugreifen und einen anderen Zugang zu finden. Sicherlich ist das kein natürlicher, aber ein - so meine ich - konzentrierterer Zugang.

Das Ringen bildet geistige Substanz für das Weltganze

C.P.: Das heißt, daß man es heute schwerer hat und daß die Biographien nicht mehr so ideal verlaufen, aber die Kraftanstrengung, die man aufbringen muß, eine größere ist. Hat das zur Folge, daß man eine geistige Substanz bildet, von der man zunächst nicht profitiert - vielleicht später -, und daß man dadurch etwas für die Menschheit und den Kosmos als Ganzes geschaffen hat?

M. Wais: Ich denke, daß es genau die zwei Ebenen hat, die Du angesprochen hast. Zum einen erringe ich das, was sich früher ganz selbstverständlich ergeben hat, und bilde und stärke damit den Kern meiner Ich-Kraft, meiner Persönlichkeit. Das ist die eine Ebene. Die andere ist die, daß das Ringen auch mit Opfern verbunden ist und dadurch eine geistige Substanz entsteht, von der man annehmen darf, daß sie für das Weltganze einen Beitrag bildet.

Man steht völlig im Dunkeln

C.P.: Es gibt heute in vielen Biographien Abbrüche. Zum Beispiel hat man eine Partnerschaft geführt, vielleicht mehrere Kinder gehabt, einen Beruf ausgeübt, und plötzlich gibt es eine große Krise und alles wird zerstört. Die Ehe ist kaputt, das Berufsleben wird leer und man steht völlig im Dunkeln. Man hat den Eindruck eines jähen Absturzes, und alles, was sich organisch entwickelt hat, hört mit einem Schlag auf. Welche Aufforderung liegt in solch einer Situation?

M. Wais: Ich denke, das muß so sein! Oft ist es so, daß sich bis zur Lebensmitte alle äußeren Dinge, zum Beispiel Beruf und Partnerschaft, von alleine ergeben. Man kann sagen: "Ich werde geführt", oder auch: "Es ergibt sich einfach". Plötzlich kommt die Situation, in der das alles nicht mehr trägt. Man hat das Gefühl, "das bin ich gar nicht mehr, das ist überhaupt nicht mein Leben". Ich meine nicht, daß dies eine Krise ist, die anzeigt, daß man bis jetzt alles falsch gemacht hat, sondern man ist vollständig auf sein eigenes Ich zurückgeworfen. Damit die Biographie überhaupt weitergeht, muß jetzt das eigene Ich aktiv werden. Wenn man zum Beispiel zehn Jahre mit einer Partnerin zusammenlebt, entstehen auch Gewohnheiten, Traditionen und es bildet sich - anthroposophisch ausgedrückt - ein gemeinsamer Ätherleib. Auch das trägt nicht mehr weiter, alles, was man bisher getan und gelebt hat, kann nicht mehr fortgesetzt werden. Oft ist es um die Lebensmitte herum, oder einige Jahre davor und danach, daß man aufgefordert ist, ganz aus sich heraus eigene Entscheidungen zu treffen. Damit meine ich nicht die Frage, ob man nun einen neuen Beruf wählen soll, sondern ob man sich einer bestimmten Schwäche von sich stellt. Das hieße vielleicht, bei der Partnerschaft, die so schwierig geworden ist, zu bleiben und zu versuchen, sich innerhalb der Partnerschaft zu überwinden, daran zu arbeiten und durch alle Krisen hindurchzugehen, anstatt dem Problem auszuweichen, die Partnerschaft zu beenden und eine neue Partnerin zu suchen ...

C.P.: ... bei der dann wieder genau das gleiche Problem auftaucht.

M. Wais: Genau das! Es scheint eine Aufforderung darin zu liegen, und deshalb sehe ich diese biographischen Abbrüche nicht als sinnlos an. Im Erleben ist es natürlich schmerzhaft und schlimm, aber von einer anderen Seite aus betrachtet, was die Entfaltung der Biographie anbelangt, sind die ganzen Krisen, Krankheiten und Unfälle eher hilfreich. Partnerschaftskrisen, Arbeitslosigkeit usw. scheinen mir unter diesem Aspekt förderliche Dinge für heutige Biographien zu sein.

C.P.: Das heißt, daß man, wenn alle Traditionen zusammenbrechen - seien es die äußeren oder auch die, die man in seinem Innenleben geformt hat - und man völlig im Finsteren steht, die Begegnung mit dem eigenen Ich hat.

Was passiert aber, wenn solche Menschen die Krise und Chance nicht ergreifen? Zum Beispiel kann man eine Partnerschaft nur als äußere Hülle weiterführen, aber innerlich ist sie nicht ausgefüllt. Oder man arbeitet in einem Beruf weiter, der völlig sinnlos ist. Äußerlich sieht das Leben nach wie vor normal aus, wird aber von innen her immer mehr ausgehöhlt. Was passiert in solchen Situationen, wenn man die Chancen der Ich-Begegnung nicht aufgreift?

M. Wais: Ich erlebe in der Arbeit, daß solche Chancen immer wiederkommen. Sie kommen allerdings in einer anderen Form wieder, als Krankheit, in einem Unfall oder sie erscheinen in Form einer langsam sich einschleichenden Depression, einem Nihilismus, der sich breitmacht. Es wird immer schwieriger, diese Herausforderung dann aufzugreifen, aber sie kommt in jedem Fall. Der Engel läßt einen nie im Stich! Man bekommt seine Probleme immer wieder präsentiert, aber es wird auch immer schwieriger, sie dann wirklich zu bewältigen und aufzugreifen.

Der Engel läßt einen nie im Stich

C.P.: "Man wird von seinem Engel nicht im Stich gelassen"; was meinst Du damit?

M. Wais: Man kann davon ausgehen, daß bei einem Kind und auch noch bei einem Jugendlichen der Schutzengel den Menschen führt. In dem Maße aber, in dem ich erwachsen werde, zieht er sich zurück, und das Freiheitsmoment, von dem wir vorhin gesprochen haben, wird immer stärker. Man kann zum Beispiel von Menschen hören, die fühlten, daß sie irgendwo hingeführt wurden, wie sich eines aus dem anderen ergab und sie zum Beispiel einen neuen Arbeitsplatz fanden. Am ersten Tag, als sie dann auf diesem Arbeitsplatz waren, wußten sie plötzlich nicht mehr, was sie da sollten. Diese Führung war mit einem Male vollkommen weg, und die Menschen zweifelten auf einmal, ob es denn richtig war, diese Arbeit zu beginnen. Das hat aber seine Richtigkeit!

Man muß es sich so vorstellen: Der Engel hat mich in eine bestimmte Situation hineingeführt, aber was ich damit mache, wie ich sie aufgreife, das ist völlig in meine Freiheit gestellt. Hier muß der Engel sich zurückziehen. Denn dieses einerseits in eine Situation Hineinführen, andererseits aber dann wieder völlig den Menschen frei lassen in dem, was er aus der Situation macht, das ist ein Charakteristikum dafür, wie der Engel heute die Biographien begleitet. Wenn es während der Kindheit und Jugend noch eine relative Notwendigkeit hatte, daß man von dem Engel geführt wurde, so nimmt das allmählich ab, man bekommt noch Chancen, es werden Situationen konstelliert, aber was man daraus macht, ist vollkommen frei. Man darf also sagen, daß man einerseits geführt wird, andererseits aber vollkommen eigenständig ist.

C.P.: Was passiert in dem Moment, in dem ich frei bin und selbst handeln kann? Wonach richte ich mich? Gebe ich mir in dieser Lage meinen Lebenssinn selbst oder gibt es auch Möglichkeiten, meinen Engel danach zu fragen?

Wie finde ich den Lebenssinn?

M. Wais: Zunächst ist das nicht so, daß mein Lebenssinn irgendwo aufbewahrt ist und ich ihn nur finden muß. Der Engel gibt mir nicht den Sinn meines Lebens, sondern er schafft mir die Möglichkeit, den Sinn, oder besser "die Sinne", meines Lebens zu verwirklichen.

C.P.: Welche Instanz in mir ist es, die den Lebenssinn gibt? Meine Bedürfnisse sind es nicht, auch nicht die besagte Willkür.

M. Wais: Es gibt so etwas wie den Kern der Persönlichkeit, das *höhere Ich,* und dieses hat zum Beginn eines Lebensganges bestimmte Ziele. Zum Beispiel kann es das Ziel haben - wenn man es einfach ausdrückt -, sich mit einer bestimmten Schwäche auseinanderzusetzen; vielleicht soll man lernen, sich in soziale Zusammenhänge einfügen zu können oder seine Destruktivität zu überwinden. Wenn man seine jetzige Situation unter dieser Perspektive anschaut, kann man feststellen, wo man Schwierigkeiten hatte und an Grenzen gekommen ist und wo es sich deshalb um solch ein Thema handelt. Das muß man natürlich anschauen und ins Bewußtsein bringen. Darin liegen die Kriterien, nach denen man den weiteren Gang seiner Biographie entscheidet und in die Hand nimmt. Nun muß man aber gerade in solch einer Situation wieder zwischen Freiheit und Willkür unterscheiden. Freiheit heißt natürlich nicht, daß ich jetzt nach Lust und Laune entscheide, sondern bedeutet, daß man aus seinem bisherigen Lebensgang ersehen kann, worin die Entwicklungen und Herausforderungen liegen. Das kann zum Beispiel so aussehen, daß man aus dem Temperament heraus oder als Charakterzug destruktive Neigungen hat und immer wieder in die Situationen kommt, sich mit einer großen Aggressivität durchzusetzen. Genau dadurch scheitert man mit den eigentlichen Zielen, sei es im Privaten oder im Beruflichen. Das muß man sich natürlich erst bewußtmachen, das muß man sehen. Und dann kommt man in dieses Freiheitsmoment und in die Entscheidungsmöglichkeit, hier etwas zu verändern und umzuwandeln, in diesem Falle die Aggressivität vielleicht in Tatkraft oder Initiative.

C.P.: Könnte man also sagen, daß in jeder Schwäche oder vielleicht auch Neurose der Geburtsimpuls verborgen liegt?

M. Wais: Ja, genauso würde ich das sehen! Da, wo etwas nicht klappt, wo viele Herausforderungen liegen, wo immer wieder die gleichen Muster des Scheiterns sind, haben wir eher die Geburtsimpulse als dort, wo man Fähigkeiten hat oder etwas leicht von der Hand geht. Fähigkeiten bringe ich mit und soll sie auch anwenden. Aber meinen Entwicklungsweg darf ich nicht nur darin suchen, die Fähigkeiten noch zu steigern oder auszuweiten. Das wäre nicht Entwicklung, sondern Wachstum. Wachstum mag in manchen Situationen auch berechtigt sein, aber der Sinn der Biographie ist Entwicklung und daß etwas Neues entsteht. Dieses Neue bildet sich aber aus dem Alten heraus, wird aus ihm heraus sozusagen verwandelt.

C.P.: Wandlung bedeutet also nicht die kontinuierliche Weiterführung bestimmter Qualitäten, sondern daß etwas Altes in einer neuen Form erscheint und auf eine nächste Stufe kommt?

M. Wais: Ja! Vielleicht darf man es so sagen, daß sich das Alte immer mehr dem Geistigen nähern soll, daß es immer mehr vom Bewußtsein, Bemühen und auch der spirituellen Entwicklung durchdrungen wird und sich dann zu etwas Geistigem verwandelt. Das kann nur stufenweise und ausschließlich durch Ringen und Krisen geschehen. Wo etwas klappt, entsteht nichts Geistiges, sondern nur da, wo es in der inneren Anstrengung gesucht werden muß.

C.P.: Und was will mein Engel von mir, oder müßte man besser sagen *für* mich?

M. Wais: In bezug auf den einzelnen Menschen darf man es so sehen, daß sich der Engel in den Dienst meiner Geburtsimpulse stellt. Man kann auch von dem Schutzengel sprechen, aber nicht in dem Sinne, daß er Krankheiten verhindert, sondern daß er mich schützt, bewahrt und mich an meine Geburtsimpulse und daran, was eigentlich die Ziele meiner Entwicklung sind, erinnert. Damit ich das aufnehmen und ergreifen kann, führt mich der Schutzengel immer in die entsprechenden Situationen, in denen das möglich ist.

Wie der Engel die Biographie wahrnimmt

C.P.: Gibt es Möglichkeiten, vielleicht Meditationen, mit denen ich näher an das herankomme, was meine Geburtsimpulse sind? Wie kann ich mehr in den Kontakt mit meinem Engel kommen?

M. Wais: Man kann sich vorstellen, daß ein Zugang zu dem Engel darin besteht, daß ich anders herum frage: "Was bedeutet meine Lebensführung, mein Ringen, oder eben auch Nicht-Ringen, mein Ausweichen, für *ihn?* Was bewirke ich möglicherweise für ihn und sein Wirken, indem ich so oder anders lebe?" Es kann der Zugang für eine meditative Übung sein, daß man sich hinsetzt und in aller Ruhe zu fragen versucht: Wie wirkt das denn nach oben, wie ich mein Leben lebe? Man kann in eine Vorstellung hineinkommen, daß da, wo ich zum Beispiel ringe oder opfere, so etwas wie eine *Helligkeit nach oben* entsteht und dort, wo ich ausweiche und zurückweiche, sich vielleicht so etwas wie *Verdunkelung nach oben* bildet. Wenn ich in einer Scheidesituation den einfacheren Weg wähle, der mehr mit dem Äußeren zu tun hat oder in eine materialistische Befriedigung geht, erklingt vielleicht so etwas wie ein *Mißton nach oben.* Wenn ich hingegen den schwierigeren, opferungsvolleren und bewußteren Weg wähle, ertönt vielleicht ein *Wohlklang nach oben.* Mit solchen Übungen erwächst eine Art *Fürsorge für meinen Engel.* Das kann auch ein Aspekt meiner Biographie sein! Natürlich ist der Engel nicht völlig auf meine Biographie angewiesen oder gar ganz davon abhängig, aber ich würde doch annehmen, daß es auf ihn Auswirkungen hat, wie ich lebe. Wenn ich reiner Materialist bin und meine Lebensfreude und meinen Sinn nur im Physischen und in der materiellen Befriedigung finde, muß das in irgendeiner Weise auf den Engel herabziehend und einengend wirken.

Lebenskunst

C.P.: Das heißt also, daß ich nicht als erstes frage, was der Engel mir gibt, sondern was ich für den Engel tun kann! Was Du eben geschildert hast, hörte sich wie eine neue Form von spiritueller Kunst an. Wäre das so etwas wie *Lebenskunst?*

M. Wais: Ja, das ist sicherlich ein sehr zukünftiger Ausdruck. Man darf es vielleicht so sehen, wieder vom Engel aus betrachtet, daß er mich in dem Maße wahrnehmen kann, wie ich in mein Leben geistige Substanz hineinbringe, also wenn ich ringe, opfere und mit Bewußtheit lebe. Wenn ich aber ins Materialistische abtauche, *hört* er mich nicht. Das bedeutet, daß in dem Maße, wie sehr der Mensch ringt, er in seiner konkreten Ausprägung und in seiner Biographie für den Engel wahrnehmbar und damit auch spürbar ist. So kommt der Mensch in eine größere Nähe zu den Wirkensmöglichkeiten des Engels. Je mehr man im Materiellen oder in einer ausschließlich diesseitigen Weltbezogenheit lebt, desto mehr - so stelle ich mir das vor - bemerkt einen der Engel gar nicht oder hat so eine Art Häßlichkeitserleben.

Zu dem Begriff *Lebenskunst:* Eine in dem vorigen Sinne gelungene Biographie könnte vom Engel aus betrachtet so etwas wie ein Kunstwerk sein. Vielleicht könnte man es, um es noch eine Stufe zu steigern, so sagen, daß es für den Engel ein Bedürfnis ist, daß mein Leben wie ein Kunstwerk wird, etwas in sich Zusammenstimmendes, etwas, das in sich eine Harmonie trägt. Wobei man immer bedenken muß, daß vom Engel aus betrachtet Harmonie etwas ganz anderes ist als das, was wir mit unserem irdischen Verständnis als solche bezeichnen. Vielleicht ist für den Engel Harmonie so etwas - ich stelle es mir wie in der Musik vor - wie das innere Zusammenstimmen der einzelnen Töne.

C.P.: Kennst du eine Biographie, die man als eine gelungene bezeichnen könnte?

M. Wais: Ich überschaue natürlich nicht alle heutigen Biographien, aber von denen, die ich kenne, würde ich denken, daß ein Leben wie das von Béla Bartók, dem ungarischen Komponisten, dieser am nächsten kommt. Das war ein Mensch, der ständig gerungen hat und eigentlich damit nie zum Ende gekommen ist. Er mußte sich durch viele Schichten seiner Persönlichkeit, durch viele Schwächen und Schwierigkeiten hindurch zu seiner fachlichen Kompetenz als Musiker durchringen. Er hatte immer mit äußeren Widerständen zu kämpfen, ist aber dadurch zu einer geistigen Klarheit gekommen. Ich würde denken, daß so eine Biographie für den Engel immer deutlicher geworden ist.

Die Lebensmitte: Das Leben neu ergreifen

C.P.: Sind das Themen, die in der Lebensmitte an Brisanz gewinnen?

M. Wais: Die Lebensmitte ist der Punkt, an dem endgültig jede Führung durch die geistigen Kräfte aufhört. Es ist von Rudolf Steiner beschrieben und auch für jedermann beobachtbar, daß bis zum 28. Lebensjahr geistige Kräfte den Menschen führen bzw. die Leiblichkeit aufbauen. Das hört spätestens mit 28 Jahren auf und wirkt danach im Seelischen bis ungefähr zur Lebensmitte weiter. Und dann hat der Mensch folgendes Erlebnis: Ich bin vollständig freigelassen, gänzlich alleine, auch der geistigen Welt gegenüber, und bin total auf mich gestellt! Menschen, die nicht spirituell arbeiten oder denken, erleben das wie ein soziales Im-Stich-gelassen-Sein. Vielleicht fühlen sie sich dann in der Ehe oder gegenüber den Kindern alleine oder sind am Arbeitsplatz völlig auf sich gestellt.

Das ist das Ausgangserlebnis für die Lebensmitte und es kann verschiedene Formen annehmen. Zum Beispiel kann jemand alles hinterfragen: "Lebe ich denn überhaupt richtig? Bin ich am richtigen Platz? Muß ich sozial und arbeitsmäßig ganz woanders hin, um nicht dieses Einsamkeitserlebnis zu haben? Gehöre ich hier vielleicht gar nicht her?" Solch ein Hinterfragen kann häufig auftreten, kann aber auch wie überhört oder beinahe "überschrien" werden, indem man noch tiefer in das eintaucht, was man bisher gemacht hat. Die Menschen steigern sich immer mehr in das hinein, was ihnen in dem Alter zwischen 28 und 35 Jahren wichtig war, nämlich Karriere, Einflußnehmen, Verstandesorientierung, Kompetenz, die Organisierbarkeit der Welt. Manche verlieren sich an diese Themen, die nach 28 Jahren interessant werden, wie zum Beispiel an den Besitz. Vielleicht kauft jemand ein diamantbesetztes Feuerzeug oder goldene Ringe. Das ist dann ein richtiges Ausweichen vor diesen Fragen.

Die dritte Möglichkeit ist, daß jemand ganz konkret und mit großer Bewußtheit versucht, das Leben ganz neu anzupacken: Ich lasse mich scheiden, schule mich um und ziehe ganz woanders hin - von Hamburg nach München -, oder ich steige ganz aus. In dieser Reaktion liegt einerseits etwas Richtiges, nämlich dieses Bewußtsein, das Leben ganz neu greifen zu müssen. Aber wenn das völlig im Äußerlichen bleibt, mit neuer Frau, neuem Job, neuem Wohnort, dann entsteht eben nicht das Neue, sondern in den scheinbar neuen Bedingungen tauchen wieder die alten Probleme auf. Das Wesentliche der Lebensmitte-Krise scheint mir nämlich primär zu sein, das Alte und Gewohnte auf neue Weise zu tun. Man sollte also nicht die Ehefrau oder das Auto etc. automatisch auswechseln, sondern schauen, ob man das Zusammensein und die Ehe noch einmal gestalten kann, ob man vielleicht mit seinen Arbeitskollegen oder im Beruf einen neuen Ansatz findet oder andere Formen der Zusammenarbeit. Vielleicht entdeckt man auch in der Stadt, in der man seit 20 Jahren wohnt, neue Perspektiven und Möglichkeiten, die einen auf andere Art bereichern. Das scheint mir die eigentliche Herausforderung zu sein.

Es gähnt vor einem der Abgrund

C.P.: Und woher erhält man die Kräfte für diese Erneuerung?

M. Wais: Nur aus dem Ich, indem man sich allem stellt, dem Einsamkeitserlebnis, dem Zweifel usw. Das ist schon ein Schwellenerlebnis, es gähnt vor einem der Abgrund. Man hat vielleicht ein gewisses Prestige oder viel Besitz angehäuft, und nun gilt das alles nicht mehr. Dies sind Tiefpunkte, denen man sich stellen sollte. Vielleicht dauert das ein paar Wochen oder ein paar Monate. Aber wenn man diese Zeit durchsteht, schafft das ungeheure Kräfte für das Ich. Je länger das jemand auf sich nimmt und je intensiver er alle Schwierigkeiten durchlebt, desto mehr mag er nach der Lebensmitte auf den ersten Blick bei dem Alten bleiben, aber wenn man genauer hinschaut, hat er sein altes Leben völlig neu ergriffen. Während jemand, der das nur kurz oder gar nicht aushält, in der Lebensmitte äußerlich alles ändert. So stellt es sich jedenfalls in meiner täglichen Arbeit dar.

C.P.: Ist das alles, was ungefähr in der Lebensmitte passiert, also von 33 bis ca. 38 Jahren, oder gibt es in diesem Zeitraum noch andere Punkte, an denen sich etwas Spezifisches ereignet?

M. Wais: Es können noch andere Rhythmen zum Tragen kommen, zum Beispiel der 33er-Rhythmus. So wie ich es hier mit meinen Klienten erlebe, fängt mit 33 Jahren eine innere Zweifelfrage an. Es entsteht ein irgendwie ungutes Gefühl: "Ist das richtig, was ich da mache, war das denn jetzt alles?" So etwas beginnt mit 33 Jahren und mit 35 Jahren steigert es sich zu einem existentiellen Krisencharakter, wo man dann auch in Depressionen hineinrutschen kann.

Es gibt noch einen anderen Punkt, den zweiten Mondknoten, der liegt bei ca. 37 Jahren (der erste Mondknoten liegt bei 18 Jahren, 219 Tagen). Da findet eine Art Reinigungsvorgang statt. Zum Beispiel streift jemand im Sozialen, im Beruflichen oder in sonstigen Lebenszusammenhängen Umstände ab, die auf Dauer zu seinem Leben nicht dazugehören würden. Das kann durch Todesfälle passieren oder dadurch, daß Freundschaften plötzlich aufhören, es können auch wieder Abbrüche von Ehen sein, oder die eigenen Kinder gehen aus dem Haus. Oft ist es so, daß durch das Schicksal von außen eine Reinigung und Erneuerung stattfindet. Ob der jeweilige Mensch es dann als eine Reinigung empfindet, ist wieder mehr seinem eigenen Ich überlassen. Die Wirkung ist in jedem Fall die, daß man von etwas befreit wird, was nicht mehr in der bisherigen Weise zu einem gehört.

C.P.: Man kennzeichnet den zweiten Mondknoten als eine Lösung aus dem Sozialen, was dann oft als eine Art soziale Vertreibung erlebt wird.

M. Wais: Ja, genau so. Ich würde es so sehen, daß dieser Reinigungsvorgang, also das Ablösen dessen, was nicht zu meinen Geburtsimpulsen gehört, sich dann primär im Sozialen abspielt. Es kann aber auch bis ins Physische hineingehen, zum Beispiel gibt es manchmal Todesfälle.

Partnerschaft und Lebenskrisen

C.P.: Sehr viele biographische Wendepunkte oder Krisen werden heute durch die jeweilige Partnerschaft ausgelöst. Welche Rolle spielt der Lebenspartner in der eigenen Biographie?

M. Wais: Diese Frage muß man in zwei Teile aufgliedern. Als erstes: Welche Rolle spielt die Begegnung beim Jugendlichen und beim jungen Erwachsenen? Als zweites: Welche Rolle spielt sie - bzw. kann sie spielen - beim älteren Menschen nach der Lebensmitte?

Zunächst darf man davon ausgehen, daß man vor der Lebensmitte Menschen begegnet, mit denen man karmisch verbunden ist. Es hat dann eine innere Notwendigkeit, daß man sich trifft und aneinander aufwacht. Diese Begegnungen ergeben sich mit einer gewissen Leichtigkeit und Selbstverständlichkeit, getragen von Sympathien, man kommt zueinander und begleitet sich gegenseitig.

Und dann gibt es einen anderen Aspekt, der mehr während oder nach der Lebensmitte eine Rolle spielt. Es ist so, daß das Ich, das die Biographie und die eigene Entwicklung vorantreibt, immer stärker und kräftiger wird. Das bedeutet aber, daß es auf einer bestimmten Ebene zu den Menschen, mit denen man verbunden ist, eine Distanz geben muß. Das führt natürlich wiederum auch zu Krisen und schlimmen Erlebnissen. Aber jetzt kommt es darauf an, sich nicht nur gegenseitig liebend zu begleiten, sondern daß man sich gegenseitig zur Entwicklung verhilft. Deshalb haben Begegnungen beim älteren Erwachsenen einen anderen Sinn. Sie bieten die Möglichkeit, daß etwas Neues entstehen kann.

Bei den Begegnungen, die sich beim Jugendlichen oder jungen Erwachsenen ergeben, ist das gegenseitige liebende Begleiten die Aufgabe, natürlich auch die Auseinandersetzung mit den eigenen Schwächen und denen des Partners. Es entsteht die Frage, ob man Toleranz entwickeln und den anderen lieben kann, auch wenn man zunehmend seine

Schwächen sieht. Insofern werden in diesen Beziehungen auch geistige Kräfte und eine Substanz gebildet, aber beim Erwachsenen ist das doch etwas anderes. Das Ich ist jetzt mit größerer Stärke da und hat mehr das Interesse, mit dem Partner zusammen etwas Neues zu bilden, d.h. die Ehe ist dann so etwas wie eine Entwicklungsgemeinschaft.

C.P.: Was wird da Neues gebildet, und worin liegt die Anforderung an das Paar, wenn es über die Lebensmitte hinaus ist?

M. Wais: Das Ich als Kern der Persönlichkeit ist eine geistige Substanz, und dieses so verstandene Ich ist immer auf Zukunft hin angelegt. Dieses Ich wirkt da, wo man neue Möglichkeiten hat, wo man von Altem wegkommt, was sich schon als gemeinsame Gewohnheiten, Traditionen oder Charaktereigentümlichkeiten verfestigt hat. Das höhere Ich liegt nicht in dem Verhärteten, sondern immer im Zukünftigen. Das Geistige hat Zukunftscharakter, und es ist die Aufgabe der zweiten Lebenshälfte, in einer Begegnung dieses Geistige freizulegen. Dieses Neue ist also das Spirituelle, das im gemeinsamen Zusammensein erschaffen wird. Im Zusammenleben zweier Menschen in früheren Jahren geht es weniger um die Freilegung des Geistigen, es handelt sich vielmehr um das Aufarbeiten und Verarbeiten dessen, was schon da ist.

Wenn man das unter karmischen Gesichtspunkten sehen will, dann bewältigt man in der ersten Lebenshälfte zusammen mit seinem Partner dasjenige, was sie karmisch zusammen aufarbeiten müssen. In der zweiten Lebenshälfte ist dann die Möglichkeit da, daß neues Karma gebildet wird. Aber nicht einfach irgendeines, sondern man sollte das Entwicklungsziel der Vergeistigung dabei im Auge haben. Es kommt dadurch eine Opfersubstanz in diese Begegnung hinein. So etwas hat man bei frühen Beziehungen nicht, weil sich in dieser Phase oft so etwas wie ein Zweier-Egoismus entwickelt. Man lebt einfach so, wie es miteinander schön ist, man erlebt eine gewisse Harmonie, man schafft sich vielleicht ein Nest. Von Ehestreitigkeit einmal abgesehen, ist das dann alles einfach schön und nett. In diesem Alter ist alles in Ordnung, aber es entsteht keine geistige Substanz.

C.P.: Auch nicht beim Gegenteil? Es gibt doch bis zur Lebensmitte jede Menge Partnerbeziehungen, in denen sich beide ständig streiten.

M. Wais: In dem Krach alleine bildet sich natürlich keine geistige Substanz. Kräche oder Haß können auch vor der Lebensmitte entstehen, aber wenn man diese dann überwindet, hat man auch schon eine Art von Opfersubstanz hineingebracht. Aber rein faktisch ist es so, daß das Umkippen der früheren Beziehungen in etwas Schwieriges - also wenn man das Gefühl bekommt, daß die Menschen schicksalsmäßig nur noch miteinander verknotet sind - um die Lebensmitte erst richtig anfängt. Viele hören dann an diesem Punkt auf und beenden die Begegnung oder die Ehe. Es käme aber darauf an, jetzt gemeinsam anzusetzen und eine geistige Substanz zu bilden.

Die Ehe nach der Lebensmitte

C.P.: Ist es nicht aber eine Voraussetzung, daß sich jeder von beiden erst einmal in aller Einsamkeit für ein spirituelles Ziel entscheidet und man sich dann, sofern man das Glück hat und der andere Partner ähnliche Inhalte entwickelt hat, erst wieder zusammenfindet, in Blickrichtung auf etwas gemeinsames Geistiges? Diesem müßte aber diese Einsamkeit

Jacek Malczewski: Lerche
(1902, Öl auf Leinwand, 39,5 x 50 cm. Poznan, Muzeum Naradowe)

vorausgegangen sein sowie die Tatsache, daß man sich diesen geistigen Weg alleine errungen hat. Dabei wäre immer gefordert, den anderen loszulassen, denn es ist genausogut möglich, daß er dieses geistige Ziel nicht gefunden hat.

M. Wais: Das ist sicherlich richtig. Nur würde ich nicht sagen, daß ich diese geistige Substanz alleine entwickeln muß, obwohl ich es natürlich auch alleine kann. In der Praxis sieht das oft so aus, daß wir Menschen, die sich in dieser Krise befinden, mitunter raten, sich erst einmal für eine gewisse Zeit voneinander zu trennen und alleine zu leben. Sie sollen sich nicht scheiden lassen, sondern in verschiedenen Wohnungen leben, sich durchaus miteinander treffen, auch ein enges Gefühlsleben entwickeln und eine physische Beziehung haben, aber das Entscheidende ist, daß sie ihre Existenz voneinander unabhängig für sich alleine führen und bestreiten. Das ist dann eine gute Möglichkeit für das, was Du jetzt gerade gesagt hast, nämlich beide erst einmal mehr auf sich gestellt sein zu lassen, um darin den Zugang zum Spirituellen zu gewinnen. Das ist eine sehr gute Grundlage, um wieder zusammenzukommen und eine Ehe als Entwicklungsgemeinschaft zu führen.

So ein Herangehen wäre möglich, aber es kann auch gelingen, wenn beide Partner räumlich zusammenbleiben. Es muß sowieso entstehen, wenn man nicht auf die über die Lebensmitte hinausgehende Ehe angewiesen und von ihr abhängig sein will. Das bedeutet, daß die konstruktive Ehe langfristig ohnehin so etwas wie Distanz beinhalten muß. Man lebt zusammen, mag sich, macht auch vieles gemeinsam, aber das Distanzerlebnis und die Einsamkeit gehören genauso dazu. Man muß den Partner als einen ganz eigenen Menschen sehen, sozusagen als einen Fremden.

Dieses Erlebnis kann innerhalb des Zusammenlebens entstehen, ist dann aber schwieriger, weil man meint, den Partner völlig zu kennen. Man hat Besitzansprüche an ihn, in seinen positiven Seiten soll der andere so bleiben, wie er ist, bei den negativen Seiten geht man davon aus, daß er sich ja sowieso nicht mehr ändert. Und das ist keine gute Voraussetzung! Man muß dahin kommen - und deswegen empfehlen wir oft auch eine vorübergehende Trennung -, daß man den anderen als einen ganz eigenen und fremden Menschen betrachtet. Damit gibt man ihm überhaupt erst die Möglichkeit, etwas Neues zu entwickeln. Ich kann in meiner Ehe so lange keine neuen Eigenschaften, Verhaltensweisen oder kein neues Denken entwickeln, solange mein Partner meint, mich vollständig zu kennen, und sich auch entsprechend verhält. In den besonders aus den Jugendzeiten entstehenden Ehen meinen die Partner, daß sie sich in- und auswendig kennen, und halten sich auch daran fest. Es entstehen keine neuen Gesichtspunkte mehr, auch keine andere Art, das Leben gemeinsam zu gestalten. Diese Neugestaltung muß aber in der Lebensmitte gelingen!

C.P.: Das heißt, daß man ständig in der inneren Haltung leben sollte, ohne den anderen auskommen zu können, um ihn dadurch auch innerlich ständig loslassen zu können.

M. Wais: Es ist nicht so gemeint, daß ich ihn gar nicht brauche und er sozusagen etwas wie ein Sahnetupfer ist, den ich auch noch dabei habe. Wenn ich selbständig auch außerhalb der Ehe leben könnte, ist das eine gute Grundlage für eine Gemeinsamkeit. Es ist dagegen eine schlechte Grundlage, wenn ich den anderen in meinem alltäglichen Vollzug brauche und ohne ihn sonst nicht leben könnte. Es kann auch eine Abhängigkeit sein, wenn man zum Beispiel das ständige Genörgel des Ehemannes braucht, um selber vielleicht ein Überlegenheitsgefühl zu haben. So etwas hat keine Zukunft. Wenn ich meine Souveränität auch außerhalb der Ehe habe, brauche ich nämlich nicht das Genörgel meines Ehemannes, um ein Selbstbewußtsein und Selbstwertgefühl zu entwickeln.

C.P.: Kann man sagen, daß ich den anderen aber brauche, wenn ich eine Geist*gemeinschaft* aufbauen möchte, die ich nicht alleine aufbauen kann?

M. Wais: Das sowieso. Die Biographie ist zwar immer nur meine Biographie - eine gemeinsame Biographie gibt es nicht -, aber um sie zu verwirklichen, um sie als Geistgestalt auf die Erde zu bringen, brauche ich natürlich den anderen. Ich brauche mehrere Menschen in meinem sozialen Umfeld und auch den Partner, auf den ich im Alltag bezogen bin.

Der Partner bringt mich an meine Grenzen

C.P.: Wie erwache ich im Alltag mit meinem Ehepartner zu meiner biographischen Geistgestalt?

M. Wais: Indem er mich zum Beispiel an meine Grenzen bringt. Ich komme anders an meine Grenzen, wenn ich alleine und relativ zurückgezogen lebe, einen Beruf habe und meinen Interessen nachgehe. Dann ist die Gefahr relativ groß, daß sich alles so zusam-

Jacek Malczewski: Mein Lied
(1904, Öl auf Holz, 32 x 44 cm, Poznan, Muzeum Narodowe)

menfügt und zusammenpaßt, wie ich mich selber fühle, und ich mache das, was mir zuträglich ist und leichtfällt. Wenn ich dagegen mit einem anderen Menschen den Alltag teile, kommt mir etwas entgegen, was für mein Harmoniebedürfnis zunächst gar nicht zuträglich ist. Der Partner verlangt irgendwelche Dinge von mir, die ich gar nicht bewältigen kann oder gar nicht aushalte. Zum Beispiel lege ich großen Wert auf Pünktlichkeit und mein Partner ist völlig unpünktlich. Damit muß ich mich dann auseinandersetzen. Zu solch einer Selbstbegegnung brauche ich unbedingt den anderen, und das ist nicht der Fall, wenn ich den Alltag nicht mit jemand teile.

C.P.: Der eine Aspekt ist dann die Selbstbegegnung. Aber Du sprachst vorhin auch von dem gemeinsamen geistigen Ziel. Jeder steht zunächst für sich alleine, findet in der Einsamkeit seinen geistigen Weg, trägt ihn auch durch, lebt mit der inneren Haltung, den anderen loszulassen und als fremd zu betrachten. Worin besteht dann aber das Gemeinsame, das nach der Lebensmitte entstehen soll?

M. Wais: Ich denke, daß die Gemeinsamkeit in dieser zweiten Art von Begegnung ins Überpersönliche geht. Es geht darum, daß durch dieses Aufeinander-Zutreten aus einer Fremdheit heraus so etwas wie ein *Gefäß für Geistiges* entsteht. Das bedeutet, daß Engel oder vielleicht auch andere Wesenheiten dann durch die Menschen wirksam sein können. Die entsprechenden geistigen Wesen können nur Einfluß ausüben, wo Geschehnisse in geistiger Freiheit und Freiwilligkeit entstehen. Und dieses Geschehen wird durch den gemeinsamen Alltag gebildet. So etwas kann in der ersten Art von Begegnung nicht passieren, weil ich da in meine Gefühle, Gewohnheiten, meine Kenntnisse des anderen sehr eingespannt bin und mich alles sehr unfrei macht. Freiheit entsteht nur da, wo ich von dem anderen zurücktrete, sei es durch diese genannte vorübergehende Getrenntheit oder indem ich dieses Zurücktreten als innere Übung mache. Dann werde ich frei von dem Bild, das ich von dem anderen habe, und auch er kann selbständiger werden. Damit kann etwas Neues entstehen. Wenn wir dann aus dieser Fremdheit heraus beschließen, daß wir zusammenbleiben und den Weg gemeinsam weitergehen, entsteht eine Hülle für in die Zukunft denkende geistige Wesen.

C.P.: So etwas entspricht auch der allgemeinen Erkenntnis vom Lebenslauf, daß man bis zur Lebensmitte einen gesunden Egoismus haben darf, möglichst viel lernt, sich bereichert und Dinge zu sich heranzieht, daß man dann aber nach der Lebensmitte alles im Sozialen weitergeben sollte. Das ist sozusagen das gleiche Prinzip, wie es für eine Partnerschaft ideal wäre.

M. Wais: Ja, es hat etwas mit Selbstlosigkeit zu tun, und es ist scheinbar paradoxerweise durch die Ich-Entwicklung möglich, d.h. ich muß erst ein Ich und ein Selbst entwickeln, bevor ich selbstlos sein kann. Und diese Entwicklung des Selbst absolviert man in den Begegnungen vor der Lebensmitte, und zwar zu Recht. In ihnen entwickle ich Eigenschaften, Gewohnheiten usw., von denen ich dann aber wiederum nach der Lebensmitte zurücktrete. Dann verzichte ich auf die Gewohnheiten und schaffe Raum für etwas anderes, für etwas spirituell Durchdrungenes.

Wenn man sich gegenseitig nervt

C.P.: Was könnte das zum Beispiel sein?

M. Wais: Zum Beispiel könnte man darauf verzichten, in bestimmten Situationen persönlich beleidigt zu sein. Der Partner hat eine Gewohnheit, die einen regelmäßig nervt ...

C.P.: ... die berühmte Zahnpastatube, bei der immer der Deckel nicht zugeschraubt wird?

M. Wais: Ja, aber das wird meist eine eingeschliffene Gewohnheit sein, es gibt natürlich tiefergreifende Beispiele. Dabei muß ich willentlich dahin kommen, das nicht auf mich zu beziehen, sondern ich muß mich innerlich fragen: "Der Partner verhält sich jetzt so, was will er denn damit, was spricht sich dadurch für ihn aus?" Es geht nicht darum zu fragen, was es für *mich* bedeutet, ob es mich nervt oder ob ich ihm schon hundertmal gesagt habe, daß ich es nicht leiden kann, sondern nun ist die Frage, was es für ihn bedeutet, daß er das jetzt so macht. Das wäre ein Beispiel, wie man Selbstlosigkeit einüben kann. Genau dadurch entsteht eine Opfersubstanz, und diese ist das Kleid für die Geistmöglichkeit, die ich meinte. Das wird an solchen Alltäglichkeiten und Banalitäten sichtbar.

C.P.: An welche Gewohnheiten, die dem Partner auf die Nerven gehen, denkst Du zum Beispiel?

M. Wais: Zum Beispiel kann ein Ehemann sehr geizig sein und seiner Frau ständig zu wenig Haushaltsgeld geben. Oder ein Familienvater geht samstags lieber zum Sport, als sich um die Kinder zu kümmern. Seine Frau hofft aber immer wieder auf Entlastung.

C.P.: Was steckt hinter so einer Verhaltensweise?

M. Wais: Vielleicht steckt da die Frage dahinter: "Kümmerst Du Dich genug um mich, sorgst Du Dich um mich?" Es ist doch eine Aufforderung, wenn man weiß, daß der andere das nicht leiden kann, man es aber trotzdem macht. Vielleicht steht sozusagen die Forderung dahinter: "Obwohl Du das nicht leiden magst, könntest Du etwas für mich tun, was Dir zunächst gar nicht liegt?" Möglicherweise ist es die eigene Unsicherheit, wenn ich sozusagen von dem Partner verlange, daß er etwas, was er nicht gerne mag, immer wieder für mich tun oder aushalten muß. Wenn ich dann selbst diese Sache aus so einer Perspektive betrachten kann, kann ich dem Partner die Sicherheit, die er dann möglicherweise sucht, auf einer anderen Ebene geben, wo es dann mehr im Bewußtsein ist.

Wann ist eine Trennung richtig?

C.P.: Es hieße dann aber auch, daß eine Trennung in der Lebensmitte völlig berechtigt sein kann, wenn nur ein Partner der beiden sozusagen diese Forderung ergreift und der andere sie nicht angehen möchte. Wäre es dann richtig, wenn man in solchen Situationen getrennte Wege geht?

M. Wais: Da gibt es verschiedene Ebenen der Richtigkeit. Ich würde nicht wagen zu beurteilen, ob das in einem absoluten Sinne, zum Beispiel mit einem Blick auf Karmafragen, richtig ist, wenn man sich in so einer Situation in der Lebensmitte trennt. Ich sehe das auf einer mehr pragmatischen Ebene, daß es manche Partner in der Lebensmitte einfach nicht mehr schaffen, miteinander zu leben. Der eine fängt an, sich zu entwickeln, und der andere kann nicht mitziehen. Oft eröffnet sich die Frau geistige und seelische Perspektiven, und der Mann kommt einfach nicht hinterher, weiß gar nicht, worum es da eigentlich geht. Das ist dann ein Fakt, mit dem ich hier in meiner Praxis einfach arbeiten muß. Von diesem Fakt aus gesehen, kann es richtig sein, die Frau darin zu bestärken, die Ehe aufzulösen. Ob das dann noch im karmischen Sinne eine Richtigkeit hat, das wage ich nicht zu beurteilen.

Man muß in der Beratungsarbeit mit den Möglichkeiten und Fähigkeiten der Menschen rechnen. Es hat keine Perspektive, ihnen irgendwelche Idealziele vorzugeben, wie es zum Beispiel in der katholischen Kirche üblich war, daß man, wenn man einmal geheiratet hatte, immer zusammenbleiben soll. Das mag zwar als ein Ideal vollkommen richtig sein, ist heute aber vielen Menschen nicht mehr möglich. Es hat keinen Sinn, so ein Ideal durchdrücken zu wollen, wenn es einfach nicht mehr geht und die konkreten Kräfte der Menschen überfordert. Dann ist die Beratungsarbeit sozusagen eine Suche nach dem zweitbesten Weg. In der Praxis ist es einfach so, daß viele Beratungen von Ehepartnern oder Menschen, die in einer Beziehung leben, letztlich zu einer Trennungsberatung werden.

Kinder rufen bei den Eltern Selbstbegegnung hervor

C.P.: Spielen eigene Kinder in der biographischen Entwicklung der Eltern eine Rolle?

M. Wais: Ich erlebe, daß heutige Eltern gegenüber ihren Kindern eine große Orientierungslosigkeit und Ratlosigkeit empfinden. Man kann sehen, wie sich die eigenen

Kinder mit einer großen Kraft sehr rasch entwickeln und die Eltern schnell an die Grenzen ihrer persönlichen Fähigkeiten bringen, d.h. die Kinder rufen bei den Eltern eine Art Selbstbegegnung hervor. Eine Konfrontation, wenn man das so nennen möchte, mit dem Doppelgänger. Die Gefahr, in der zunächst einmal alle Eltern sind, ist sehr groß, den eigenen Doppelgänger, d.h. die eigenen Schwächen und Versäumnisse, am Kind wahrzunehmen. Es heißt dann, das Kind sei aggressiv, cholerisch, habe einen eigenen Kopf, tue nie, was man ihm sagt, und das alles würde einen sehr nerven.

In Wirklichkeit geht es in einem solchen Fall darum, daß der Erwachsene selbst ein unausgelebtes Bedürfnis nach Selbständigkeit hat und einen eigenen Weg gehen möchte, es aber nie getan hat. Er weiß es aber nicht, kann es sich aufgrund seiner Entwicklung nicht zugestehen und nimmt das jetzt am Kinde wahr. Da geht es ihm natürlich auf die Nerven. Die sogenannte Erziehungsberatung besteht dann darin, diesen Vorgang zurückzuspiegeln. Man muß helfen, daß diese Sichtweise, die in diesem Falle eine Projektion ist, von dem Erwachsenen zurückgenommen wird und daß er das Kind freiläßt und es wieder es selbst sein kann, d.h. es kann wieder seine eigene Biographie ergreifen. Es ist nämlich eine ganz große Gefahr, daß man als Elternteil die biographischen Impulse des Kindes verfälscht, indem man ihm den eigenen Doppelgänger überstülpt. Das Kind ist dann in seiner biographischen Entwicklung damit beschäftigt, zurückzuspiegeln, was ich ihm an Rollenzuschreibung aufgedrückt habe, und es ist verhindert, seine eigenen Geburtsimpulse zu finden.

Es gilt der gleiche Grundsatz, den wir eben in bezug auf die Partnerschaft genannt haben: Mein eigenes Kind ist mir ein völlig fremdes Wesen. Es ist nicht *mein* Kind, sondern es ist bei uns zu Gast, ich bin beauftragt, dafür zu sorgen, daß es sich entwickeln kann, daß es körperlich und seelisch gesund bleibt. Ich bin aber auch beauftragt, ihm die Möglichkeit zu schaffen, seinen eigenen Weg zu gehen. Ich habe in gar keiner Weise irgendeinen Anspruch auf mein Kind, daß es mir irgendwie ähnlich wird oder daß es meine Weltanschauung bzw. Moral übernimmt. Das alles sind Erwartungen, mit denen ich die Biographie des Kindes verfälschen würde. Das heißt nicht, daß es sich nicht auch einmal zufällig ergeben kann, daß sich das Kind mit der Moral der Eltern auseinanderzusetzen beginnt und sie dann auch eigenständig und individuell als die seine übernimmt. Aber das kann man ja nicht am Anfang wissen. Es gehört dazu die gleiche freilassende Haltung wie bei der Ehe.

Ganz schwierig wird es, wenn die Kinder größer werden und man sie gehen läßt, sie dann innerlich auch wirklich loszulassen. Das ist nicht allein dadurch gegeben, daß sie mit 15, 16 oder 17 Jahren aus dem Hause gehen. Es kann eine neue Ebene entstehen, vielleicht eine freundschaftliche oder kameradschaftliche, aber nur dann, wenn man durch den Punkt gegangen ist, seine Kinder als ganz eigenständige Wesen sehen zu können, sie in ihrer ganzen Fremdheit und Andersartigkeit wahrnehmen zu können.

Ich gebe auch als Übung für meine Klienten mit, ihre Kinder unter dem Gesichtspunkt der Fremdheit zu beobachten und zu betrachten, wobei sie ganz anders erscheinen als man selbst oder anders als man es erwartet, erhofft oder auch befürchtet hat. Das geht bis ins Äußerliche hinein, zum Beispiel kann man dem Klienten die Aufgabe mitgeben, bis zur nächsten Woche einmal genauestens die Hände der Kinder zu betrachten. Man meint ja immer, man kenne sein Kind, denn es sei einem sowieso ähnlich und schließlich wäre man auch vom ersten Tag an dabei gewesen. Auf dem Hintergrund solcher Irrtümer gebe ich dem Klienten eine Beobachtungsübung mit. Nach einer Woche haben die Eltern dann auf einmal festgestellt, daß sie die Hände des Kindes gar nicht genau kannten, oder sie haben völlig neu beobachtet, wie sich das Kind wirklich bewegt. So etwas schafft in einem guten Sinne ein Fremdheitserlebnis, das sowohl für die Biographie des Kindes als auch des Erwachsenen wichtig ist.

C.P.: Das kann man doch auf alle sozialen Begegnungen und Verhältnisse beziehen!

M. Wais: Durchaus! Nur ist es bei den eigenen Kindern ganz besonders schwierig, weil man seine eigenen Kinder zunächst sozusagen als "Verlängerung" von sich selbst erlebt. Mütter erfahren das ganz physisch, aber auch Väter haben solche Gedanken wie: Mein Kind soll einmal meine Ideale übernehmen. Da herauszukommen, fällt vielen ganz besonders schwer! Aber grundsätzlich gilt diese innere Haltung für jede Begegnung.

C.P.: Welche Menschen kommen zu Dir zur Beratung; was ist zunächst ihr Anliegen und was sind ihre Fragen? Vielleicht stehen nach den vordergründigen Problemen noch ganz andere Anliegen dahinter?

M. Wais: Man kann zwei Fragegruppen unterscheiden: Die eine betrifft vordergründig Erziehungsprobleme, wenn jemand mit seinem Kind nicht zurechtkommt, dieses Kind auffällig oder schwierig ist und die Eltern dann fragen, wie sie sich verhalten sollen. Die andere Gruppe der Klienten besteht aus solchen, die einzeln kommen, weil sie sich nicht mehr zurechtfinden und ihren bisherigen Lebensgang nicht mehr für sinnvoll halten. Sie haben dann das Gefühl: "Ich stehe neben mir, ich bin das gar nicht, ich bin verstrickt, ich muß völlig neu anfangen." Sie merken dann, daß sie irgendwie weiterkommen müssen, aber so in sich verflochten sind, daß sie das nicht schaffen. Das sind Situationen einer gewissen Orientierungslosigkeit. - So gestalten sich die zwei typischen Fragekomplexe der Menschen, die zur Beratungsstelle kommen. Zunächst macht sich das an Äußerlichkeiten fest, zum Beispiel wenn jemand arbeitslos oder vom Ehepartner verlassen wird bzw. die Partnerschaft an sich zu Ende geht. Das alles können Auslöser für solche existentiellen Fragen sein.

Biographisch arbeiten heißt, die Wege des Ich zu finden

C.P.: Worin besteht denn in Deiner Arbeit das Biographische bei solchen Klienten?

M. Wais: Biographisch arbeiten heißt, die Wege des Ich zu finden und, wenn man sie dann kennt, zu fördern. Das beginnt konkret zunächst damit, daß der Klient seine Lebenssituation auf möglichst bildhafte und genaue Weise darstellt. In einem zweiten Schritt skizziert man gemeinsam eine Übersicht über den bisherigen Verlauf der Biographie, wozu - wie gesagt - nicht nur die äußeren Ereignisse gehören, sondern auch die Impulse, Ideen, Ideale und Wünsche, die man jemals in seinem Leben hatte. Ich schreibe das mit den Klienten meistens in eine Art Übersichtstabelle auf, wir zeichnen es als Lebenspanorama. Die eigentliche Arbeit besteht dann darin, aus dieser Übersicht von dem bisher Erzählten so etwas wie die individuellen *Gestaltungs- und Formkräfte* herauszufinden.

C.P.: Was meinst Du mit den Gestaltungs- und Formkräften?

M. Wais: Jede Biographie ist eine Zeitgestalt. Sie hat eine bestimmte Form und ergibt ein bestimmtes Bild. Das Wesentliche ist, daß sich die Biographie in der Zeit entfaltet, im

Gegensatz zum Beispiel zu einem gemalten Kunstwerk. Diese Zeitgestalt unterliegt bestimmten Formgesetzen - die allgemeinen Formgesetze, die Siebener-Rhythmen, Mondknoten und die Lebensmitte haben wir schon angesprochen.

Die Menschen von heute bringen aber, so meine ich, eigene Formgesetze mit. So ein eigenes Formgesetz kann sich zum Beispiel so auswirken, daß jemand sehr dicht lebt, daß er die verschiedenen Lebensthemen, mit denen man normalerweise konfrontiert wird, in zeitlich gedrängter Weise sehr intensiv und dicht aufeinanderfolgend in der ersten Lebenshälfte durchlebt. Und dann hat die zweite Lebenshälfte etwas sehr Offenes, mehr Ruhiges.

Eine andere Möglichkeit ist das, was ich die *Biographieverstopfung* nenne. In diesem Falle läßt sich eine Biographie dadurch charakterisieren, daß ein bestimmtes Lebensthema, zum Beispiel die Loslösung vom Elternhaus, was beim ersten Mondknoten mit 18 Jahren passieren sollte, verschleppt wird. Jemand löst sich dann in dieser Zeit nicht von seinem Elternhaus, bleibt dort wohnen, und äußerlich lebt er ganz normal weiter, hat seinen Beruf, heiratet vielleicht und nimmt die Frau mit in das Elternhaus und lebt seine Ehe sozusagen unter den Fittichen seiner Eltern. Es kommt in seinem Schicksal und weiterem Lebenslauf dann immer wieder die Aufforderung, sich von seinen Eltern zu lösen, er greift das aber viele Jahre oder jahrzehntelang nicht auf. Das wirkt dann wie eine Biographieverstopfung, d.h. der Fluß geht nicht weiter, die Menschen sind irgendwie hängengeblieben. Es ist charakteristisch für solche Schicksale, daß die Menschen dann gar nicht mit dem Lebensmittethema in Berührung kommen. Es ist wie eine richtige Verstopfung. Die Biographiearbeit besteht dann darin, das Thema "Loslösung aus dem Elternhaus" aufzuarbeiten, und dann folgt die andere Entwicklung recht schnell nach. So etwas kann man dann als individuelles Gestaltungsgesetz bezeichnen.

Solche Gestaltungsgesetze können auch die zeitliche Strukturierung einer Biographie betreffen. Das bezieht sich auf die Biographien von jedermann, besonders deutlich kann man es aber in Künstlerbiographien ablesen. Dort unterliegt der zeitliche Ablauf ganz bestimmten Rhythmen, zum Beispiel kommt alle fünf Jahre eine wesentliche soziale Krise. Jawlensky hat in seinem Lebenslauf einen 16er-Rhythmus bzw. ist sein Leben in 16er-Schritte gegliedert.

Zum anderen kann sich ein individuelles Gestaltungsgesetz auch darin ausdrücken, daß ich mich überall, wo ich hinkomme, immer wieder fremd fühle und den Eindruck habe, daß ich dort gar nicht hingehöre. Das kann so weit gehen, daß ein Klient als Mann geboren wird, aber gerne eine Frau sein möchte, dann im Ausland lebt, vielleicht in sehr ärmlichen Verhältnissen, aber gleichzeitig in seinem Charakter etwas Vornehmes und Aristokratisches hat. Er arbeitet dann in einer Fabrik, sein ganzer Habitus drückt aber etwas Feines und Herrschaftliches aus, so daß die anderen das Gefühl haben, daß er gar nicht dorthin paßt, wo er ist. Etwa in dieser Art kann sich das Thema des Fremdseins durch ein ganzes Leben hindurchziehen. Das wäre auch ein Gestaltungsgesetz, unabhängig davon, wie man jetzt dieses spezielle Problem ansieht. So etwas muß man rein phänomenologisch betrachten. Diese Gestaltungen sind nämlich ganz individuell und nicht allgemeiner Natur, denn da ist das Ich am Wirken und das Ich besteht aus solchen individuellen Formkräften.

C.P.: Welche Ziele verfolgst Du bei Deiner Biographiearbeit? Wo sollen die Menschen hinkommen und was sollen sie für sich gewinnen?

Das Zukünftige auf die Erde bringen

M. Wais: Ich habe eigentlich nur ein methodisches, formales Ziel. Es besteht darin, für den Klienten eine so freie Situation zu schaffen, daß er das, was an Neuem, Zukünftigem und weiteren Entwicklungsmöglichkeiten bei ihm möglich ist, auf die Erde bringen kann. Und zwar so, wie er das will. Ich habe keine inhaltlichen Ziele, daß jemand bei seiner Frau bleiben oder bald umschulen sollte oder was auch immer. Statt dessen versuche ich durch ein freilassendes Gespräch und durch die Kontinuität der Arbeit eine Art Freiraum zu schaffen, in dem der Klient zunächst sein eigenes Neues finden, wahrnehmen und spüren kann. Was er dann weiterhin in seinem Alltag damit macht, das ist die zweite und auch schwierigere Frage. Darin besteht dann die dritte Phase der Biographiearbeit, nachdem die ersten beiden, nämlich die Übersicht über das, was war, und das Herausarbeiten der Möglichkeiten, abgeschlossen sind. Nun handelt es sich um das Anwenden dieser Möglichkeiten. Dabei kommt man in den Übungsbereich hinein, in welchem ich den Klienten Übungen mitgebe.

Das sind zum Beispiel Wahrnehmungsübungen, man soll probeweise eine Gewohnheit ändern; jemandem, der immer fortwährend schwarze Kleider trägt, schlage ich dann vor, einmal etwas Buntes anzuziehen. Solche Alltäglichkeiten und einfache Handlungen lege ich dem Klienten nahe. Das nächste Mal erzählen sie dann, wie sie das empfunden haben und sich dabei fühlten. Bei Ehepartnern habe ich schon einmal vorgeschlagen, das berühmte Ehebett einmal für 14 Tage auseinanderzustellen, d.h. ein Bett in diesen Teil des Raumes und das andere Bett in den anderen Teil des Raumes zu schieben. Sie sollten dann bewußt darauf achten, wie sie das empfinden, wie sie einschlafen, wie es ihnen beim Aufwachen geht. Welche Gefühle sie haben, wenn sie beim Schlafen einfach ein paar Meter Distanz zwischen sich bringen. Wenn man solche Gewohnheiten probeweise einfach mal ändert, kann der Klient beginnen, Neues zu erspüren, und es ist eine Möglichkeit, sich in etwas anderes hineinzuüben und neue Gewohnheiten zu bilden.

C.P.: Man schafft also im positiven Sinne Chaos, indem sich auf schöpferische Weise etwas Neues bildet?

M. Wais: Der Begriff Chaos paßt nicht vollständig, weil es im Erleben der Menschen auch ein Prozeß der zunehmenden Klärung ist. Es ist zwar eine Unsicherheit, aber mit der Blickrichtung auf das Wesentliche. Man kann Schritt für Schritt abstreifen, was peripher ist und nicht dazugehört. Man kommt immer mehr zu dem Punkt, worauf es wirklich ankommt, und daran wird dann auch gearbeitet. Es ist also mehr eine Verwesentlichung als eine Chaotisierung. Die scheinbare Stabilität der Menschen besteht einfach nur darin, daß sie sich an dem Unwesentlichen festhalten. Wenn man das dann aufgibt, ist das schon eine Verunsicherung, aber es entsteht gleichzeitig der Ausgleich, der darin besteht, daß die Menschen spüren: "Jetzt kommt etwas Wesentliches. Das, was da entsteht, das bin eigentlich ich. Darin liegt genau meine Aufgabe." Es ist dann etwas sehr Aufrichtendes, was die Menschen da erfahren.

Später kommt die Phase, daß der Klient Entscheidungen treffen muß, zum Beispiel weiterhin in der Ehe zu bleiben. Meine Aufgabe besteht dann darin, gemeinsam zu überlegen, wie das machbar ist, wie man so etwas im Alltag anpackt. Das ist dann der Moment, in dem ich den Menschen Übungen mitgebe oder eventuell den Ehepartner dazubitte. Dann besprechen wir zu dritt, wie das gemeinsame Leben neu gepflegt werden kann. Ich denke dabei ganz konkret an Ehepaare, bei denen nach der Geburt von mehreren Kindern die Ehe zugunsten des Familienlebens mehr in den Hintergrund getreten ist und diese Menschen nun lernen müssen, die Zweisamkeit wieder neu aufzubauen. Sie können dann zum Beispiel einen Abend in der Woche festlegen, an dem sie nur zu zweit etwas unternehmen, vielleicht gemeinsam ausgehen oder nur einfach zusammensitzen, Freunde besuchen, etwas Kulturelles machen, aber das dürfen nur sie zwei sein und nicht als Teil der Familie. Bei manchen Menschen muß man so etwas mit dem Terminkalender in der Hand organisieren. So sieht dann die Einübung des Neuen aus.

Bei Menschen, die alleine leben, kann man anregen, daß sie die Wohnung neu einrichten, die Wände einmal neu streichen, vielleicht sogar neue Möbel anschaffen. Erst in dieser letzten Phase eines Beratungsgespräches ist es sinnvoll, auch im äußeren Leben etwas zu verändern. Es ist nicht ratsam, in einer aktuellen biographischen Krise beim Äußeren anzufangen.

C.P.: So ist das Äußerliche eine Manifestation dessen, was innerlich schon angelegt wurde?

M. Wais: Genau! Da brauchen die Menschen aber Hilfe, denn sie sind oft guten Willens, wissen aber nicht, wie man es anfängt, wenn man etwas Neues beginnen möchte. Es ist sinnvoll, daß ich eingreife, zum Beispiel Hausbesuche mache und mit Vorschlägen helfe: "Hängen Sie doch einmal ein neues Bild an die Wand. Nicht daß ich dieses Bild nicht schön finde, aber ein neues Bild entspricht vielleicht mehr dem, was wir bisher erarbeitet haben." Oder ich rege auch an, daß sich jemand bestimmte Freizeittätigkeiten aneignet; wenn zum Beispiel zu viel mit dem Kopf gearbeitet wird, ist es gut, eine sportliche Tätigkeit zu finden. Ich mache praktische Vorschläge, und die Klienten probieren das eine Zeitlang aus. Sie kommen dann nach einer Weile wieder und berichten, wie das gewirkt oder auch nicht gewirkt hat.

Zum Unterschied zwischen Psychotherapie und Biographiearbeit

C.P.: Es drängt sich jetzt die Frage nach dem Unterschied der Biographiearbeit zur Psychotherapie auf. Wann sollte man zu einem Psychotherapeuten gehen und wann in eine biographische Beratung?

M. Wais: Wenn man das scharf unterscheiden will, müßte man sagen, daß in der Biographiearbeit mit dem Ich des Klienten gearbeitet wird. Wenn es gut geht, kommt es zu einer Ich-Begegnung zwischen dem Klienten und dem Berater. Ich versuche dem Ich, dem Geistkern des Menschen, zu helfen, auf die Erde zu kommen. In der Psychotherapie dagegen arbeite ich zunächst einmal mit dem Astralleib des Klienten, d.h. es geht um seine Empfindungen, seine Gefühle, um unaufgearbeitete und unausgereifte innere Vorgänge und Gedanken, auch um Phantasien, die einen pathologischen Charakter haben, zum Beispiel Schmerzen und alles andere, was Bestandteil des Astralleibes ist. Damit wird zunächst in der Psychotherapie gearbeitet. In der Praxis allerdings erweist es sich immer wieder, daß man das so scharf nicht unterscheiden kann. Denn die klassische Psychotherapie wird, wenn sie langfristig angelegt ist, auch in eine Phase kommen, in der sie an das Ich des Klienten appelliert. Und andererseits wird es in der Biographiearbeit, gerade am Anfang, immer wieder Phasen geben, in denen man sich doch mit Gefühlen,

Erinnerungen, alten Ressentiments und Dingen der Vergangenheit auseinandersetzen muß, die man aber lösen muß. Insofern ist an diesem Punkt in der Biographiearbeit ein psychotherapeutischer Ansatz enthalten.

Es gibt aber Klienten, bei denen dieses Unaufgearbeitete und das Leben ganz aus der Vergangenheit heraus, d.h. aus vergangenen Sorgen und unaufgelösten Erfahrungen, so im Vordergrund steht, daß eine Biographiearbeit gar nicht möglich ist. Einen solchen Menschen verweise ich dann an einen Psychotherapeuten.

C.P.: Soll in der Psychotherapie alles noch einmal richtig durchlebt werden, bevor man sich dann in einer Biographiearbeit bewußt selbst anschaut?

M. Wais: Dieses Sich-selbst-Anschauen erfordert eine bestimmte Kraft. Es ist auch zunächst nicht sehr schön, sich anzuschauen, weil man als erstes den Doppelgänger sieht. Man hat eine Art Hütererlebnis und sieht sich in seiner Häßlichkeit. Das erfordert eine gewisse Kraft. Wenn ich diese Kraft aufgrund vergangener Frustrationserlebnisse nicht aufbringen kann, dann ist es zu diesem Zeitpunkt nicht berechtigt, Biographiearbeit zu machen, und es muß etwas anderes vorangehen.

Psychotherapie zur Nachreifung – Biographiearbeit zur Ich-Stärkung

C.P.: Wäre es nicht eine ideale Abfolge, wenn man - im Falle von psychischen Schwierigkeiten - mit einer Psychotherapie begänne und dann eine Biographiearbeit anschlösse?

M. Wais: Das hat etwas mit Autonomie zu tun. Der Klient, der Psychotherapie braucht, hat nicht die Autonomie, um über sein Leben zu verfügen, während der Klient, der Biographiearbeit macht, mindestens potentiell in der Lage ist, sein Leben autonom zu führen. Das ist das wesentliche Unterscheidungskriterium. Natürlich hat ein Klient, der zur Biographiearbeit kommt, auch seelische Schwächen oder, wie man vielleicht klassischerweise sagen würde, neurotische Anteile. Aber die sind nicht so sehr im Vordergrund, sondern primär steht der eigenständige Mensch da. Wenn die Notwendigkeit der nachträglichen Entwicklung und Nachreifung zu groß ist, muß zunächst eine Psychotherapie gemacht werden.

C.P.: Was passiert aber, wenn bestimmte Erinnerungen im Leben völlig verdrängt worden sind, weil die seelischen Schmerzen zu groß waren?

M. Wais: Das erlebe ich in der ersten Phase, in der eine Übersicht über die Biographie hergestellt wird, wenn da zunächst viele weiße Flecken bleiben. Im weiteren Verlauf der Biographiearbeit kommt dann Verdrängtes, oft sehr Schmerzhaftes zutage. Ich halte das für einen sehr positiven Vorgang, denn ich arbeite ja mit dem Bewußtsein des Klienten, mit seinem klaren Ich, seinem Denken und dem bewußten Fühlen. Wenn nun etwas Verdrängtes aufsteigt, hat er die Chance, das bewußt anzugehen. Steht er nun in dieser freien Gesprächssituation ganz in seiner Ich-Kraft, kann er alles aushalten: Wenn er zum Beispiel in sich Teile entdeckt, mit denen er die eigene Mutter schon immer zutiefst gehaßt hat, dann können wir das in die Auseinandersetzung mit hineinnehmen. Das Ziel ist die Ich-Stärkung. Man darf vielleicht hinzufügen, daß in dem Maße, in dem diese Stärkung und Aufrichtung des Ich gelingt, der "Dritte" auch noch da ist. Man kann dem Klienten vielleicht helfen, Anschluß an die aufrichtende Wirkung des Christusimpulses zu finden. Das ist natürlich ein sehr hochgestecktes Ziel, aber manchmal kann man empfinden, daß so etwas wirkt.

C.P.: Welche innere Haltung und Gesinnung sollte ein Biographieberater haben?

M. Wais: Ich versuche als erstes eine Haltung des Freilassens zu finden. Das heißt konkret, daß ich den Klienten in dem, was er sagt, freilasse.

Das Nichterwarten einüben

Auch wenn er in der zehnten oder fünfzehnten Stunde zu mir kommt, lasse ich offen, *was* er jetzt besprechen möchte und *wie* er es angehen will, ob er sich durch die Sprache oder mehr durch eine Stimmung oder Gestik auszudrücken gedenkt. Ich versuche von meiner Seite aus nicht daran anzuknüpfen, was in den vorausgegangenen Stunden besprochen worden ist, sondern überlasse es vollständig dem Klienten, immer wieder bei Null anzufangen. Dabei mache ich die Erfahrung, daß dieses Neue, was wachsen soll, dadurch überhaupt erst entsteht. Das ist auch wieder ein Unterschied zum Vorgehen in den psychologischen Therapien, in denen man mit einer aufbauenden Erkenntnis über den Klienten arbeitet. Man erfaßt und versteht den Klienten zunehmend und knüpft daran an, erreicht dabei sicherlich auch eine gewisse Vertiefung. Aber ich versuche das Gegenteil, den Klienten nämlich gerade nicht zu kennen, jedesmal mit einer Tabula rasa anzufangen.

Natürlich sieht es in der Praxis aber oft so aus, daß der Klient an etwas Vorangegangenes anknüpfen möchte. Ich kann selbstverständlich auch nicht vermeiden, daß ich bei dem, was der Klient erzählt, ein Bekanntheitserlebnis habe und denke: "Was er jetzt erzählt, das hat die gleichen Strukturen, die ich sonst auch bei ihm wahrnehme." Das Wesentliche ist aber, daß er in einer solch freien Situation ist, daß er probeweise dieses Zukünftige in der Gesprächssituation schon spüren und ausprobieren kann. Die Klienten sagen dann manchmal: "So wie wir heute miteinander gesprochen haben, habe ich noch nie gedacht. Das ist mir völlig neu." Um einen derartigen Prozeß zu erreichen, ist es nötig, völlig freilassend auf den Klienten zuzugehen und von ihm nichts zu erwarten, außer dem äußeren Rahmen, wie zum Beispiel Pünktlichkeit. Im übrigen ist der Klient mir zu nichts verpflichtet, auch nicht dazu, an dem bisher Erarbeiteten anzuknüpfen.

Ansonsten verfolge ich keine Gesprächstechnik, keine bestimmte Methode oder Therapierichtung. Ich stelle mich selbst als der Mensch, der ich bin, für ein möglichst freies Gespräch zur Verfügung. Und wenn das gutgeht, ist das eine Ich-Begegnung, d.h. auch, daß ich mich zeige. Das steht zum Beispiel im Gegensatz zum Psychoanalytiker, der sehr darauf achtet, das Persönliche ganz herauszuhalten. Ich selbst zeige mich, sitze im Gegensatz zum Psychoanalytiker aufrecht vor dem Klienten, beziehe auch Stellung, d.h. in der fortgeschrittenen Biographiearbeit sage ich auch meine Meinung oder beurteile etwas. Zum Beispiel teile ich mit, wie etwas auf mich wirkt. Wobei ich natürlich immer dazu sage, daß das dann meine persönliche Meinung ist. Selbstverständlich steht aber der Klient im Vordergrund, und ich erzähle nichts über mein Privatleben.

C.P.: Wodurch gelingt es Dir, den Klienten immer wieder neu zu betrachten und die Ereignisse ohne Festhalten an dem Vergangenen zu sehen? Solche Haltung ist ja nicht natürlich gegeben, sondern man neigt dazu, sich in Gewohnheiten zu verfestigen.

M. Wais: Sicherlich steht auch der Berater in dieser Situation. Ich selbst versuche mich, außer an den üblich bekannten Schulungen und Meditationen, an der Musik zu üben. Die ist mir, insbesondere die moderne Musik, sehr wichtig geworden. Da kann man nämlich dieses Nichterwarten einüben, man muß jeden Moment völlig offen und frei sein. Wenn man zum Beispiel die Musik von Béla Bartók, Arvo Pärt oder Hindemith nimmt, in der in jedem Moment etwas Unerwartetes geschieht, und wo das Musikerlebnis erst dadurch entsteht, daß ich den inneren Zusammenhang dieser einzelmusikalischen Ereignisse selbst herstelle, da kann ich in jedem Moment das Offensein und Freisein von Erwartungen einüben. Sicherlich ist das Hören von Mozart auch ein sehr schönes Musikerlebnis, aber es ist ein in sich Geschlosseneres. Wenn ich einige Takte gehört habe, kann ich mir die nächsten sozusagen denken. So etwas ist auch sehr schön, ästhetisch und hat natürlich eine Berechtigung, aber um diese spezielle Art des Zuhörens zu üben, ist die moderne Musik besser geeignet.

Wie man die eigenen Geburtsimpulse erkennt

C.P.: Was würdest Du jemandem an Methoden, Hilfen, Anregungen mitgeben, der an seiner Biographie arbeiten möchte, aber alleine ist und nicht in eine Beratung kommen will? Wie kann man seine Biographie bewußter leben, seine Geburtsimpulse und Chancen besser erkennen, vielleicht auch mehr für seinen Engel offen sein?

M. Wais: Als erstes würde ich empfehlen, daß man sich mit dem Lebenslauf anderer Menschen beschäftigt. Man kann zum Beispiel Biographien lesen. Vor allem die modernen Biographien! Wenn auch Schillers und Mozarts Leben sehr interessant sind, ist es sinnvoller, sich mit Biographien von heutigen Menschen zu beschäftigen, die sich durch Krisen hindurch entwickeln mußten. Das sind sehr häufig Biographien von Frauen oder von Menschen, die mit Krankheit und Tod zu tun hatten, wo eine Krebserkrankung vorlag, oder Biographien von Eltern, die ein behindertes Kind haben. Man kann sich mit solchen Biographien *hörend und wahrnehmend* auseinandersetzen.

Wenn man zum Beispiel die Biographie von Franziska von Reventlow betrachtet, hat man den Eindruck, daß diese Frau nie zu einem Ziel gekommen ist, sie hat nie ihre Biographie ausgelebt, aber das Ringen, Kämpfen und Suchen kommt in diesem Leben sehr deutlich zum Vorschein. Es gibt in Taschenbüchern Lebensläufe von Menschen nachzulesen, die eine Depression hatten oder magersüchtig waren usw. Diese Art der Auseinandersetzung sollte am Anfang stehen, und zwar *nicht* mit der Haltung: "Aha, so war das bei mir auch." Sondern man sollte genau die gegenteilige Sichtweise haben und dieses Leben als eine ganz fremde und eigenständige Biographie betrachten. Weiterhin kann man diese Erlebnisse dann vertiefen, indem man Biographien von modernen Künstlern liest. Man soll dabei versuchen, die biographische und künstlerische Entwicklung in einen Zusammenhang zu bringen. Um noch ein paar Namen zu nennen: August Macke, Anton Bruckner, Clara Schumann, Else Lasker-Schüler, Clara Rilke-Westhoff, Adrien Turel, Karl Kraus, Béla Bartók.

Wenn man eine Vorliebe für Malerei hat, kann man sich die Biographien von Malern vornehmen, vielleicht liegt einem aber auch die Musik näher. Diese Künstlerbiographien sind in ihrem Ausdruck deutlicher als die von jedermann, das individuelle Gestaltungsgesetz kommt klarer durch. Es zeigt sich nämlich nicht nur im Vollzug des Lebensganges, sondern auch in der Kunst, d.h. die Gestaltungskräfte, die den Lebenslauf formen, sind die gleichen, die das Kunstwerk und das künstlerische Schaffen prägen. Es ist wichtig, daß man sich auch hier wieder nicht mit den Künstlern vergleicht, sondern gerade erlebt, wie fremd einem dieser Mensch ist, gleichzeitig aber mit allem, was er getan hat, in sich sehr stimmig war.

Als nächstes kann man sich selbst einen Schritt näher treten und sich danach fragen: "Welche Biographie hatten mein Vater und meine Mutter, wie sind sie aufgewachsen, wie hat meine Mutter als erwachsene Frau gelebt, und was macht sie vielleicht jetzt im Alter? Wie ist die Biographie meines Arbeitskollegen? Was weiß ich über ihn, und was kann ich mir vielleicht selbst denken?" Man sollte sich das genau vor Augen führen und innerlich zusammenstellen.

Und erst dann, und das kann nach Monaten oder auch Jahren sein, kann man sich fragen: "Was sind eigentlich die Gestaltungskräfte in meiner Biographie?" Da muß man sich, wie bereits erwähnt, den eigenen Krisen und den Momenten des Scheiterns zuwenden: "Wo bin ich auf die Nase gefallen, wo habe ich Pech gehabt, wo bin ich enttäuscht worden? Was gelingt mir immer nicht?" Da ist man relativ nahe bei den Geburtsimpulsen und den eigenen Gestaltungskräften. Dieser letzte Schritt ist der schwierigste.

C.P.: Man braucht eine gewisse Kraft, um das dann auch auszuhalten!

M. Wais: Genau das, und außerdem eine gewisse Distanzierungsfähigkeit. Man kann eine Künstlerbiographie mit relativ großem Abstand betrachten, denn es ist meist ein herausragender Mensch, mit dem ich mich nicht ohne weiteres vergleichen werde. Schwieriger wird es, wenn ich die Biographie meiner Mutter oder meines Vaters unabhängig von mir betrachten will, weil ich sehr stark mit ihnen verbunden bin. Der schwierigste Schritt ist der, sich selber gegenüberzutreten. Und es suchen sich heute viele Menschen - und ich finde zu Recht - einen Berater oder eine neutrale Person, um entsprechende Anregungen und Hilfestellungen zu finden.

Es gibt keine falsche Biographie

C.P.: Wie kann ich zum einen lernen, mich mit Distanz zu betrachten, und welche Kraftquelle gibt es zum anderen, um das auszuhalten, was ich dann an all dem Negativen und Üblen an mir selber erkenne?

M. Wais: Wenn man einmal von allen möglichen religiösen Übungen absieht, die einem natürlich auch helfen, gibt es den einen wichtigen Weg: Man muß dem eigenen Leben gegenüber eine Vertrauenshaltung entwickeln. Dazu gehört, daß man die eigenen Krisen und Mißerfolge nicht als bösartige Schicksalsschläge erlebt, sondern man soll eine Sicherheit entwickeln, daß es etwas gibt - ob man es nun höheres Ich oder Engel nennt, sei dahingestellt -, das mit einer gewissen Weisheit selbst in diese Situationen hineingeführt hat. Und wenn man anschließend zurückschaut, erkennt man, daß das alles einen Sinn hatte, und sieht die Chancen, die darin verborgen waren. Das Vertrauen, das ich mir durch solch eine Rückschau bilde, kann ich nun auch auf die Zukunft hin anwenden. Das ist nachher vielleicht ein Ankerpunkt, von dem aus man die schwierigeren Lebenssituationen mit mehr Ruhe und Gelassenheit annehmen kann und darauf vertraut, daß alles seine Richtigkeit hatte.

Es gibt *keine falsche* Biographie und auch keine, die umsonst war. Es ist in jeder Biographie eine Weisheit enthalten, die mich wenigstens stückweise zu dem führt, woran ich mich entwickeln kann. Es ist mein Fazit aus der Beschäftigung mit Biographien, daß man dieses Grundvertrauen haben kann. Wenn man das gefunden hat, ist das der Punkt, von dem alles weitere ausgeht. Und wenn man in eine Situation kommt, in der man denkt, daß man das alles nicht mehr aushält, sollte man fremde Hilfe aufsuchen.

Ernst Barlach: Sternreigen
Lithographie zum 11. Bild des "Armen Vetters"

Am anderen erwachen

INTERVIEW MIT TIJNO VOORS

von Christine Pflug

Tijno Voors: *51 Jahre alt, Holländer, verheiratet, Vater von drei Kindern. Er studierte Jura und arbeitete sechs Jahre als Rechtsanwalt. 1971 wurde er Mitarbeiter im "Nederlands Pedagogisch Instituut" (NPI, Zeist) und zog 1977 zum "Centre for Social Development" (Emerson College) in Sussex/England. Zusammen mit anderen entwickelte er eine Ausbildung zu einer anthroposophisch orientierten Lebensberatung; er ist zusammen mit Dr. Christopher Schaefer Autor des Buches "Wünsche - Ziele - Taten" (Verlag Freies Geistesleben). Seine Arbeitsschwerpunkte sind Initiativengründungen, Lebensberatung und Biographiearbeit.*

Das Centre for Social Development wurde 1975 als ein Teil des Emerson College in Südengland gegründet. Es ist eine Ausbildungs- und Forschungsstätte für anthroposophisch orientierte Sozialwissenschaft und Erwachsenenbildung. Es gibt verschiedene Ausbildungszweige: das "Social Development Programme" beinhaltet Menschenkunde, Erwachsenenbildung, Lebensberatung, Biographiearbeit, Umgang mit Konflikten, Sozialwissenschaft, Initiativengründung, Beratung von Institutionen und andere verschiedenste Bereiche zum Thema "Individuum und Gesellschaft"; das "Counselling Programme" bietet eine vertiefte Ausbildung für Lebensberatungen an. Außerdem gibt es einen "Schulungskurs für Anthroposophie", verschiedene Wochenendkurse zu Biographie, Temperamente, Beziehungen, Berufsfindung usw.

In all den Jahren seit der Gründung ist eine bunte Menge verschiedenster Menschen jeder Altersstufe und Nationalität durch das Centre gegangen. Es sind nicht nur Menschen, die professionell im Sozialen arbeiten, sondern auch Ärzte, Lehrer, Geschäftsleute, Hausfrauen, Künstler und viele andere. Sie kommen zu diesen Kursen, um ihre Arbeit oder ihr sonstiges Leben mit Erkenntnissen und Methoden aus einer sozialen Geisteswissenschaft zu unterstützen oder zu heilen.

Biographiearbeit selbst wird im Centre innerhalb des "Social Development Programme", dem Kurs für Lebensberatung und als einzelner Workshop angeboten. Biographieworkshops sind überall eine faszinierende Angelegenheit, im Centre aber werden sie durch die farbige Vielfalt der Menschen zu einem abenteuerlichen Ereignis: Man kann innerhalb von vier Tagen erstaunlichste Erzählungen hören über die Kindheit eines Maoris aus Neuseeland, einen Raubüberfall von Eingeborenen im Busch Madagaskars, Erlebnisse mit Magic mushrooms aus einem australischen Hausgarten oder die ausweglose Armut und prickelnde Samba-Atmosphäre Brasiliens. Nothing is impossible in this world!

Christine Pflug: Du und andere Mitarbeiter des Centre for Social Development bieten Biographieworkshops hier im Centre an. Was passiert in solchen Workshops, wie sieht der äußere Rahmen aus?

Tijno Voors: Ein Biographieworkshop im Centre beginnt an einem Donnerstagabend. Meistens kommen 28 Teilnehmer. Sie arbeiten dann mit sieben Mitarbeitern von diesem Donnerstagabend an über den ganzen Freitag und Samstag bis Sonntag zur Mittagszeit zusammen. Nach einer ersten Einführung stellt sich jeder der Teilnehmer vor. Wenn dann die Ziele des Workshops vorgestellt worden sind, werden die Teilnehmer in Kleingruppen aufgeteilt; jeweils vier mit einem Gruppenleiter. Schon am ersten Abend begegnen sich so die Menschen in der Kleingruppe, in der sie dann in den folgenden Tagen auch immer wieder zusammen sind. Dieses Element der Arbeit in den Kleingruppen wiederholt sich während der nächsten drei Tage.

C.P.: Wird also im Wechsel von Kleingruppe und Plenum gearbeitet?

T. Voors: Ja. Jeden Morgen treffen wir uns zum Beispiel im Plenum und machen dort eine Wahrnehmungsübung anhand einer Pflanze. Während der drei Tage ergänzen wir dies mit der Beobachtung einer Pflanze, die im Wachstum begriffen ist, einer, die in der Blüte steht, und einer verwelkenden Pflanze.

Ein anderes Element, das wir immer wieder während der Workshops integrieren, sind die Vorträge. Das, was die Menschen vorher in den Kleingruppen erarbeitet und erlebt haben, wird in den Vorträgen in größere Zusammenhänge gestellt. Es wird dann ein Bild über die allgemeine Entwicklung des Menschen und des menschlichen Lebenslaufs entwickelt: Siebenjahresrhythmen, Fragen zur Vergangenheit, Gegenwart und Zukunft sowie alle Fragen, die damit zusammenhängen. Jeder kann seine eigene individuelle Entwicklung in dieser gesamten Darstellung des Lebenslaufs gespiegelt sehen. Künstlerische Aspekte bereichern die Arbeit: morgens ein wenig Eurythmie, und nachmittags zeichnet man oft mit bunter Kreide.

Centre for Social Development

So ergibt sich immer ein Wechsel zwischen dem Plenum, in dem man anderen Teilnehmern oder dem Vortragenden zuhört, und individueller Arbeit, die in Aufgaben besteht, die jeder für sich gestellt bekommt. Wir erwarten, daß sich die Teilnehmer nicht nur auf die Workshops vorbereiten, sondern jeder soll auch abends vor dem Einschlafen die Bilder, die man im Laufe des Tages von den Erzählungen der anderen aufgenommen hat, bewußt mit in den Schlaf nehmen.

Das Leben entfaltet sich in Bildern

C.P.: So verläuft also der ganze Workshop in einem Wechsel zwischen dem, was eigenes individuelles Schicksal ist, und dem, was man an allgemeinen Gesetzmäßigkeiten und Erkenntnissen zu dem Lebenslauf darstellen kann?

T. Voors: So ist es. Während des gesamten Workshops gibt es auch Pausen, in denen die Teilnehmer zum Beispiel spazierengehen, jedenfalls genug Gelegenheit haben, das zu vertiefen und darüber nachzudenken, was sie während der ganzen Zeit aufnehmen. Alles sind verschiedene Methoden, mit denen die Menschen arbeiten, und durch die sich das ganze Leben bildhaft vor einem entfalten kann.

C.P.: Wer sind die Menschen, die zu solch einem Workshop kommen? Wie haben sie von dem Workshop gehört, und woher kommen sie?

T. Voors: Die Teilnehmer, die zu dem Workshop kommen, müssen über dreißig Jahre alt sein. Das ist wichtig, weil das Bewußtsein über das eigene Leben und die Fragen, die man an dieses stellt, mit dreißig und vierzig Jahren erst richtig intensiv werden. Es ist wie eine natürliche Geste, daß man in diesem Alter Fragen an das Leben stellt: Was sagt mir dieses Leben? Welche Aufgabe habe ich? Warum treffe ich immer wieder auf gleiche Probleme und auf gleiche Ereignisse? In diesem Alter sind die Menschen, die kommen, zu ihrem eigenen inneren Wesenskern erwacht und stellen Fragen an das Leben.

C.P.: Mit welchen Anliegen und Fragen kommen die Menschen?

T. Voors: Diese Fragen können durch verschiedenste Lebensumstände entstehen, zum Beispiel dadurch, daß jemand ein Studium beendet hat, einen Beruf aufgenommen oder eine Familie gegründet hat. Äußerlich scheint alles ganz in Ordnung zu sein, irgendwann kommt ein Mensch auf einmal zu dem Punkt, an dem er sich fragt: War das denn *alles* in meinem Leben? Ist es denn meine einzige Aufgabe, mich nur um diese Dinge zu kümmern, die von mir gefordert werden, oder gibt es da noch etwas anderes? Es könnte sich zum Beispiel jemand fragen: "Ich bin ganz erfolgreich in meinem täglichen Lebensumfeld, ich kann mein Leben organisieren, ich kann meinem Beruf erfolgreich nachgehen, ich habe eine Familie gegründet, aber wenn ich all dies in meinem Leben immer und immer nur wiederhole, wird es dann nicht langweilig? Denn es gibt ja auch noch Dinge im Leben, die ich nicht beherrsche, in denen ich nicht erfolgreich bin! Müßte ich da nicht auch einmal hinschauen und an mir zu arbeiten beginnen, so daß mein Leben nicht einseitig wird, damit ich neue Dinge aufnehme, mich um verschiedene Interessen bemühe und so eine eigene innere Entwicklung vollziehe?"

Menschen aus der ganzen Welt

C.P.: Welche Menschen sind das? Woher haben sie von dem Biographieworkshop gehört? Woher kommen sie? Sind sie aus der Nachbarschaft oder reisen sie aus anderen Ländern an?

T. Voors: Das Centre for Social Development hat eine einmalige Stellung. Es hat eine Verbindung zum Emerson College, in das jedes Jahr neue Studenten aus über 34 Ländern kommen. Außerdem ist das Centre auch sonst in Verbindung mit verschiedenen Menschen aus sehr unterschiedlichen Ländern. So ist es recht einmalig, daß zu solch einem Workshop die Menschen aus vielen, vielen verschiedenen Ländern kommen: aus Brasilien, Israel, Deutschland, England, Irland, Südafrika, auch aus den anderen afrikanischen Staaten. Eigentlich aus allen Ländern, die auf irgendeine Weise eine Verbindung zu dieser anthroposophischen Arbeit haben.

C.P.: Kommen die Menschen nur deshalb, weil sie im Emerson College studieren oder weil sie eine besondere Beziehung zum Centre haben? Oder kommen sie speziell wegen dieses einen Workshops?

T. Voors: In einer Gruppe von 28 Teilnehmern sind es ungefähr zehn, die in der näheren Umgebung wohnen, die im Emerson College, im Centre oder in einer der anderen Ausbildungsstätten hier in der Umgebung studieren. Aber die Mehrheit der Teilnehmer kommt aus anderen Orten Englands oder aus dem Ausland, und es ist keine Ausnahme, daß jemand alleine nur für diesen Workshop aus Finnland, Paris oder Israel anfliegt.

Im Centre-Garten

C.P.: Demzufolge muß dieses innere Anliegen sehr massiv sein, damit die Menschen solch eine Anstrengung unternehmen, um für ein Wochenende nach England zu fliegen und dort an einem Workshop teilzunehmen! Kannst Du etwas über diese dringenden Beweggründe erzählen, die jemand haben kann?

T. Voors: Die Motive, die jeder einzelne hat, sind einmalig. Zum Beispiel kann jemand hierherkommen, weil er von einem Freund gehört hat, der diese Biographiearbeit kennenlernen konnte und ihn nun über Wichtigkeit und Wert eines solchen Wochenendes begeistert hat. Es gibt auch Menschen, die schon seit Jahren über diese Arbeit gehört haben und immer kommen wollten, aber niemals die Gelegenheit dazu hatten. Zum Beispiel erinnere ich mich an einen Theaterleiter aus Israel, der Ende der siebziger Jahre einen Vortrag über die Lebensphasen hörte. Er war davon so angeregt, daß er sofort wußte: "Ich möchte mehr darüber erfahren." Er wußte von Anthroposophie überhaupt gar nichts. In den achtziger Jahren hörte er dann von diesem Ort hier in England, wo man zu dem Thema "Biographie", vor allem aus dem eigenen Erleben heraus, mehr erfahren kann. Und so erschien er dann hier, wollte an seiner eigenen Biographie arbeiten und über die Entwicklung des Menschen mehr erfahren.

C.P.: Das Interesse, das die Menschen hierherführt, ist zunächst also nicht auf die Anthroposophie gerichtet, sondern es sind ganz persönliche und existentielle Fragen?

Wieder den Kontakt zu sich selbst finden

T. Voors: Manche haben eine mehr oder weniger lange Zeit Anthroposophie studiert, andere wissen überhaupt nichts davon. Zum Beispiel gibt es eine Hausfrau, die das Bedürfnis hat, endlich einmal aus all ihren alltäglichen Arbeiten einen Schritt zur Seite zu gehen und auf ihr eigenes Leben zu schauen. Sie kümmerte sich den ganzen Tag nur um andere, tat das, was von ihr verlangt wurde, und nun wollte sie einmal wieder auf ihr Leben schauen und erfahren: "Wer bin denn eigentlich ich in all dieser Arbeit?" Sie möchte wieder einen Kontakt zu sich selbst finden.

Im Leben einer anderen Frau waren zum Beispiel in relativ kurzer Zeit mehrere Menschen gestorben, zu denen sie eine enge Verbindung hatte. So war ihr Anliegen: "Welche Beziehung habe ich zu diesen Verstorbenen? Warum war es in meinem Leben nötig, daß so schnell alle um mich herum gestorben sind?" Ein Mann, ein erfolgreicher Geschäftsinhaber, war mit all der äußeren Aktivität in seinem Leben nicht befriedigt. Er fragte sich: "Ist es noch richtig, daß ich diese Arbeit fortführe, oder soll ich eine andere Tätigkeit ergreifen? Ist es eine innere Entwicklung, die für mich ansteht, und kann ich trotzdem meinen Arbeitsplatz behalten?"

C.P.: Das sind nun Anliegen, die jeden ganz persönlich interessieren. Gibt es auch Menschen, die zum Beispiel einen allgemeinen Überblick über das Leben haben wollen, weil sie vielleicht sechzig oder siebzig Jahre alt sind; die also ein mehr allgemeines philosophisches, vielleicht geisteswissenschaftliches Erkenntnisbedürfnis und nicht so sehr ein eigenes Anliegen haben?

T. Voors: Einige Menschen sind wirklich sehr tief an dem Leben an sich interessiert und auch an dem der Mitmenschen, aber nicht so sehr nur an ihrem eigenen. Sie wollen wissen, wie das menschliche Leben verläuft, welche Gesetzmäßigkeiten dahinterstehen und wie Entwicklung vor sich geht. Ältere Menschen zum Beispiel, die mit einem großen Abstand ihr eigenes Leben betrachten, haben nicht so sehr das Bedürfnis, viel über sich selbst zu erzählen, sondern sie haben ein tiefes Interesse daran, was andere Menschen erleben und was sie an Erfahrungen mitzuteilen haben.

C.P.: Wie ist denn diese Biographiearbeit entstanden? Wann war das, wer waren die Begründer und was war der ursprüngliche Impuls?

T. Voors: Der erste Biographieworkshop fand 1975 statt, im gleichen Jahr als das Centre for Social Development gegründet worden ist. Coen und Djobs van Houten, die das Centre for Social Development zusammen mit Christopher Schaefer gegründet haben, waren durch die jahrelange Zusammenarbeit mit Bernard Lievegoed inspiriert. Bernard Lievegoed hat viel zu Fragen der Entwicklung beigetragen, vor allem der des Menschen, vom Kind und auch von dem Erwachsenen. Coen und Djobs van Houten suchten damals nach einer Form, in der die Menschen ihr eigenes Leben studieren könnten.

Zwischen 1975 und 1979 wurden so die ersten Biographieworkshops angekündigt, aber es kamen zuerst nur wenige Teilnehmer. In einem der ersten Workshops waren zum Beispiel nur fünf Teilnehmer und vier Mitarbeiter. Aber so fängt diese Arbeit nun einmal meistens an! Das Interesse der Besucher wuchs allmählich. Coen und Djobs arbeiteten damals mit dem Konzept "Vergangenheit, Gegenwart, Zukunft". Es wurde ein Bild der eigenen Vergangenheit aufgebaut und bis in die Gegenwart hinein mit der Frage vervollständigt: Kann ich dieses Leben wirklich als mein eigenes annehmen, und welche Herausforderungen kommen von der Zukunft an mich heran?

C.P.: Und wann begann dann Deine Arbeit? Mit welchen Impulsen bist Du hineingegangen?

T. Voors: 1977 kam ich zum Centre und nahm selbst an einem Workshop teil. Und dann 1979, ich erinnere mich daran noch sehr deutlich, war ich verantwortlich, solch einen Workshop selbst zu gestalten. Ich hatte eine sehr starke Intuition, wie ich diesen Workshop gestalten und verändern wollte. Es ist einer der speziellen Momente im Leben, wo man dasitzt, seine Arbeit vorbereitet und plötzlich ganz genau weiß, was man zu tun und wie es auszusehen hat. Innerhalb einer Viertelstunde schrieb ich die ganze Form auf, wie der Biographieworkshop zu gestalten sei und wie wir ihn heute, nach elf Jahren, immer noch fortführen.

C.P.: Also eine richtige Intuition?

T. Voors: Ja, das war wirklich ein außergewöhnlicher Moment, wenn ich jetzt zurückschaue! Mir offenbarte sich diese archetypische Form des Biographieworkshops, und ich hatte sofort das Gefühl: Genau! Das ist richtig! Und andere bestätigten mir das und sagten: "Jawohl, genau das ist der Weg, wie es nun weitergehen wird!"

C.P.: Warum war Dir diese Aufgabe so nahe und warum von solch einer persönlichen Intensität? Gab es auch äußere Umstände, die diesen plötzlichen Einsichtsmoment verstärkt haben?

T. Voors: Diese "Eingebung" hatte eine ganze Anzahl an Vorbereitungen. Zunächst einmal war das die Zeit in Holland, in der ich mit einem Kollegen über das Thema "Lebensphasen" zusammengearbeitet habe, vor allem über die Zeit von der Geburt bis zum 21. Lebensjahr; wie zum Beispiel im ersten Jahrsiebt das Kind heranwächst und seinen physischen Leib ausbildet, und wie sich dann im zweiten Jahrsiebt der Ätherleib ausbildet, anschließend dann der Astralleib. So stieß ich dann darauf, daß man, wenn man als Erwachsener auf sein Leben zurückschauen will, genau darauf achten muß, wie man in den ersten 21 Jahren seines Lebens geformt worden ist. In diesen ersten 21 Jahren bekommt man sozusagen das Instrument, mit dem man dann weiterhin in seinem Leben arbeitet.

Die Notwendigkeit des Antisozialen

C.P.: Heißt das, daß man sozusagen ein Instrument bekommen hat, nämlich sich selbst - so wie man jetzt mit 21 Jahren dasteht -, aber daß nun die Selbsterziehung beginnt?

T. Voors: Man kann es auch in dieses Bild bringen: Du hast nun ein Instrument, und nach 21 Jahren kommt es darauf an, mit diesem Instrument zu spielen. Du übst damit, Du gehst damit um. Welche Töne bringst Du da heraus, wie ist der Klang, wie sind die Farben dieses Instrumentes, wie entsteht eine Melodie und wie stimmst Du Dein Instrument? So sind die Übungen im Workshop bis zu dem Alter von 21 Jahren darauf angelegt zu verdeutlichen, wie der Mensch durch seine Umwelt und seine Umgebung geformt worden ist.

Eine zweite Quelle für mich war eine Arbeitsgruppe mit Studenten, in der wir Rudolf Steiners Vortrg "Soziale und antisoziale Triebe im Menschen" (Bern 12.12.1918, in GA 186) miteinander studierten. In diesem Vortrag führt er aus, daß die antisozialen Triebe in unserer heutigen Zeit immer stärker und stärker werden. Und das ist sogar notwendig, damit jeder Mensch sich heute voll zu seiner eigenen Individualität entwickelt, seine Bewußtseinsseele entfaltet und Verantwortung für seine Gefühle, seine Gedanken und seine Handlungen übernimmt.

C.P.: So ist also das, was man heute mit dem Schlagwort Selbstverwirklichung bezeichnet, nötig und völlig berechtigt?

T. Voors: Ja, Rudolf Steiner macht sogar die Bemerkung, daß das, was man heute an Selbstverwirklichung, und damit auch an Egoismus, entwickelt, über die nächsten tausend Jahre anwachsen wird. Man kann ja auch in der westlichen Welt beobachten, daß die Menschen sich immer mehr und mehr individualisieren, damit gleichzeitig aber auch isolieren und immer weniger Verständnis für den anderen haben. Das führt dann dazu, daß man immer mehr für sich lebt, immer weniger Interesse am Mitmenschen hat und daß langsam das ganze soziale Netz zusammenfallen wird.

C.P.: Das Interessante ist nun aber, daß Rudolf Steiner nicht sagt: Hört mit diesen antisozialen Trieben auf, werdet wieder moralischer. Sondern er beläßt diese antisozialen Triebe und setzt ihnen eine neue und andere Qualität entgegen, die diese antisozialen Neigungen ausgleicht (siehe Rudolf Steiner: Die soziale Grundforderung unserer Zeit - In geänderter Zeitlage. GA 186, Dornach 1963, 12.12.1918, S.158 ff.).

T. Voors: Ja, je mehr diese antisozialen Triebe sich ausweiten, desto mehr ersterben im Menschen die sozialen Instinkte. Und wenn wir die Gesellschaft wieder in ein Gleichgewicht bringen wollen, müssen wir in unserer Seele die sozialen Kräfte erneut auferwecken. Das geht aber nicht so, daß man passiv wartet und glaubt, jetzt werde alles wieder von ganz alleine gut. Es gibt in jedem Menschen ein Bestreben, die eigene Selbstsucht und Selbstbezogenheit zu überwinden und wieder mit anderen Menschen in Verbindung zu kommen, und dieses Streben ist das Interesse, das wir anderen Menschen entgegenbringen. Mit diesem Interesse können wir heilend wirken.

C.P.: Aber das kommt ja - wie gesagt - nicht von alleine. Es ist eine Qualität, die erübt werden muß.

T. Voors: In dem gleichen Vortrag gibt Rudolf Steiner dann an, wie diese sozialen Kräfte erweckt werden können: indem man nämlich auf eine bestimmte Art und Weise seine eigene Biographie studiert. Und zwar nicht so, daß man sich nur über sich selbst bewußt wird, sondern daß man allmählich lernt, sich den anderen Menschen bildhaft vorzustellen. Wenn man das immer wieder übt, erreicht man eine Fähigkeit, die Rudolf Steiner als *imaginatives Vermögen* bezeichnet.

Die Arbeit an der eigenen Biographie ist eine soziale Handlung für andere Menschen

C.P.: Willst Du damit sagen, daß Biographiearbeit in erster Linie nicht etwas für mich selbst ist, sondern eine soziale Handlung für andere Menschen?

T. Voors: Ich würde sagen, als ein bewußter, heutzutage lebender Mensch muß man über sein eigenes Leben nachdenken und mit Fragen umgehen, warum zum Beispiel bestimmte Ereignisse, Krisen, Themen immer wieder auftauchen und welche Botschaften und Herausforderungen sich dahinter verbergen.

Frühlingsfest

C.P.: Ich gehe also erst einmal mit meiner eigenen Biographie um, und durch dieses Studium entwickle ich Fähigkeiten und Wahrnehmungen. Dadurch wird sozusagen meine eigene Biographie zu einem Instrument, mit dem ich dann andere und das soziale Leben im allgemeinen besser verstehen und handhaben kann.

T. Voors: Das ist die andere Seite, die genauso zur Bewußtseinsseelenzeit dazugehört wie die Selbsterkenntnis.

Rudolf Steiner spricht auch davon, daß man, wenn man dieses Interesse an den anderen Menschen entfaltet und in der Vergangenheit geübt hat, für die gegenwärtigen Begegnungen ein bildhaftes Verstehen des anderen Menschen erübt. Und dieses ist als soziale Fähigkeit von höchster Bedeutung, daß man nämlich in der Gegenwart in jedem Moment der Begegnung mit dem anderen Menschen wach ist. Dann leben wir nicht nur unsere Vergangenheit aus, sondern begegnen dem anderen so wie er jetzt wirklich ist. Und dann können Schicksalskräfte in die Begegnung hineinfließen.

C.P.: So verhilft einem die Biographiearbeit, als eine Bewältigung der Vergangenheit, für die Gegenwart realitätsgemäßer, offener zu sein, um das Schicksal dann auch wirken lassen zu können?

T. Voors: Ja, das ist so. Aber es ist noch einmal wichtig zu betonen, daß es diese spezielle Übung ist, die solche Fähigkeiten hervorruft, und nicht alleine nur irgendein Betrachten der Vergangenheit.

C.P.: Wie habt Ihr denn nun diesen Vortrag von Rudolf Steiner bzw. diese Übungen als Methode in die Biographieworkshops eingebaut?

T. Voors: Der Vortrag hat in mir folgendes angeregt: Normalerweise betrachtet man seine Vergangenheit immer unter dem Gesichtspunkt seiner selbst: Was hat *mir* das gegeben, was habe *ich* darin erlebt, was hat *mir* das gebracht? Und genau das sollen nicht die Fragen sein, sondern vielmehr die, was die anderen Menschen zu meinem Leben hinzugefügt haben. Also: Was schulde ich meinen Freunden, meinen Lehrern, meinen Kollegen? Wer wäre ich, wenn ich diese Menschen nicht getroffen hätte? Dabei soll man nicht nur auf die Menschen zurückblicken, mit denen man Angenehmes und Positives erlebt hat, sondern gerade auf diejenigen, die einen verletzt haben, mit denen man sogar eine schreckliche Zeit verbracht hat, und auch auf diejenigen, die einen gehindert haben.

Den anderen Menschen seelisch in sich auferstehen lassen

Rudolf Steiner beschreibt weiterhin, daß es hilfreich ist, sich diese Situation wieder lebendig vorzustellen, aber nicht so, wie sie mir gefallen hat oder nicht gefallen hat, sondern man soll ganz exakt beschreiben, wie sich diese Situation um einen herum entfaltet hat. Also das darstellen, was zu einem bestimmten Zeitpunkt außerhalb von mir war und dann zu einem Teil von mir geworden ist und heute noch in mir lebt, aber oft völlig unbewußt. Man tritt sozusagen einen Schritt zurück, betrachtet dieses Äußere der Vergangenheit und befreit sich dadurch ein Stück von der eigenen Vergangenheit. Man *objektiviert* diese Ereignisse. Rudolf Steiner beschreibt das so:

"Dieses Hereintreten von vielen Menschen in unser Leben, das betrachten wir heute doch zumeist so, daß wir unsere eigene Person auch in den Mittelpunkt unserer

Lebensrückschau stellen. Was haben wir gehabt von dieser oder jener Person, die in unser Leben eingetreten ist? Das fragen wir uns ganz empfindungsgemäß. Das ist gerade etwas, was wir bekämpfen sollten. Wir sollten versuchen, im Bilde auftauchen zu lassen vor unserer Seele die Personen, die als Lehrer, Freunde, sonstige Förderer in unser Leben eingriffen, oder solche Personen, die uns geschädigt haben und denen wir von gewissen Gesichtspunkten aus manchmal mehr verdanken als jenen, die uns genützt haben. Diese Bilder sollten wir vor unserer Seele vorüberziehen lassen, uns ganz lebendig vorstellen, was jeder an unserer Seite für uns getan hat. Und wir werden sehen, wenn wir auf diese Weise verfahren, daß wir allmählich uns selber vergessen lernen, daß wir finden, wie eigentlich fast alles, was an uns ist, gar nicht da sein könnte, wenn nicht diese oder jene Personen fördernd oder lehrend oder sonst irgendwie in unser Leben eingegriffen hätten. Dann erst, namentlich wenn wir zurückschauen auf länger vergangene Jahre und auf die Personen, mit denen wir vielleicht nicht mehr in Beziehung stehen, denen gegenüber wir leichter zur Objektivität kommen, wird sich uns zeigen, wie die seelische Substanz unseres Lebens aufgesogen wird von dem, was auf uns Einfluß genommen hat. Unser Blick erweitert sich über eine Schar, die im Laufe der Zeit an uns vorübergegangen ist. Wenn wir versuchen, Sinn dafür zu entwickeln, wieviel wir zu danken haben der einen oder der anderen Person, versuchen, in dieser Weise uns selber im Spiegel derjenigen zu sehen, die im Laufe der Zeit auf uns gewirkt haben und mit uns zusammen waren, dann löst sich allmählich - wir werden das erfahren können - ein Sinn von uns los, der im folgenden besteht: Weil wir uns geübt haben, Bilder von in der Vergangenheit mit uns zusammenhängenden Persönlichkeiten zu finden, so löst sich von unserer Seele ein Sinn los, nun auch dem Menschen gegenüber zu einem Bilde zu kommen, dem wir in der Gegenwart gegenübertreten, dem wir dann von Angesicht zu Angesicht in der Gegenwart gegenüberstehen. Und das ist das ungeheuer Wichtige, daß in uns der Trieb erwacht, nicht bloß den Menschen, wenn wir ihm gegenüberstehen, nach Sympathien und Antipathien zu empfinden, nicht bloß in uns den Trieb erwachen zu lassen, irgend etwas am Menschen zu lieben oder zu hassen, sondern ein liebe- und haßfreies Bild, wie der Mensch ist, in uns zu erwecken. Sie werden vielleicht nicht empfinden, daß das, was ich jetzt sage, etwas ungeheuer Wichtiges ist. Es ist etwas Wichtiges. Denn diese Fähigkeit, ohne Haß und Liebe ein Bild des anderen Menschen in sich gegenwärtig zu machen, den anderen Menschen seelisch in sich auferstehen zu lassen, das ist eine Eigenschaft, die mit jeder Woche in der Entwickelung der Menschen, ich möchte sagen, mehr oder weniger dahinschwindet, das ist etwas, was die Menschen nach und nach ganz verlieren. Sie gehen aneinander vorbei, ohne daß der Trieb in ihnen erwacht, den anderen Menschen in sich auferwachen zu lassen. Das ist aber etwas, was bewußt gepflegt werden muß. Das ist etwas, was auch in die Kinder- und Schulpädagogik einziehen muß: diese Fähigkeit, am Menschen das imaginative Vermögen zu entwickeln. Denn am Menschen können wir zunächst wirklich das imaginative Vermögen entwickeln, wenn wir uns nicht scheuen, statt dessen, was heute in den Sensationen des Lebens angestrebt wird, still in uns selbst jene Rückschau zu machen, die uns die vergangenen Beziehungen zu den Menschen vor die Seele stellt. Dann werden wir auch in die Lage kommen, imaginativ uns zu verhalten zu den Menschen, die in der Gegenwart uns gegenübertreten. Dann stellen wir den sozialen Trieb dem entgegen, was sich ganz notwendig und unbewußt immer mehr entwickelt: dem antisozialen Trieb. Das ist das eine.

Das andere ist etwas, was mit dieser Rückschau der Beziehungen zu Personen verknüpft werden kann: daß wir versuchen, uns selber immer objektiver zu werden. Da müssen wir wiederum in frühere Zeiten zurückgehen. Da können wir aber, ich möchte sagen, direkt losgehen auf die Tatsachen selbst, zum Beispiel darüber nachdenken, wenn Sie, sagen wir, dreißig, vierzig Jahre alt sind: Ja, wie war es denn damals, als ich zehn Jahre alt war? Ich will mich zuerst einmal so ganz in der Situation drinnen vorstellen, ich will mich so vorstellen, wie wenn ich einen anderen zehnjährigen Jungen oder ein zehnjähriges Mädchen mir vorstelle; ich will einmal vergessen, daß ich das gewesen bin, ich will mich wirklich bemühen, mich zu verobjektivieren. Dieses Sich-Verobjektivieren, dieses sich in der Gegenwart loslösen von seiner Vergangenheit, dieses Herausschälen des Ich aus seinen Erlebnissen, das müssen wir in der Gegenwart besonders anstreben; denn die Gegenwart hat die Tendenz, das Ich immer mehr und mehr zu verknüpfen mit den Erlebnissen. Heute will der Mensch ganz instinktiv das sein, was ihm seine Erlebnisse geben. (...)

Sich selbst verobjektivieren

Und so handelt es sich darum, daß wir uns gerade zu dieser Fähigkeit hinordnen dadurch, daß wir uns verobjektivieren, daß wir uns diesen Kerl oder diese Kerlin so vorstellen, als wenn es ein uns fremdes Wesen in früheren Lebensaltern wäre, uns immer mehr bemühen, loszukommen von den Erlebnissen, immer weniger und weniger als Dreißigjähriger noch so zu sein, daß eigentlich nur die Impulse des Zehnjährigen noch nachspuken. Uns loslösen von unserer Vergangenheit, das ist nicht etwas, was unsere Vergangenheit verleugnen heißt - wir gewinnen sie auf andere Weise wiederum zurück; aber das ist etwas, was ungeheuer wichtig ist. Also auf der einen Seite pflegen wir bewußt den sozialen Trieb, den sozialen Impuls, indem wir uns die Imaginationen für den Menschen der Gegenwart verschaffen dadurch, daß wir auf die Menschen, die in der Vergangenheit in Beziehung mit uns gewesen sind, hinsehen und uns selber seelisch wie das Produkt dieser Menschen ansehen. Auf der anderen Seite gewinnen wir durch unsere Verobjektivierung die Möglichkeit, direkt die Imagination von uns selbst zu entwickeln. Diese Verobjektivierung in frühere Zeiten nützt uns dann, wenn sie nicht unbewußt in uns wirkt. Denken Sie nur: Wenn unbewußt der zehnjährige Kerl oder die zehnjährige Kerlin in Ihnen weiterwirkt, so sind Sie, der Dreißigjährige oder Vierzigjährige, vermehrt um den Zehnjährigen; aber Sie sind auch vermehrt um den Elf-, Zwölfjährigen und so weiter. Der Egoismus ist ungeheuer potenziert. Er wird immer geringer und geringer, wenn Sie das Frühere von sich absondern, wenn Sie es verobjektivieren, wenn es mehr Gegenstand wird. Das ist das, was bedeutungsvoll ist, was wir ins Auge fassen müssen." (Rudolf Steiner: Die soziale Grundforderung unserer Zeit - In geänderter Zeitlage. GA 186, Dornach 1963, 12.12.1918, S.170 ff.)

Was war um mich herum?

Ich nenne einmal ein Beispiel: Im ersten Jahrsiebt war man umgeben von Menschen: Eltern, Großeltern, Geschwister und andere Verwandte. Manche hatten mehr, manche weniger Menschen um sich. Man lebte in einem bestimmten Haus, in einer bestimmten Umgebung. So fragen wir dann im Biographieworkshop: Kannst Du das Haus beschreiben, in dem Du im Alter von fünf/sechs Jahren aufgewachsen bist? Beschreibe die Zimmer, diese Wohnung, den Garten, die Straße. War viel Lärm da, oder war es ganz leise? Gab es Tiere? Hast Du noch einen bestimmten Geruch in Erinnerung? Was war der Mittelpunkt dieses Hauses? Erinnerst Du Dich noch an Dein eigenes Zimmer, an Deine Spielsachen, an die Farben, sogar an die Tapeten? Weißt Du noch, wie der Wind nachts draußen wehte oder wie der Mond schien? Womit hast Du gespielt, mit Tieren, mehr mit Menschen oder mit Spielsachen? Hast Du geheime Verstecke gehabt, zu denen Du manchmal hingeschlichen bist?

Wir bitten dann die Teilnehmer, sich noch einmal in diese Situation hineinzuversetzen und sie den anderen so zu beschreiben, daß sie dann auf einmal auch dieses Haus sehen können oder riechen, wie die Großmutter in der Küche gebacken hat. Die Beschreibungen sollten so lebendig werden, daß die anderen Gruppenteilnehmer sagen können: Ja, das erlebe ich auch so, das kann ich so auch sehen. Das entsteht aber nicht, wenn man fortwährend davon erzählt, was man nicht leiden konnte, welche Spielsachen man langweilig fand, daß man seine Großmutter nicht ausstehen konnte usw. So entstehen nämlich keine Bilder, weder für einen selbst noch für die anderen. Nicht einmal ich selbst kann dann sehen, was wirklich um mich herum gewesen ist, sondern erlebe nur meine eigenen Gefühle.

C.P.: Es gibt aber doch auch einige Menschen, die sich nicht mehr an ihre Kindheit erinnern können.

T. Voors: Es passiert immer wieder, daß sich einige Teilnehmer nicht so lebhaft an ihre Kindheit erinnern können, sie haben nur noch vage Bilder. Aber oft, wenn dann die anderen der Gruppe mit Erzählungen anfangen, kommen ihre eigenen Erinnerungen langsam wieder hoch. Vielleicht werden nicht die Details lebendig, aber ganz bestimmt taucht einiges von dem Haus, in dem man gewohnt hat, wieder auf. Und mit dieser Arbeit beginnt ein Prozeß, daß nämlich immer mehr Erinnerungen auftauchen. Gerade indem man anderen zuhört oder indem man sich diese Bilder noch einmal nachts vor dem Einschlafen hervorruft, fängt etwas in einem an zu arbeiten und verschiedenste Erinnerungen steigen wieder auf.

C.P.: Alles, was Du jetzt geschildert hast - das Aussehen des Hauses, die Gerüche, die Farben, die Gegenstände, alles, was man anfassen kann -, sind Sinneseindrücke. Im ersten Jahrsiebt wirken sich die Sinneseindrücke auf den physischen Leib des Kindes prägend aus. Wenn man sich nun all diese formenden und bildenden Eindrücke bewußt gemacht hat, weiß man dann Genaueres und Spezielleres über die eigene physische Beschaffenheit?

T. Voors: Das ist nicht die Frage, die man sich zu diesem Zeitpunkt des Biographieworkshops stellen soll. Das ist nur der erste Teil der Gesamtheit, die man sich in den folgenden drei Tagen erarbeitet. Es geht dann zum Beispiel weiter mit der Frage: Wie hat man die Schulzeit erlebt? Wie hat man die häusliche Umgebung erlebt unter dem Aspekt der Tradition, der Gepflogenheiten, Ordnungen, Rhythmen? Was gab es an Festen, welche Höhepunkte bestimmten den Tageslauf, den Jahreslauf? Auf der einen Seite betrachtet man Regeln und Gebote, auf der anderen Seite die Gestaltung der Zeit und des Rhythmus. Das sind die prägenden Elemente für das Kind im Alter von 7 bis 14 Jahren.

C.P.: Warum stellst Du ausgerechnet diese Fragen für eine Phase, in der das Ätherische gebildet wird?

T. Voors: Weil die Formkräfte in dieser Zeit auf der einen Seite durch Rhythmen und Lebensstil wirken. Auf der anderen Seite sind es Autoritäten, die das Kind in diesem Jahrsiebt prägen. Die Teilnehmer werden dann wieder gebeten, unter diesen zwei genannten Gesichtspunkten Ereignisse, die das Leben in dieser Zeit geprägt haben, darzustellen. Auch diese Bilder läßt man dann wieder einfach auf sich wirken.

C.P.: Es dreht sich also nicht darum, speziell anzuschauen, wie mein Physisches gebildet worden ist, wie sich mein Ätherisches entwickelt hat, sondern es kommt auf die Gesamtheit der Bilder und auf den Prozeß an.

T. Voors: Manchmal sagen wir den Teilnehmern an diesem Wochenende: "Malt eine Galerie von Bildern mit Euren Lebensgeschichten. Sammelt diese Bilder und fügt im Laufe der Tage immer mehr hinzu. Genauso *malen* die anderen auch ihre Bilder, und in unserer inneren Vorstellung wollen wir diese Bilder sozusagen an die Wand hängen und sie dort belassen. Aber fangt nicht an, diese Bilder irgendwie zu interpretieren! Hört Euch die Beschreibung dieser Lebensbilder an, nehmt sie so an, wie sie ist, beschreibt so verständlich als möglich, und dann laßt es so wie es ist!" Auf diese Weise entsteht mit jeder Erzählung ein ganz eigenes Gemälde, das man dann auch wie ein Kunstwerk betrachten sollte. Welchen Stil hat der *Künstler,* benutzt er immer wieder das gleiche Material, malt er mit Öl, trägt er die Farben kräftig auf oder zeichnet er mit feinen und zarten Strichen? Was ist die Stimmung auf dem Gemälde, welches Motiv kommt immer wieder hervor?

Rhythmen, Regeln und Gebote

C.P.: Laß uns noch einmal auf die zweite Übung eingehen. Für das Alter von 7 bis 14 Jahren erzählt jeder Teilnehmer Erinnerungen aus seinem Leben, wie er durch Rhythmen, Regeln und Gebote geprägt wurde. Was wurde von ihm erwartet? Was mußte er tun? Vielleicht gab es auch Regeln, die unausgesprochen erwartet wurden. Wie trat das Thema "Autorität" in seinem Leben auf? Was gehörte sich, und was wurde an Ordnung verlangt? Auf der anderen Seite steht die Frage nach der Gestaltung der Zeit: Wie war der Tagesablauf geregelt, der Wochenablauf, das Jahr? Was wiederholte sich, wann gab es Höhepunkte, Feste, vielleicht einen Geburtstag, vielleicht ein besonders gestaltetes Weihnachtsfest, einen unvergeßlichen Sonntagsausflug oder einen bestimmten Urlaubsort?

T. Voors: Jeder beschreibt eine Viertelstunde Erinnerungen zu diesen speziellen Themen. Anschließend fragen wir dann die Teilnehmer: "Und wieweit leben diese Regeln, Sitten, Gebräuche heute noch in Euch? Wie geht Ihr heute mit Regeln, Geboten und Autoritäten um? Macht Ihr immer noch dasselbe wie in Eurer Kindheit oder vielleicht das exakte Gegenteil davon, weil Ihr das in Eurer Kindheit nicht leiden mochtet? Überdenkt auch die Frage, wie Ihr Eure Zeit und Rhythmen heute gestaltet. Wollt Ihr das weiterhin so beibehalten, oder möchtet Ihr in Eurem Leben etwas ändern, dem Leben eine neue Qualität verleihen?"

C.P.: Wie ist demgegenüber die Übung für das Alter von 14 bis 21 Jahren?

T. Voors: In dieser Zeit hat sich natürlich wieder sehr viel ereignet, aber wir haben einen bestimmten Aspekt herausgesucht. Der bezieht sich auf die Frage der Menschenbegegnung, wie sie in dem Vortrag von Rudolf Steiner, “Soziale und antisoziale Triebe im Menschen”, beschrieben worden ist. Man betrachtet einen Menschen, der einen in der Zeit mit ca. 18 Jahren beeinflußt hat. Dieser Mensch soll ganz exakt und im Detail, in seiner körperlichen und äußerlichen Erscheinung, beschrieben werden. “Kannst Du den Klang seiner Stimme erinnern, seine Bewegungen, kannst Du auch die Worte, die Sätze und die Handlungen ganz detailliert beschreiben, so wie sie damals waren?” Erst nachdem diese Person genau geschildert worden ist, und auch das äußere Umfeld der damaligen Situation, überlegt man, wie dieser Mensch einen selbst beeinflußt hat.

C.P.: Das kann einerseits ein Mensch sein, mit dem ich eine angenehme Begegnung hatte, jemand, der mich gefördert hat. Auf der anderen Seite kann das auch jemand sein, der mir geschadet oder mich gehindert hat. Kannst Du Beispiele für solche Begegnungen nennen?

T. Voors: Ich erinnere mich zum Beispiel an eine Dame, die im Alter von 18 Jahren die Schule beendet hatte und dann vorübergehend in einem Job arbeitete. Sie mußte dort mit jemandem zusammenarbeiten, der ein altes Haus renovierte. Das war ein alter Maurer, der wirklich die Kunst des Mauerns verstand. Sie konnte ganz detailliert beschreiben, wie dieser alte Maurer mit großer Sorgfalt die Steine aufeinanderlegte, sie liebevoll hinrückte, so daß die frühere Schönheit dieses alten Hauses wieder neu erstehen konnte. Am meisten war die Dame von den Händen dieses Maurers beeindruckt, mit welcher Liebe er mit den Steinen und dem Material arbeitete. Diese Erinnerung blieb in ihr wach. Diese Dame wurde dann Lehrerin, und immer, wenn sie mit den Kindern zusammenarbeitete, etwas vorbereitete, stieg in ihr das Bild dieses Maurers auf und die Sorgfalt und Liebe, mit der er mit den Dingen umgegangen ist. Hier entstand in diesen vier Wochen Arbeit im Zusammensein mit diesem Maurer in der Lehrerin eine Sorgfalt und Liebe zu den Gegenständen und Materialien in ihrer Umwelt.

Wenn mir jemand geschadet hat

C.P.: Dies ist nun ein Mensch, der einem etwas Schönes mitgegeben hat und an den man sich gerne erinnert. Wie verhält es sich nun aber mit schmerzhaften Ereignissen?

T. Voors: Ich erinnere mich selbst an ein Erlebnis aus meinem Leben. Ungefähr in diesem Alter schaute ich mich nach einer neuen Arbeitsstelle um. Ich führte dreimal ein Gespräch mit jemandem, und es sah wirklich so aus, als sei diese Arbeitsstelle mein zukünftiger Platz, und alles schien in bester Ordnung. Ich mußte noch einen Test machen. Nach diesem Test rief mich eine Frau an und teilte mir mit, daß ich diese Arbeit nicht beginnen könnte. Ich war völlig entsetzt und durcheinander. Lange Zeit hatte ich mich vorbereitet, meinen Arbeitsplatz und den Beruf zu wechseln. Auch war ich mir ganz sicher, mit diesen Menschen dort zusammenarbeiten zu können. Ich hatte mich lange mit ihnen ausgetauscht, viel Zeit dafür aufgewandt, und als das nun alles nicht klappte, verfiel ich in eine Depression. Ich dachte: “Soll ich denn alles ändern, vielleicht ist es völlig egal, was ich mache.” Ich verlor meine Orientierung.

In dieser Zeit hatte ich eine andere Begegnung mit einem Menschen und erzählte alles, was mir passiert war und wie es mir ging. Er empfahl mir dann, wiederum mit einem anderen Menschen über dieses Thema zu sprechen. Das tat ich dann auch, und dadurch entwickelte ich eine völlig neue Richtung in meinem Leben. Auf der einen Seite war in dieser Situation die Verzweiflung, auf der anderen Seite - wenn ich zurückschaue - brachte dieses Gespräch eine völlig neue Wendung in meinem Leben. Mir wurde dadurch eine Tür für weitere Schritte geöffnet, die von enormer Bedeutung waren.

C.P.: Das ist eine Begegnung mit einem Menschen, der Deinen Weg geändert hat. Du konntest in relativ kurzer Zeit die positive Wendung in Deinem Leben erkennen und insofern dann leicht ein Gefühl der Dankbarkeit für Menschen, die Dir Steine in den Weg gelegt haben, entwickeln. Es gibt aber, und gerade in diesem Alter ist man besonders empfindsam dafür, Menschenbegegnungen, bei denen der andere wirklich gemein, zerstörend oder ungerecht gehandelt hat. Ich denke da zum Beispiel an einen Lehrer in der Schule, der sich objektiv betrachtet wirklich völlig unpädagogisch verhält, die Kinder bestraft, gehässige Bemerkungen macht und so das Selbstbewußtsein eines Jugendlichen sehr beeinträchtigen kann oder die Suche nach Idealen oder Orientierungen zerstört. Wie kann ich einem solchen Menschen etwas verdanken? Wie kann ich überhaupt dahin kommen, diesen Menschen ohne Ablehnung oder Wut zu betrachten?

T. Voors: Es ist oft nicht möglich, sofort zu wissen, was man diesem Menschen zu verdanken hat, oder welche Stärken und Fähigkeiten durch die Begegnung mit diesem Menschen in einem wachgeworden sind. Aber schon alleine, wenn man damit beginnt, diesen Menschen ganz exakt und detailliert zu beschreiben - wie er ausgesehen hat, wie er gehandelt hat, was er gesagt hat -, kann das zum ersten Mal helfen, darauf hinzuschauen, was tatsächlich im Äußeren passiert ist, und nicht, was meine Gefühle dabei sagen. Und wenn man dies nun öfters übt, merkt man langsam: Ja, einerseits war diese Zeit schrecklich, aber andererseits habe ich damals bestimmte Fähigkeiten entwickelt. Vielleicht gelingt es mir seitdem, nicht immer ärgerlich zu reagieren, sondern in mir selbst zu ruhen und auf eigenen Füßen zu stehen. Es kann aber auch sein, daß dieser Mensch noch so intensiv in einem lebendig ist, daß man immer, wenn man jemanden trifft, der ihm ähnlich ist, auf die gleiche Weise reagiert wie früher. Aber jetzt, nachdem ich das erkannt habe, kann ich beginnen, daran zu arbeiten.

Man betrachtet die Vergangenheit ohne jegliches Urteil

C.P.: Das bedeutet also, daß man seine Vergangenheit ohne jegliches Urteil betrachtet, nicht danach fragt, ob dieses gut oder jenes böse, moralisch oder ungerechtfertigt gewesen ist. Die Menschen und die Tatsachen bleiben so wie sie sind, und ich betrachte lediglich, was diese Menschen meinem Leben hinzugefügt haben und welche Qualitäten ich daran entwickelt habe.

T. Voors: Ich lerne anzuschauen, was mir ermöglicht wurde, woran ich gehindert wurde und welche Herausforderungen immer wieder auf mich zugekommen sind. Und wenn ich jetzt auf ähnliche Ereignisse oder ähnliche Begegnungen stoße, ist es für mich leichter, nicht wieder auf die gleiche Weise zu reagieren, sondern einen Schritt zur Seite zu treten und dann auf eine mehr aufrichtige und selbstbestimmte Weise zu handeln.

C.P.: Und welche Übungen macht Ihr mit den Menschen für die Zeit nach 20 Jahren?

T. Voors: Die ganzen bisherigen Aufgaben waren sozusagen eine Vorbereitung, man konnte verstehen, wie das *Instrument* gebildet wurde, und nun stellt sich die Frage: Wie arbeitet man mit diesem *Instrument?* - Als Vorbereitung für den folgenden Tag, an dem die Zeit nach 20 Jahren betrachtet wird, zeichnet jeder eine *Lebenskarte*. Auf dieser Karte werden die äußeren und inneren Ereignisse des eigenen Lebens verzeichnet.

Am Samstag treffen sich dann die Gruppen. Es gibt verschiedene Möglichkeiten, mit dieser Karte weiterzuarbeiten. Man kann zum Beispiel betrachten, wie man in seinem Leben Entscheidungen getroffen hat: "Beschreibe die erste Entscheidung in Deinem Leben, die Du wirklich selbst gefällt hast und zu der Du nicht durch äußere Umstände oder Anordnungen anderer Menschen genötigt worden bist. Wie trafst Du diese Entscheidung? Welche Folgen ergaben sich daraus? Und dann beschreibe noch eine weitere Entscheidung." Wenn man diese Entscheidungen dann genau betrachtet, kann man plötzlich ein Gefühl bekommen, wie sich darin eine bestimmte Geste ausdrückt, wie der Wille und die individuelle Aktivität hervortritt. - Jemand anderes entdeckt vielleicht, daß er mit 40 Jahren zum ersten Mal selbst Entscheidungen getroffen hat. Bis jetzt gehörte es zu seinem Leben, daß immer andere oder die Umstände für ihn entschieden haben.

Eine andere Möglichkeit ist die, daß man die Teilnehmer nach drei Ereignissen fragt, die Wendepunkte in ihrem Leben waren. Es kann auch sein, daß bei jemandem dieser erste Wendepunkt mit 13 Jahren auftrat, vielleicht eine bestimmte Krankheit, die dann das Leben veränderte. Mit 26 Jahren hatte derjenige dann vielleicht wieder eine Krankheit, die ihn noch einmal in eine neue Richtung zwang. Sein dritter Wendepunkt war dann viel später. - Bei jemand anderem zum Beispiel sind drei Wendepunkte ganz dicht nacheinander, kurz nach seinem 21. Lebensjahr.

Die Teilnehmer sind natürlich frei, ihre Ereignisse und Wendepunkte darzustellen, aber wieder auf die gleiche Weise, nämlich lebendig, exakt und detailliert. Es ist während eines Biographieworkshops nicht nötig, alle wichtigen Ereignisse des Lebens oder gar das gesamte Leben zu erzählen. Vielmehr soll man eine Methode lernen und diese üben, um dann weiterhin sein Leben betrachten zu können. Es ist nämlich so, daß sich in jedem Ereignis, das uns trifft, oder in jeder Entscheidung, die wir fällen, etwas von unserem wahren Wesen ausdrückt. Gleichviel, welches Ereignis oder welche Begegnung man auch immer herausgreift, wenn man wirklich exakt beschreibt und damit in die Tiefe geht, zeigt sich darin immer ein Abdruck unseres innersten Wesenskerns.

C.P.: So ist jede Übung wie ein Fenster, durch das man herausschaut, und dann die ganze Landschaft, das ganze Panorama erblickt. Eine Frage, die sich sicherlich jedem nach der ganzen *Vergangenheitsarbeit* aufdrängt, ist die: "Wie geht es denn nun in der Zukunft weiter?" Was gebt Ihr da den Teilnehmern mit?

T. Voors: Während des Seminars teilen wir uns gegenseitig die Erlebnisse der Vergangenheit mit. Schon immer im Anschluß an dieses gegenseitige Erzählen fragen wir dann aber auch: "Wie lebt zum Beispiel dieser Mensch, den Du da getroffen hast, noch weiter in Dir? Betrachtest Du die Welt immer noch aus seinen Augen? Oder reagierst Du heute immer noch auf die gleiche Art und Weise wie in Deinem 15. Lebensjahr? Oder hast Du Dich schon geändert?" Das sind Fragestellungen, die zu einem besseren Verständnis der Gegenwart verhelfen.

C.P.: Das sind dann die Hilfen, die bis zur Gegenwart hinführen! Und wie geht es mit der Zukunft weiter?

T. Voors: Am Samstagabend geben wir den Teilnehmern eine Aufgabe: "Ihr habt jetzt diese Bilder vor Euch, die Ihr während der ganzen letzten Tage aufgenommen habt.

Spricht sich in diesen Bildern etwas aus? Enthalten sie eine Botschaft? Ist etwas darin, das mir mitteilt, warum ich immer wieder die gleichen Menschen treffe oder immer wieder in ähnliche Schwierigkeiten gerate?" Mit diesen Fragen fängt man nun an, zu leben und sich die Lebensbilder anzuschauen. Also: Was sagt mir dieses Leben und an welchen Punkten lädt es mich ein, in der Zukunft bewußter zu werden? Woran habe ich zu arbeiten? Werde ich zu schnell ärgerlich? Muß ich vielleicht lernen, meinen Ärger mehr zurückzuhalten?

Ein anderer Gesichtspunkt ist der, darauf zu schauen, was in einer bestimmten Lebenssituation von mir gefragt ist. Was verlangen meine Kinder, was braucht meine Ehefrau oder mein Ehemann, was sind die Anliegen, die sie haben? Wozu fordern mich andere heraus? Das kann sich auf die Arbeitssituation beziehen oder auf mein Innenleben. Möglicherweise verlangt meine innere Stimme von mir, daß ich mich mit einer bestimmten Frage beschäftige und damit umgehe. Vielleicht habe ich auch schon öfter über die Nebenübungen von Rudolf Steiner gelesen, Menschen haben mir gesagt, daß ich sie mal machen sollte, ich hatte es mir auch schon 26mal vorgenommen, und immer wieder kommen diese Nebenübungen auf mich zu, allerdings nicht nur deswegen, weil es mir andere immerzu sagen, sondern weil ich selbst merke, daß ich etwas gegen meine Zerstreutheit tun muß. Nun ist der Zeitpunkt gekommen, an dem ich endlich mal anfange, diese Übungen selbst durchzuführen. So kann man dann zu praktischen Handlungen und Verbindlichkeiten kommen.

C.P.: Bedeutet das, daß die Menschen am Ende des Workshops zu einer Tat kommen sollen, sich für eine Handlung entscheiden sollen?

T. Voors: Wenn ich die Ziele des Biographieworkshops betrachte, dann steht im Vordergrund, daß die Menschen zu einem Empfinden kommen: "Ja, das ist mein Leben! Es sind meine Fragen, das ist ein Lebensweg, der zu mir gehört und den ich annehmen kann."

Ein neues Verhältnis zum eigenen Leben

C.P.: Also soll man als erstes eine Beziehung zu seinem eigenen Leben bekommen. Es gibt viele Menschen, die ihr Leben gar nicht als ihres annehmen oder akzeptieren wollen, weil es chaotisch oder schmerzhaft ist. Wichtig ist also das neue Verhältnis zum eigenen Leben und zu dem Sinn und den Aufgaben, die darin liegen.

T. Voors: Ich bin sehr glücklich, wenn die Menschen das am Ende so sehen können: "Mein Leben gehört zu mir, und es ist ein ganz anderes als das der anderen Teilnehmer." Manchmal kommen die Teilnehmer, da sie an dem Leben der anderen intensiv teilgenommen haben, zu dem Eindruck: "Mein Leben erschien mir immer schrecklich, aber das der anderen ist ja auch nicht besser, vielleicht sogar noch schlimmer." Die Dinge relativieren sich einerseits, aber auf der anderen Seite zeigt sich bei jedem auch die Einmaligkeit. Ein derartiges Erlebnis hat aber nicht unbedingt jeder. Es kann auch sein, daß ein Teilnehmer am Ende eines solchen Workshops feststellt, daß er auf bestimmte Dinge in seinem Leben gar nicht hinschauen möchte. Und das ist auch in Ordnung.

Das dritte Element solcher Workshops besteht darin, daß die Menschen zum einen sehen, wo sie stehen, und gleichzeitig dann auch entdecken, wo sie weiterkommen möchten, an welchem Punkt sie weiterarbeiten wollen, so daß sie sich selbst gegenüber bestimmte Verbindlichkeiten eingehen. Und das kann sich in zweierlei Gesten ausdrücken: Man bekommt auf der einen Seite vielleicht den Mut, mit jemandem aus der Vergangenheit wieder Kontakt aufzunehmen, um etwas abzuschließen, was bisher noch offen und nicht in Ordnung war. Es kann ein enorm mutiger Schritt sein, zum Beispiel mit jemandem alte Konflikte aufzulösen und zu bearbeiten. Auf der anderen Seite kann es sein, daß man für sich selbst bestimmte Entscheidungen trifft. Vielleicht will man bestimmte Muster, die man bisher immer im Leben hatte, verändern oder dem Leben eine neue Richtung geben oder nun auch das tatsächlich tun, worüber man schon eine lange Zeit nachgedacht hatte, zum Beispiel seinen Arbeitsplatz wechseln. Aber es ist nicht das wichtigste Ziel eines solchen Workshops, daß die Teilnehmer hinterher mit einer großen Liste weggehen, auf der steht, was man nun alles in seinem Leben verändern möchte. Es ist viel bedeutsamer, daß man sich darüber bewußt geworden ist, wo man steht, und nun eine Methode hat, mit der man für sich selbst weiter arbeiten kann, und mit seiner Biographie umzugehen lernt.

Menschenbegegnungen sind von großer Bedeutung

C.P.: Kannst Du näher darauf eingehen, warum Ihr ausgerechnet diese Übungen genommen habt? Für das erste Jahrsiebt sind es Fragen zur Sinneswahrnehmung, die zweite bezieht sich auf die Regeln, Rhythmen und Gewohnheiten und die dritte Übung handelt über Menschenbegegnungen. Zu der dritten Übung, mit dem Thema "Begegnungen", hast Du ja bereits etwas gesagt, wie Ihr diese aus dem Vortrag über die sozialen und antisozialen Triebe entwickelt habt.

T. Voors: Zu der dritten Übung möchte ich noch etwas ergänzen: Menschenbegegnungen sind in unserem ganzen Leben von großer Bedeutung. Gerade aber in dem Alter von 18 Jahren, in der Zeit des ersten Mondknotens, deutet sich in diesen Begegnungen, die man da mit anderen hat, etwas von dem eigenen Schicksal an. Deswegen ist es besonders wichtig, gerade dann auf Begegnungen hinzuschauen.

In der ersten Übung, für das Alter von ca. fünf Jahren, beschreiben die Menschen, was um sie herum ist. Man hat in diesem Alter noch kein deutliches Bild von Menschen, sondern mehr von der Umgebung, von der Natur, dem Haus usw. Zum Beispiel haben wir einmal mit einer Gruppe von Menschen, die eine Schule gründen wollte, diese Übung gemacht, und interessanterweise konnte sich jeder an die äußere Umgebung erinnern, aber niemand exakt an das Gesicht seiner Mutter. Dafür wußten sie genau, wie ihre Spielsachen aussahen, konnten sich an bestimmte Räume des Hauses erinnern, an den Garten usw. So ist es für die Teilnehmer gerade am Anfang viel einfacher, erst einmal das darzustellen, womit sie in ihrer frühen Kindheit umgeben waren, was um sie herum war.

Die zweite Übung mit den Regeln, Rhythmen und Geboten spielt eine große Rolle für die Lebensprozesse des Kindes. Es ist von Bedeutung, wie das Leben um die Kinder herum sich gestaltet, welche Farbigkeit es hat, inwiefern es geformt oder chaotisch ist, ob man sich auf bestimmte Dinge freuen kann oder ob um einen herum alles intellektuell und ausgetrocknet ist. Das alles bildet und formt die Seele und wirkt sich dann auf das spätere Leben aus.

C.P.: Sind diese Übungen offen und weit genug, so daß man alle entscheidenden Aspekte des eigenen Lebens darin wiederfinden kann? Es könnte ja sein, daß in einem frühen Kindheitsalter beispielsweise ein Elternteil gestorben ist, daß man krank wurde oder einen schlimmen Unfall hatte. All diese Dinge können ein Leben völlig ändern. Wie bezieht man denn solche Ereignisse ein, wenn man nur diese drei genannten Fragen stellt?

T. Voors: Wie bereits erwähnt, kann man auch zu einem späteren Zeitpunkt in dem Biographieworkshop noch einmal auf solche frühen Erlebnisse zurückkommen, wenn sie von großer Bedeutung waren, vor allem dann, wenn man sich die Wendepunkte seines Lebens anschaut. Zum anderen kann solch ein Biographieworkshop nur der Anfang eines Prozesses sein, und man steht niemals am Ende da und hat nun sein gesamtes Leben erforscht. Man hat sozusagen einen Anfangspunkt gesetzt und Mut bekommen, in der Biographie weiterzuarbeiten. Aber nicht nur, indem man seine eigene Biographie erzählt, sondern man kann auch im Zuhören enorme Einsichten gewinnen, weil man in dem Leben der anderen oft Parallelen zu sich selbst entdeckt.

C.P.: Du hast jetzt die ganze Zeit mehr über den Inhalt der Übungen gesprochen. Beschreibe doch einmal die Methode, die Art und Weise, *wie* die Menschen berichten sollen. Du hast ja schon einiges erwähnt, zum Beispiel "farbig-lebendig". Wie soll man denn zum Beispiel mit der Schilderung eines Ereignisses umgehen, das sehr schmerzhaft war?

T. Voors: Die Menschen sind sozusagen eingeladen, das zu teilen, was sie teilen möchten. Manchmal, gerade am Anfang, wenn man nur zusammensitzt, ist es nötig, die Teilnehmer zu ermutigen, damit sie etwas erzählen. Mitunter kann eine solche Schilderung dann eben schmerzhaft sein, ja, manch einer weint vielleicht, und dann ist es gut, wenn man es einfach läßt und nicht tiefer darauf eingeht. Jeder übernimmt völlig die Verantwortung dessen, was er mitteilen möchte. Wenn jemandem eine bestimmte Lebenssituation zu schwer ist, ist es ihm vollständig freigestellt, darüber auch nichts zu berichten. Außerdem ist es wichtig, und damit erklären sich alle Teilnehmer am Anfang einverstanden, daß nichts, was innerhalb dieses Wochenendes berichtet wird, aus dieser Gruppe hinausgetragen wird. Bei der Einführung des Workshops erzählen wir auch, was dieser Workshop *nicht* ist. Was man zum Beispiel nicht tun soll, ist, etwas zu analysieren oder zu beurteilen, nicht auf das Leben zurückblicken und es interpretieren. Man soll das Leben schildern und gerade Urteile und Analysen zurückhalten. Falls jemand in der Gruppe ist, der sofort anfängt, Fragen zu stellen oder Kommentare abzugeben, die einen interpretierenden Charakter haben, sagen wir den Teilnehmern immer, sie sollen sich darin zurückhalten. Die Konsequenz ist, daß die Menschen lernen, die Dinge so zu lassen, wie sie sind.

Mit den Kräften der Nacht arbeiten

C.P.: Du erwähntest auch, daß Ihr mit den Kräften der Nacht arbeitet. Kannst Du dazu etwas sagen?

T. Voors: Wir fordern die Teilnehmer auf, daß sie abends, wenn sie nach Hause gehen, zwanzig bis dreißig Minuten auf den vergangenen Tag zurückschauen. Und sie sollen dann nicht so sehr ihre eigenen Erlebnisse an sich vorüberziehen lassen, sondern vor allem, was die anderen Teilnehmer erzählt haben. Man soll in sich ein Bild auferstehen lassen, wie das Haus des anderen Teilnehmers war, wie vielleicht seine Schulzeit oder der Garten ausgesehen hat, oder sich noch einmal die Person vor Augen führen, die der andere in seiner Begegnung ausgewählt hat. Auf diese Weise kann man sich diese Bilder noch einmal vergegenwärtigen, wieder auferstehen lassen und dann loslassen, so daß die Nacht daran weiterarbeiten kann. Dadurch können diese Bilder langsam aus sich selbst heraus zu sprechen beginnen, so daß man am Ende des Workshops zu bestimmten Einsichten über sein Leben kommt, und die anderen können dann etwas dazu ergänzen, das das Ganze runder und vollständiger macht, weil die anderen etwas mehr außerhalb stehen, können sie einem dazu verhelfen, diese Einmaligkeit des eigenen Lebenslaufs besser zu erfassen.

C.P.: Und gibt es dann am Ende dieses Workshops so etwas wie ein Feedback, eine gegenseitige Rückmeldung der Teilnehmer?

T. Voors: Wir teilen uns gegenseitig mit, was jeder durch die bildhaften Schilderungen des anderen sehen konnte, was diese Bilder sozusagen zu ihm gesprochen haben. Das kann man dann wiederum selbst als ein Bild ausdrücken bzw. mit einer bestimmten Geste oder auf irgendeine künstlerische Art und Weise.

C.P.: Benutzt Ihr Methoden aus der Psychologie, speziell aus der modernen humanistischen Psychologie?

T. Voors: Nein. Indem wir die Dinge exakt und detailliert beschreiben lassen, fügen wir sozusagen eine neue Methode zu dem Bereich der Psychologie hinzu. Es ist eine goetheanistische Methode, die wir benutzen.

C.P.: Und wie ist das mit den Gefühlen? Soweit ich es verstanden habe, soll man gerade nicht in die Gefühle hineingehen. Der Mensch ist aber eine Einheit aus Denken, Fühlen und Wollen. Und manchmal ist es nötig, gerade um sich an Bestimmtes wieder zu erinnern, durch Gefühle hindurchzugehen. Es gibt Menschen, die Ereignisse aus der Kindheit verdrängt haben, weil die damals zu schmerzhaft waren. Das heißt, sie müssen erst einmal wieder in ein Gefühlserleben hinein, um dadurch Erinnerungen wachzurufen. Auf der anderen Seite gibt es heute auch viele Menschen, die wenig Kontakt zu ihren Gefühlen haben, zu stark im Kopf sind, und sie haben eine große Sehnsucht, wieder fühlen zu können. Es zeigt sich zum Beispiel heute in den vielen Therapiegruppen, daß ein Bedürfnis vorliegt, Gefühle stärker auszuleben. Wie geht Ihr damit um?

T. Voors: Es geschieht bei uns, daß Menschen sich mitteilen und dabei die Gefühle sehr präsent sind. Was die Teilnehmer allerdings nicht hineinbringen sollen, sind die Gefühle einer Situation, die schon lange vorbei ist, sondern statt dessen mit all ihrer Gedankenschärfe, all ihren Gefühlen, all ihrer Liebe davon ein Bild aufbauen, wie eine Situation einmal gewesen ist. Und jemand, der mit sehr viel Sorgfalt und Liebe solch ein Bild beschreibt, bringt dadurch ja viele Gefühle hinein. Aber gleichzeitig soll der Erzähler diejenigen Gefühle zurückhalten, die er damals in dieser Situation hatte, mit denen er damals reagierte. Solch eine Herangehensweise erzeugt oft in dem Menschen oder in der Gruppe Wärme, Intimität, Unterstützung, auch so etwas wie seelische Hygiene, daß man nämlich über diese ganzen persönlichen Dinge reden kann, ohne darüber emotional zu werden. So kommen die Menschen in Kontakt mit viel feineren Gefühlsregungen als Mögen oder Nichtmögen, Haß oder Abneigung. Diese feineren Gefühle sind es dann auch, die jemanden dazu bringen, daß er feststellen kann: "Ja, das ist es, was dahintersteht, das ist ja das, was ich daran lernen soll."

Das Gefühl als Wahrnehmungsorgan

C.P.: Das ist eine ganz andere Qualität von Gefühlen. Kommt es dem nahe, was Rudolf Steiner meint, wenn er von dem "Gefühl als Wahrnehmungsorgan" spricht?

T. Voors: Ja, genauso kann man das nennen. Am Ende eines Workshops sind die Teilnehmer oft überrascht, wie objektiv alle gewesen sind, obwohl sie sich persönlich nahegekommen sind, und wie sehr es sich lohnt, solche Erlebnisse, die man in der Vergangenheit hatte, wieder lebendig zu machen, weil man wirklich beginnt, etwas darin zu sehen.

Es ist ein ähnliches Erleben, das man auch bei der goetheanistischen Betrachtungsweise hat, wenn man zum Beispiel eine Pflanze ganz akkurat beschreibt und einerseits eine Qualität von Objektivität und andererseits Intimität und Wärme entstehen. Es ist eine Überraschung, wenn man das wirklich akkurat macht, wie die Dinge dann aus sich selbst heraus zu sprechen beginnen, und zwar so, als ob etwas auf einen zukommt.

C.P.: Man entwickelt ja bestimmte Gefühlsqualitäten, wenn man Pflanzenbetrachtungen macht und zum Beispiel eine Rose oder einen Baum wirklich in sich aufnimmt.

Wie ist es nun mit dem Willen? Ich kenne Menschen, die vollständige Einsicht darüber haben, was in ihrem Leben nicht in Ordnung ist, aber immer wieder auf gleiche Verhaltensmuster stoßen, zum Beispiel auf Anforderungen, die ihnen von außen gestellt werden, immer wieder nachgeben und dabei nicht das tun, was sie eigentlich selbst möchten. Ein solcher Mensch sieht dann vielleicht ein, daß er etwas anderes möchte, aber immer wieder entsteht diese Kluft zwischen der Einsicht einerseits und der Tatsache, daß man es nicht bis in die Handlung hineinbringt, andererseits. Wie ist der Weg von der Einsicht bis in den Willen?

T. Voors: Das ist eine der Schwierigkeiten, die kommen, wenn man den Weg der Bewußtheit geht. Man kann durch Biographiearbeit, die tägliche Rückschau oder auch Gespräche mit anderen Menschen über viele Dinge bewußt werden, und zwar so sehr, daß man wie gelähmt ist. Man sieht dann aus höherer Sicht alles das, was nicht in Ordnung ist, und es ist wie in Finsternis getaucht. Gleichzeitig ist man dann nicht in der Lage, Handlungen zu unternehmen. Und das Problem kann einem ein Biographieworkshop auch nicht abnehmen!

C.P.: Das muß man dann wohl selber tun!

T. Voors: Man kann versuchen, zu diesem Muster eine Beziehung zu bekommen und kann dann durch andere ermutigt werden, einen Schritt zu unternehmen. Man ist zwar in dieser Bewußtheit alleine, aber dadurch, daß andere einem auf eine vorurteilsfreie Weise zuhören und man sieht, daß auch sie kämpfen, kann man den Mut gewinnen, doch etwas zu ändern.

C.P.: Beschreibe doch noch einmal den genauen Prozeß, den die Menschen durchlaufen, die an dem Workshop teilnehmen.

T. Voors: Eine Teilnehmerin stellte ihre Situation am Ende folgendermaßen dar: "Ich kam, um mein eigenes Leben anzuschauen und um mich mit mir selber zu beschäftigen. Und am Schluß stellte ich fest, daß ich dreiviertel der Zeit anderen zugehört hatte. Ich widmete mein gesamtes Interesse und meine Aufmerksamkeit dem Leben anderer Menschen, und am Ende war es, als ob mich ein Strahl der Sonne berührt hätte." Das heißt, wenn man sein Interesse und seine Unterstützung den anderen Menschen gibt, daß dann in dieser Gruppe etwas anwesend sein kann, das wie heilende Sonnenkräfte wirkt. Das ist ein Teil der Erfahrungen, durch die die Leute durchgehen.

Die heilende Wirkung liegt im Zuhören

C.P.: Würdest Du sagen, daß die heilende Wirkung dieser Arbeit mit der Tatsache zusammenhängt, daß die Menschen in einer Gruppe zusammen sind?

T. Voors: Die heilende Wirkung liegt vor allem in der Fähigkeit des Zuhörens, das heißt, seine Aufmerksamkeit dem zu schenken, der etwas mitteilt. Je mehr Interesse vorhanden ist, desto mehr wirkt sich das auf die Sprache und Ausdrucksfähigkeit aus, mit der die Menschen etwas beschreiben. Mit anderen Worten: Je mehr ich zuhören kann, desto mehr kann der andere von sich wirklich etwas offenbaren. Es gibt da ein wunderschönes Beispiel in dem Buch "Momo" *(siehe Kasten nächste Seite;* Red.).

Der andere heilende Effekt liegt darin, daß während des ganzen Workshops ein Element des Aus- und Einatmens vorhanden ist. In der Kleingruppe hört man manchmal zu und manchmal redet man. So ist immer ein Wechsel zwischen Geben und Erhalten. Dieses Ein- und Ausatmen ist aber nicht nur in den Kleingruppen, sondern auch während des ganzen Workshops. Anderthalb Stunden hört man zu, anschließend macht man Eurythmie. Als nächstes kommt ein Vortrag, und vielleicht verarbeiten einige das Ganze in einem Spaziergang. So tragen die verschiedenen Elemente dazu bei, daß man nicht immer in der gleichen Art und Weise etwas aufnimmt oder abgibt. Diesen Wechsel empfinden viele Teilnehmer als heilsam.

C.P.: Wo beginnt Veränderung, was ist denn der Punkt oder die Kraft, an dem oder durch die etwas Altes aufgelöst werden kann und etwas Neues beginnt? Geht diese Frage der Wandlung nicht auch in einen religiösen Bereich hinein?

T. Voors: Ich sehe diese Biographieworkshops nur als einen kleinen Schritt bei diesem Thema "Verwandlung". Es kann eine Einsicht dazu führen, daß ich mein Verhalten in der Gegenwart ändere. Das heißt, wenn ich diese Muster in meiner Vergangenheit bewußt verstanden habe, bin ich damit in der Gegenwart freier, neu zu handeln, ich bin offener in der Begegnung mit anderen Menschen bzw. wie ich auf sie reagiere. Eine Möglichkeit für die Zukunft ist, daß ich in neuen zwischenmenschlichen Beziehungen nicht meine alten Muster auslebe, sondern in dem Moment, in welchem ich einen anderen Menschen treffe, mit ihm auch etwas Neues entstehen lassen kann. Die Erfahrungen im Leben ändern sich nämlich nicht, aber was sich ändert, ist meine Beziehung zu diesen Erfahrungen, meine innere Einstellung.

C.P.: Nehmen wir doch einmal ein Beispiel. Da ist jemand, dessen Vater Alkoholiker war. Während seines Lebens trifft nun der Jugendliche oder auch dann der Erwachsene immer wieder Menschen, die ebenfalls Alkohol trinken, und er ist ständig diesem Thema "Alkohol" gegenübergestellt. Obwohl er es gar nicht sucht, hat er immer wieder dieses quälende Erlebnis, kommt nicht davon los. Wie ist es denn nun möglich, da etwas zu ändern?

T. Voors: In so einer Situation kann die Biographiearbeit helfen, festzustellen, daß ein bestimmtes Muster immer wieder das Leben durchzieht. Aber die Erkenntnis ist nur der erste Schritt. In so einem Falle ist es nötig, daß man dann mit jemand anderem über einen

»So kam es, daß Momo sehr viel Besuch hatte. Man sah fast immer jemand bei ihr sitzen, der angelegentlich mit ihr redete. Und wer sie brauchte und nicht kommen konnte, schickte nach ihr, um sie zu holen. Und wer noch nicht gemerkt hatte, daß er sie brauchte, zu dem sagten die andern: "Geh doch zu Momo!"

Dieser Satz wurde nach und nach zu einer feststehenden Redensart bei den Leuten der näheren Umgebung. So wie man sagt: "Alles Gute!" oder "Gesegnete Mahlzeit!" oder "Weiß der liebe Himmel!", genauso sagte man also bei allen möglichen Gelegenheiten: "Geh doch zu Momo!"

Aber warum? War Momo vielleicht so unglaublich klug, daß sie jedem Menschen einen guten Rat geben konnte? Fand sie immer die richtigen Worte, wenn jemand Trost brauchte? Konnte sie weise und gerechte Urteile fällen?

Nein, das alles konnte Momo ebensowenig wie jedes andere Kind. Konnte Momo dann vielleicht irgend etwas, das die Leute in gute Laune versetzte? Konnte sie zum Beispiel besonders schön singen? Oder konnte sie irgendein Instrument spielen? Oder konnte sie - weil sie doch in einer Art Zirkus wohnte - am Ende gar tanzen oder akrobatische Kunststücke vorführen?

Nein, das war es auch nicht.

Konnte sie vielleicht zaubern? Wußte sie irgendeinen geheimnisvollen Spruch, mit dem man alle Sorgen und Nöte vertreiben konnte? Konnte sie aus der Hand lesen oder sonstwie die Zukunft voraussagen?

Nichts von alledem.

Was die kleine Momo konnte wie kein anderer, das war: Zuhören. Das ist doch nichts Besonderes, wird nun vielleicht mancher Leser sagen, zuhören kann doch jeder.

Aber das ist ein Irrtum. Wirklich zuhören können nur ganz wenige Menschen. Und so wie Momo sich aufs Zuhören verstand, war es ganz und gar einmalig.

Momo konnte so zuhören, daß dummen Leuten plötzlich sehr gescheite Gedanken kamen. Nicht etwa, weil sie etwas sagte oder fragte, was den anderen auf solche Gedanken brachte, nein, sie saß nur da und hörte einfach zu, mit aller Aufmerksamkeit und aller Anteilnahme. Dabei schaute sie den anderen mit ihren großen dunklen Augen an, und der Betreffende fühlte, wie in ihm auf einmal Gedanken auftauchten, von denen er nie geahnt hatte, daß sie in ihm steckten.

Sie konnte so zuhören, daß ratlose oder unentschlossene Leute auf einmal ganz genau wußten, was sie wollten. Oder daß Schüchterne sich plötzlich frei und mutig fühlten. Oder daß Unglückliche und Bedrückte zuversichtlich und froh wurden. Und wenn jemand meinte, sein Leben sei ganz verfehlt und bedeutungslos und er selbst nur irgendeiner unter Millionen, einer, auf den es überhaupt nicht ankommt und der ebenso schnell ersetzt werden kann wie ein kaputter Topf - und er ging hin und erzählte alles das der kleinen Momo, dann wurde ihm, noch während er redete, auf geheimnisvolle Weise klar, daß er sich gründlich irrte, daß es ihn, genauso wie er war, unter allen Menschen nur ein einziges Mal gab und daß er deshalb auf seine besondere Weise für die Welt wichtig war.

So konnte Momo zuhören!«

(Michael Ende: Momo. Stuttgart 1973, S.14 ff.)

längeren Zeitraum hinweg Gespräche führt, zum Beispiel mit einem Therapeuten, um festzustellen, warum man immer wieder von ähnlichen Situationen angezogen wird und wie man das durchbrechen kann. Aber das ist ein längerer Prozeß, der in eine Psychotherapie oder Lebensberatung gehört.

Biographieworkshops sind keine Therapie

C.P.: Da stellt sich die Frage, für wen diese Biographieworkshops geeignet sind bzw. wer besser nicht daran teilnehmen sollte. Gibt es Situationen, in denen man jemand gleich zum Therapeuten schicken sollte?

T. Voors: Biographieworkshops sind keine Therapie. Diese vier Tage sind ein Erkenntnisprozeß, aber kein Therapieprozeß. Und dieser Erkenntnisprozeß kann von jedem gemacht werden, der an sich und an das Leben Fragen stellt. Und wenn jemand in dem Glauben kommt, daß seine aktuellen Probleme in diesem Workshop nun gelöst werden, so wird er sehr enttäuscht fortgehen, weil die Übungen, die wir machen, nicht zu einer Lösung führen. Es kann natürlich sein, daß am Ende jemand merkt, daß er nun mit einer Therapie oder einer Lebensberatung weiterarbeiten möchte. Grundsätzlich muß ein Teilnehmer über seine Ich-Kräfte verfügen können, das heißt, mit wachem Bewußtsein Situationen verstehen, beurteilen und entsprechend handeln können.

C.P.: Aber die Grenzen sind sehr fließend. Ich kenne Leute, die an dem Workshop teilnehmen und die Übungen durchaus korrekt ausführen, vielleicht auch lebhafte Bilder beschreiben können, aber trotzdem hat man den Eindruck, daß sich nichts in diesen Menschen bewegt. Irgendwie kommt da nichts hindurch. Eine gewisse Wandlungsfähigkeit ist nicht mehr vorhanden. Diese Menschen können seelisch im weitesten Sinne durchaus gesund sein, aber die Biographiearbeit, wie wir sie machen, fruchtet nicht. Vielleicht ist das auch eine Kulturerscheinung, daß man durch zu viel negative Bilder, das heißt durch Fernsehen, Werbung, Reklame, Umweltüberreizung usw. abgestumpft ist und nun keine innere Lebendigkeit, Phantasie und Vorstellungskraft mehr hat. Kannst Du dazu etwas sagen? Welches Phänomen ist es, daß äußerlich alles korrekt eingehalten wird, aber keine entsprechenden inneren Prozesse dazu stattfinden?

T. Voors: Ich habe den Eindruck, daß Menschen Aufgaben und Übungen richtig erledigen können, auf Fragen antworten können, aber daß sie existentiell nicht berührt werden. Ich habe schon festgestellt, daß solche Menschen Fragen formulieren, die scheinbar existentieller Natur sind, aber in Wirklichkeit sind es mehr allgemeine Fragen zum menschlichen Sein, aber es ist kein inneres Ringen vorhanden, daß der Mensch seine eigene Antwort auf diese Fragen finden will. Auf eine gewisse Weise können solche Menschen eine wirklich existentielle Krise gar nicht mehr richtig erfahren und durchleben. Aber Biographiearbeit ist nicht die Antwort oder die Lösung für all unsere Kultur- und Zivilisationsschäden.

C.P.: Biographiearbeit gibt also keine Antwort auf Zeitprobleme, löst keine aktuellen Fragen, aber man kann in dieser Arbeit erkennen, wo eigene Schwächen, Defizite, Schwierigkeiten, Stärken und Mängel liegen.

T. Voors: Ja, in der Biographiearbeit erwachen die Menschen zu einem Bewußtsein über ihr eigenes Schicksal, und genau da liegt ja auch der Bedarf. Wenn man sich zum

Beispiel Buchläden anschaut, kann man sehen, daß immer mehr Menschen ihre Biographien schreiben und daß auch viele Biographien gelesen werden. Daran zeigt sich, wie die Menschen aufwachen und erkennen, daß heute ein Schicksal etwas ganz Einmaliges und Individuelles ist. Es ist heute nötig, daß man Formen findet, diesem Bedürfnis entgegenzukommen, auch außerhalb anthroposophischer Kreise. Das sind alles Fragen und Themen der Bewußtseinsseele, und die Biographiearbeit ist ein Beitrag dazu, um diesen Bedürfnissen gerecht zu werden.

C.P.: Dieser Biographieworkshop geht über vier Tage. Kann es sein, daß diese Zeit zu kurz ist und in den Menschen seelisch etwas aufgewühlt wird, was sie dann nicht mehr verarbeiten können?

T. Voors: So wie die Situation hier ist, kommen die Menschen von sehr weit her, und es ist nicht einfach, sich dann wieder in ein oder zwei Monaten zu treffen. Das wäre durchaus auch eine mögliche Form der Biographiearbeit, wie sie bei uns aber nicht stattfinden kann. Nach meiner Erfahrung verläuft es so, daß, wenn die Menschen weitere Fragen haben, sie dann jemand suchen und auch wirklich finden, mit dem sie dann weiterarbeiten können. Grundsätzlich muß man aber sagen, daß die Methode an sich einen Schutz bietet. Diese Art der objektiven Schilderungen bewirkt nicht, daß die Leute tief aufgewühlt weggehen oder völlig enthusiastisch aufgeputscht sind und nun meinen, sie könnten die Welt verändern. Sie verlassen den Workshop mit einer nüchternen Stimmung und dem Gefühl: "Für dreieinhalb Tage in meinem Leben gab es eine Pause, in der ich bestimmte Dinge meines Lebens, die mir nahe sind, mit anderen teilen konnte, und ich wurde wirklich angehört und von anderen verstanden. Und das ist wie ein Geschenk, das ich nun mitnehmen kann."

Der Unterschied zwischen Biographiearbeit, Therapie und Lebensberatung

C.P.: Kannst Du beschreiben, wo der Unterschied zwischen Biographiearbeit, Therapie und Lebensberatung liegt und was für bestimmte Menschen und Anliegen am geeignetsten ist?

T. Voors: Die Biographiearbeit gibt einem bestimmte Methoden an die Hand, mit denen man dann alleine oder vielleicht auch mit anderen seinen eigenen Lebenslauf erforschen kann. Auf der anderen Seite erweckt sie das Interesse am Mitmenschen. Diese beiden Aspekte können sehr wichtig sein, vor allem darauf bezogen, wie man Menschen in der Gegenwart und Zukunft weiter begegnet. Als weiteres gibt es das *helfende Gespräch,* das heute immer mehr und mehr gebraucht wird.

C.P.: Benötigt man dazu eine professionelle Ausbildung?

T. Voors: Nein. Wenn zum Beispiel ein Freund in Schwierigkeiten ist, braucht er jemanden, der einfach zuhört. Es ist heute ganz allgemein notwendig, daß man so zuhören lernt, daß andere ihre Fragen oder ihre Schmerzen wirklich ausdrücken können und sie sich darin auch angenommen fühlen. Natürlich kann man jemanden vielleicht zu einem Arzt oder Psychotherapeuten weiterempfehlen oder einfach für die nächste Woche wieder einen Gesprächstermin ausmachen.

C.P.: Das *helfende Gespräch* kann also zwischen allen Menschen stattfinden, seien es Freunde, Nachbarn, Familien, und es beinhaltet alle alltäglichen Probleme, die wir heute so haben. Man kann sich dann glücklich schätzen, wenn man jemand findet, der zu einem solchen Gespräch in der Lage ist.

T. Voors: Diese Fähigkeit entwickeln immer mehr und mehr Menschen, und es ist auch nicht nötig, daß man gleich zum Psychotherapeuten oder zu einem Arzt geht. Wenn jemand wahrhaftig zuzuhören versteht, kann das schon eine enorm helfende Tat sein. Man kann dabei aber auch Lebensmuster oder bestimmte Ereignisse in seinem Leben, in seiner Biographie entdecken, die wirklich erkannt, bearbeitet und bewältigt werden müssen.

C.P.: Kannst Du Beispiele geben?

T. Voors: Zum Beispiel bei Eheproblemen, Phobien oder sexuellem Mißbrauch oder bei Menschen, die immer noch von ihren Eltern abhängig sind und genau wissen, daß sie sich jetzt von ihnen ablösen müssen. Das alles sind Probleme und Störungen, die dann von einem professionellen Therapeuten, Arzt, Sozialarbeiter usw. betreut und geheilt werden müssen, weil sie sonst ständig hemmend das weitere Leben beeinflussen.

C.P.: Fängt Psychotherapie da an, wo man noch einmal in die Gefühle von vergangenen Situationen hineingeht, um dieses Alte zu verarbeiten? Ich denke dabei zum Beispiel an sexuellen Mißbrauch, wobei man vielleicht noch einmal in die Schmerzen hinein muß, um diese ganze Situation voll zu erfassen und damit verarbeiten zu können. Sollte man für Biographiearbeit so weit sein, daß man mehr oder weniger die schmerzhaften Situationen seines Lebens verarbeitet hat und es nicht mehr braucht, verdrängte Schmerzen zu durchleben?

T. Voors: Es ist nicht ein Entweder-Oder! In der Biographiearbeit lernt man, persönliche Situationen exakt zu beschreiben. In einer Psychotherapie oder Beratungssituation hat man die Chance, Gefühle und Verletzungen durchzuarbeiten, so daß bestimmte Erlebnisse sich dann verwandeln können und aus ihrer Zwanghaftigkeit befreit werden. Das Ziel einer Psychotherapie ist anders als das der Biographiearbeit. Man sollte aber beides nicht gleichzeitig machen, weil die Methode eine gegensätzliche ist: Bei der Biographiearbeit betrachtet man Situationen aus einer Distanz heraus, in der Therapie geht man noch einmal in seine Gefühle hinein. Man kann allerdings in eine therapeutische Behandlung gehen und danach Biographiearbeit machen.

C.P.: Welche Rolle spielt der Gruppenleiter? Es gibt vier Teilnehmer und einen Gruppenleiter, der diese Kleingruppe anleitet. Worin besteht seine Aufgabe, was macht er äußerlich und was ist dabei seine innere Haltung?

T. Voors: Er ist genauso gleichwertig, wie die anderen Teilnehmer dieses Kreises. Er ist dafür verantwortlich, daß jeder genug Zeit zum Reden hat. Das bedeutet, daß manche Teilnehmer ermutigt werden müssen, ihre Erzählungen zu erweitern, während andere dazu gebracht werden müssen, ihre Beschreibungen auf das Wesentliche zu beschränken. Vielen Menschen fällt es nämlich schwer, das Essentielle in ihren Erlebnissen herauszufinden. Äußerlich ist es die Aufgabe des Gruppenleiters, die Gruppe zu formen, bestimmte Fragen zu stellen, Menschen zu ermutigen. Er muß auch dafür sorgen, daß in dieser Gruppe eine Qualität des echten Zuhörens vorhanden ist und daß keiner das Gehörte interpretiert und bewertet.

Der Gruppenleiter muß seine gesamte und volle Aufmerksamkeit und Fähigkeit des Zuhörens in die Gruppe einbringen. Alle Gruppenleiter bereiten sich darauf vor, indem sie sich jeden Tag vor Beginn der Arbeit miteinander treffen und die Fragen und das Gewesene einander mitteilen. Der Gruppenleiter muß lernen, sein Inneres so zum

Schweigen zu bringen, daß ein Raum entsteht, in dem sich etwas vom Wesenskern des anderen Menschen äußern und aussprechen kann. Er ist verpflichtet, in ganz besonderer intensiver und sorgfältiger Weise die Bilder, die die anderen geschildert haben, abends vor dem Einschlafen noch einmal in sich auferstehen zu lassen und dann mit in die Nacht hineinzunehmen. Durch seine innere Anteilnahme nimmt er Kontakt auf mit dem höheren Wesen der anderen Menschen, dem Engel, so daß die Erzählungen der Teilnehmer durch die Kräfte der Nacht ergänzt werden können. Vielleicht passiert es dann, daß ein Teilnehmer am nächsten Tag seine Lebenssituationen neu betrachten kann.

Greift man in den freien Willen des Menschen ein?

C.P.: Man hört manchmal die Kritik, daß es nicht im Sinne der Anthroposophie sei, in das Leben eines Menschen einzugreifen, sondern man solle bestimmte Aspekte der Anthroposophie, zum Beispiel Karmafragen, Zusammenhänge der Lebensrhythmen und -phasen usw. darstellen, und die Menschen sollten dann aus einer Erkenntnis heraus selbst eine Initiative entwickeln, die zu einer Änderung führt. Kann man es denn überhaupt so sehen, daß man mit dieser Biographiearbeit in den freien Willen eines Menschen eingreift?

T. Voors: Wenn man seine Biographie studiert, so wie es vorhin beschrieben wurde, ist das ein Schulungsweg. In unserer heutigen Zeit ist es hilfreich, wenn wir uns gegenseitig auf diesem Weg unterstützen. In vielen Vorträgen und Büchern gibt Rudolf Steiner deutliche Anweisungen, wie man eine innere Entwicklung vollzieht, zum Beispiel in dem Buch "Wie erlangt man Erkenntnisse der höheren Welten?", in den Karmavorträgen oder in dem vorhin genannten Vortrag "Soziale und antisoziale Triebe im Menschen". Es ist heute notwendig, daß man diese Anweisungen nicht nur liest, sondern auch praktiziert, und daß man Gelegenheiten sucht, in denen man dazu von anderen Menschen Unterstützung bekommt und sich austauschen kann. Zum Beispiel kann man die Übungen aus dem Vortrag Rudolf Steiners, "Nervosität und Ichheit", nehmen und sich dann wöchentlich mit einer Gruppe treffen, um sich gegenseitig zu berichten, wie weit man selbst mit diesen Übungen vorwärtsgekommen ist. Das gleiche gilt auch für die Nebenübungen Rudolf Steiners. Natürlich muß sie jeder für sich alleine machen, aber es ist eine Hilfe, wenn man seine Erfahrungen gemeinsam mit anderen bespricht und sich darüber austauscht.

Genauso verhält es sich mit den Übungen der Biographiearbeit: Im Prozeß des Erinnerns und Beschreibens steht jeder für sich, aber dann tauscht man sich mit anderen aus, teilt Erfahrungen und kann sich gegenseitig Mut und Unterstützung geben. Wenn die Menschen immer den Anspruch haben, diese Übungen ausschließlich für sich alleine zu machen, ist die Gefahr gegeben, daß man sie nur liest und nicht praktiziert. Aber diese gemeinsame Arbeit ist eine Hilfe, und all diese wunderbaren Übungen kommen so auch wirklich zur Geltung, letztlich findet jede innere Entwicklung durch eine Begegnung mit einem anderen Menschen statt.

C.P.: Rudolf Steiner macht doch aber auch Angaben darüber, daß man über anfängliche okkulte Entwicklungen nie sprechen soll, weil sich etwas bildet, das zerstört würde, wenn man es zu früh in Worte faßt.

T. Voors: Mit solchen Überlegungen und Behauptungen habe ich große Schwierigkeiten. Wir leben 1990, und es hilft uns nicht weiter, wenn wir immer daran hängenbleiben, was Rudolf Steiner in einem bestimmten Kontext gesagt hat. Die Realität ist einfach die, daß sich die Menschen immer mehr und mehr individualisieren und immer drängendere Fragen bekommen, wer sie denn nun wirklich sind, was ihr Schicksal ist, wie sie Hilfe finden können. Und wir sind heute gegenseitig dafür verantwortlich, andere darin zu unterstützen, daß sie eine Antwort auf solche dringenden Anliegen erhalten. Außerdem habe ich noch nie erlebt, daß ein Teilnehmer über seine aktuellen spirituellen Erfahrungen redet. Nur dann, wenn diese Erfahrungen im Leben weiter zurückliegen und für ihn ein Wendepunkt waren.

C.P.: Ist die Biographiearbeit eine Vorübung für den Schulungsweg? In seinen Karmaübungen gibt Rudolf Steiner an, daß man sich zuerst fragen soll, wie man als Kind gewesen ist, was man in der Schule gut gemacht hat, was die Fähigkeiten, was die Schwächen sind. Sind solche Fragen eine Vorarbeit oder schon direkte Karmaübungen?

T. Voors: Die erste eigentliche Karmaübung, die Rudolf Steiner angibt, ist die tägliche Rückschau. In dieser Rückschau wird man sich darüber bewußt, wie man im Leben steht, welche Beziehungen man zu anderen Menschen hat und wie man volle Verantwortung für seine eigenen täglichen Aktivitäten übernimmt. Das ist der Beginn von einem Schicksal-Verstehen. Mit einer ähnlichen Haltung wie bei der Tagesrückschau kann man vergangene Ereignisse in seinem Lebenslauf betrachten, was dann eine harmonisierende Wirkung auf das Seelenleben hat.

Die Kräfte des Karmas werden bewußt

C.P.: Diese Haltung heißt also innere Distanz, Exaktheit, genaues Betrachten ohne jegliche Interpretation, die Kräfte der Nacht wirken lassen usw.

T. Voors: Genau. Mit diesen Methoden können die Kräfte des Karmas bewußt werden, die sonst nur im Unterbewußtsein des Menschen wirken. Je wacher und bewußter man zum Beispiel während einer Begegnung mit einem anderen Menschen ist, desto deutlicher kann eine karmische Beziehung oder Botschaft verstanden werden. Biographiearbeit ist wie ein Schulungsweg, und man muß die Übungen immer wieder und wieder praktizieren, bis bestimmte Kräfte wach werden. Ein Biographieworkshop kann dazu ein erster Anstoß sein, die eigentliche Arbeit muß dann aber jeder alleine weiter für sich verfolgen.

C.P.: In diesem Biographieworkshop legt Ihr das Wissen über Rhythmen im Lebenslauf, Mondknoten, Siebenjahresphasen usw. zugrunde. Zum Beispiel steht im Alter, in dem sich die Verstandesseele entwickelt (28 bis 35 Jahre), das Denken, die Organisation des alltäglichen Lebens bis hin zur Rationalität im Vordergrund. Die Menschen haben sich in dieser Lebensphase bereits oftmals entschlossen, eine Verantwortung zu übernehmen, sei es im Beruf oder in der Familie, verfolgen eine Karriere, Leistungen sind wichtig, und man steht auch auf einem Höhepunkt der eigenen Fähigkeiten und Kräfte.

In der Lebensphase, in der sich die Bewußtseinsseele entwickelt, also nach der Lebensmitte, beginnt der Mensch, sich mehr nach dem Sinn und der Aufgabe seines individuellen Lebens zu fragen, Wesentliches wird gesucht, die Grundlage für eine spirituelle Entwicklung wird gelegt, der Mensch kann sich selbst objektiver betrachten, und persönliche Wünsche treten mehr in den Hintergrund zugunsten dessen, was von außen verlangt wird. Es gehören dann auch jeweils bestimmte Krisen und Herausforderungen zu einem Lebensabschnitt, und es kann einem persönlich helfen, aus subjektiven Verstrickungen herauszukommen, wenn man sieht, daß bestimmte Probleme für einen Altersabschnitt objektiv wichtig sind. Es gibt also ein gewisses Urbild des Lebenslaufs.

Meine Erfahrung ist aber die, daß bestimmte Menschen solche Phasen gar nicht erleben, daß zum Beispiel jemand, der älter als 40 Jahre ist, immer noch in der Empfindungsseele lebt. Zum Beispiel hat er keinen festen Beruf, reagiert ausschließlich gefühlshaft auf seine Umwelt, wechselt ständig Beziehungen usw. Oder es gibt auch Menschen, die scheinbar immer in der Verstandesseele leben, für die die Karriere das einzig Wichtige ist, die rationelle Planung der Welt der einzige Maßstab ist, und die sich nie Sinnfragen oder gar religiöse Fragen stellen. Einige Menschen sagen auch, daß sie solche Phasen gar nicht erlebt haben oder daß bestimmte Themen einer Phase sehr viel früher oder später entwickelt bzw. ausgelassen wurden. Sind denn solche allgemeinen Gesetzmäßigkeiten heute noch gültig? Treffen sie auf alle Menschen zu?

T. Voors: Es ist unter anderem das Ziel eines Biographieworkshops, das individuelle Leben eines einzelnen Menschen in den Zusammenhang einer größeren Entwicklung der Menschenseele im allgemeinen zu stellen, so daß man sein individuelles Schicksal im Verhältnis zu archetypischen Bildern des ganzen Menschen sieht. Die Vorträge im Biographieworkshop haben solche archetypischen Bilder der menschlichen Seele zum Thema. Der Vortragende muß sich auf eine meditative innerliche Weise so mit diesen Lebensphasen und Urbildern verbunden haben, daß jeder der Zuhörer während eines solchen Vortrags das Empfinden hat: “Das ist wahr.” Ich habe auch schon Vorträge erlebt, die äußere Fakten eines Lebenslaufs beschrieben haben, die aber nicht innerlich durchlebt waren. Das bewirkte bei den Zuhörern, daß sie dachten: “Diese Dinge mögen für den einen oder anderen wahr sein, treffen aber für mich nicht zu.” Das zeigt mir persönlich, daß ein Biographiearbeiter wesentliche Verantwortung trägt und daß er es sich mit seiner Aufgabe auf keinen Fall einfach machen darf.

C.P.: Es geht also nicht darum, den Kursteilnehmern Wissen zu vermitteln, sondern in ihnen ein lebendiges Erleben wachzurufen, so daß noch einmal eine Begegnung stattfindet, und zwar zwischen dem Vortragsredner und den Zuhörern. Der Vortragsredner muß jeden einzelnen so erreichen, daß er sich getroffen fühlt und bewegt wird, unabhängig davon, ob er nun diese oder jene Phase zum genauen Zeitpunkt erlebt hat. Das setzt natürlich eine intensive Verbindung des Vortragsredners mit den anthroposophischen Inhalten und dem Thema “Lebenslauf” an sich voraus. Wir kommen später noch auf die genaue Qualifikation eines Biographiearbeiters zurück.

Biographiearbeit als Kunst?

Während unseres Gesprächs kam öfters zum Vorschein, daß die Biographiearbeit auch eine künstlerische Aktivität ist. Zum Beispiel sprachst Du davon, daß man die Bilder seines Lebens malt. Ferner versucht man, “hinter die Fakten zu schauen”. Dies ist der gleiche Prozeß, den man zum Beispiel beim Betrachten eines Gemäldes durchmacht. In

Gemälden drückt sich oft auch eine seelische Geste aus, zum Beispiel haben die Bilder von van Gogh etwas Versengendes oder bei Paul Klee ist immer die Suche nach einer Ordnung, die hinter den Dingen steht. Diese Sichtweise ist ähnlich derjenigen beim Betrachten einer Biographie; auch da versucht man, das Leben als ein Kunstwerk zu sehen. Diese Perspektive erweckt in einem ein neues Verhältnis zu dem Lebenslauf. Rudolf Steiner sprach auch davon, man solle den Menschen als *Bildnatur* verstehen. Kannst Du etwas zu diesem Verhältnis bzw. zu diesem Verständnis der Bildnatur sagen? - Und was ist nun eigentlich das Künstlerische an der Biographiearbeit?

T. Voors: Diese Fragen sind nicht einfach zu beantworten. In der Biographiearbeit gibt es zwei hauptsächliche Aktivitäten. Zum einen gestaltet man sozusagen ein Bild von dem Erlebten. Das muß auf solch eine intensive Weise passieren, daß dieses Bild farbig, lebendig und wahr wird. Das ist ähnlich dem, was ein Künstler tut. Er bringt dasjenige zur Erscheinung, was hinter den Dingen verborgen liegt. Er betrachtet daraufhin sein Kunstwerk aus einem Abstand, arbeitet dann an einem Teil seines Gemäldes oder sonstigen Kunstwerkes weiter. Dieser Prozeß des aktiven Eingreifens und Betrachtens aus einer Distanz heraus geschieht so oft, bis der Maler merkt, was sich aus diesem Bild herausarbeiten will, was darin sozusagen verborgen liegt.

Ein anderer Gesichtspunkt ist der, daß die Gruppenteilnehmer manchmal erleben, daß sie gemeinsam ein Gefäß bilden, in dem sich etwas ausdrückt, das höher ist als jeder einzelne. So wird durch die Kraft der Gruppe etwas Geistiges sichtbar.

C.P.: Das ist zugleich auch ein religiöser Aspekt, wenn eine Gruppe von Menschen in ihrer Gemeinschaft Raum für eine höhere Wesenheit bietet. Aber auch auf eine andere Weise kommt Religiöses dazu, nämlich in dem Moment, in welchem eine völlige Umwandlung im Menschen stattfindet, in welchem er Altes hinter sich läßt und die Kraft besitzt, völlig Neues zu beginnen.

T. Voors: In den Fähigkeiten des Zuhörens, wirkliches Interesse aufzubringen, sich dem anderen mit voller Aufmerksamkeit zuzuwenden, liegen auch religiöse Qualitäten, zum Beispiel die der Verehrung. Mit dieser inneren Haltung der Verehrung ermöglicht man den Menschen, daß etwas von ihrem höchsten Wesenskern in Erscheinung treten kann.

C.P.: In Wirklichkeit ist der Prozeß, Vergangenes loszulassen und Neues zu beginnen, ein Sterben und Wiederauferstehen. An einem tieferen Punkt erlebt man, daß ohne die Christuskraft, mit dem Urbild von Tod und Auferstehung, eine wirkliche Wandlung gar nicht möglich ist.

T. Voors: Man kann Entwicklung nie richtig verstehen, wenn man nicht den Begriff von Tod und Auferstehung mit einbezieht. Und ein Mensch kann sich nie wirklich entwickeln, wenn er nicht gewillt ist, durch einen Todesprozeß hindurchzugehen, ohne gleichzeitig das Bewußtsein und Vertrauen zu haben, daß etwas völlig Neues - eine Auferstehung - möglich ist. Das ist seit dem Mysterium von Golgatha möglich und im Grunde genommen ein Sakrament. Es passiert auch nicht aufgrund der eigenen Aktivitäten, sondern als eine Antwort auf diese. Nachdem man sich auf ernsthafte und ehrliche Weise bemüht hat, kommt ein Augenblick, in dem man völlig schweigen sollte. In diesem Raum des Schweigens und Wartens kann etwas Höheres anfangen zu wirken und zu sprechen.

C.P.: *Biographiearbeiter* - ist das ein neuer Beruf?

T. Voors: Biographiearbeit an sich wird in verschiedenen Berufen immer größere Bedeutung gewinnen, für Ärzte, Psychotherapeuten, Kunsttherapeuten, Sozialarbeiter, Berater, für Priester und für alle, die in einem helfenden Beruf tätig sind. Ich meine nicht, daß eine Gruppe von Menschen für sich beanspruchen kann, daß sie selbst Biographiearbeiter sind und andere wiederum nicht. Es mag wohl sein, daß der eine oder andere den größten Teil seiner Arbeitszeit damit verbringt, Menschen zu beraten, die wegen biographischen Fragen und Anliegen zu ihm kommen. Aber das ist deshalb nicht sein Beruf, von dem andere Menschen die Finger lassen sollten.

C.P.: Welche Qualifikation brauchen Menschen, die solch eine Biographiearbeit machen?

T. Voors: Als erstes brauchen sie ein tiefes Verständnis des Menschen und seiner Entwicklung. Sie sollen damit so meditativ gearbeitet haben, daß sie nicht nur ein oberflächliches Wissen über die Lebensphasen besitzen, sondern sie sollen eine innerliche und persönliche Beziehung zu dem archetypischen Urbild haben, das hinter jeder Entwicklung steht.

C.P.: Was heißt hier Meditieren? Wie soll man meditieren?

T. Voors: Man sollte zunächst die Angaben studieren, die Rudolf Steiner in den pädagogischen Vorträgen darstellt, und auch die, wo er über Empfindungsseele, Verstandesseele und Bewußtseinsseele spricht, aber speziell das Buch "Die Geheimwissenschaft im Umriß". Darin ist das ganze Prinzip der Entwicklung in großen Bildern beschrieben. Und selbstverständlich sollte man, so wie Rudolf Steiner dies auch angibt, nicht nur diese Texte lesen, sondern sie auch verarbeiten und in sich selbst lebendig machen. Weiterhin sollte man an seiner eigenen Biographie auf die Art und Weise arbeiten, wie wir es in diesem Gespräch angegeben haben. Wenn man dies auf sorgfältige Weise und sehr oft wiederholt, entwickelt man Wahrnehmungsorgane, die einem ermöglichen, auf besonders aufmerksame und innerliche Weise anderen zuzuhören, so daß man auch sein inneres Urteilen und Interpretieren zum Schweigen bringt.

Alles ist möglich!

C.P.: Sollte man nicht auch eine Beziehung zum Leben haben?

T. Voors: Man muß ein großes und tiefes Interesse am Leben und an anderen Menschen haben, und das bekommt man, indem man andere Menschen trifft, sie vorurteilslos zu verstehen versucht und sein Subjektives zurückhält. Es wäre auch gut, viele Biographien zu lesen, in denen man bestimmte Lebensbilder finden kann. Innerlich sollte man eine völlig urteilsfreie Haltung haben und davon ausgehen, daß *alles möglich ist.*

Das Ziel eines Biographiearbeiters müßte es sein, Karma und Reinkarnation zu einer lebendigen und erkannten Realität zu machen. Deswegen darf man diese Arbeit nicht leichtfertig beginnen, sondern muß sich der Verantwortung voll bewußt sein, die man damit übernimmt.

C.P.: Kannst Du im Zusammenhang mit der Qualifikation eines Biographiearbeiters etwas über die Ausbildung im Centre for Social Development berichten?

T. Voors: Wir haben hier verschiedene Ausbildungszweige, zum Beispiel das "Social Development Programme", das in drei Trimester unterteilt ist und in dem man in einem zweiten Jahr mit mehr praktischer Anwendung weiterstudieren kann. Es kommen viele Menschen, die spezielle Interessen an der Biographiearbeit haben. Das, was wir an Lehrinhalten unterrichten, ist aber sozusagen nur der Beginn einer Biographieausbildung. Man kann hier für die Biographiearbeit wach werden, dann muß man aber entweder alleine oder am besten mit anderen zusammen in einer Gruppe dieses Wissen vertiefen und ausarbeiten. Wir haben hier auch eine Ausbildung für Lebensberatung, "Counselling Programme", die aus drei Epochen besteht, die innerhalb von vier Jahren stattfinden. Die Zwischenzeit besteht aus praktischer Arbeit. Diese Ausbildung und auch das zweite Jahr des "Social Development Programme" bieten eine Vertiefung in Richtung Biographiearbeiten.

Biographiearbeit wird zu einem notwendigen Teil einer Menschenkunde

C.P.: Was ist die Zukunftsperspektive der Biographiearbeit?

T. Voors: Biographiearbeit wird sich immer mehr ausbreiten. Das hängt damit zusammen, daß die Menschen sich immer mehr individualisieren, bewußter werden über sich und ihr Leben. Fragen nach dem Schicksal, zur Berufsfindung und nach dem Lebensweg überhaupt werden immer intensiver. Für Ärzte, Manager, Krankenschwestern, Priester, Sozialarbeiter, aber auch für jeden Menschen, der an dem Schicksal der Menschheit interessiert ist, wird dies ein notwendiger Teil einer Menschenkunde sein. Natürlich wird die Biographiearbeit viele verschiedene Formen annehmen, zum Beispiel in Form eines Zweiergespräches oder in einer Gruppe. Diese Formen müssen aber immer wieder neu geschaffen werden, und es ist eine Frage der Umstände und der Kreativität des Biographiearbeiters, wie er das gestaltet.

Was wäre ich, wenn ich diesen Menschen nicht getroffen hätte?

C.P.: Kannst Du einige Anregungen geben, wie man an seiner Biographie arbeiten kann, wenn man nicht in der Lage ist, an solch einem Biographieworkshop hier im Centre teilzunehmen?

T. Voors: Es muß niemand an einem Workshop teilnehmen, um nur dadurch ein Verständnis seiner Biographie zu bekommen. Um sich darin alleine zu üben, kann man zum Beispiel die Tagesrückschau üben. Als weiteren Schritt kann man sich Menschenbegegnungen in seiner eigenen Biographie betrachten, sie exakt lebendig beschreiben, eventuell auch aufschreiben. Mit dieser Methode kann man so zu Erkenntnissen über die Qualität solch einer Begegnung kommen. Man sollte sich dann die Frage stellen: Wie hat mich die Begegnung mit diesem Menschen beeinflußt? Was wäre ich, wenn ich diese Person nicht getroffen hätte? Bestimmte Eigenschaften in uns wären nicht zum Vorschein gekommen, wenn wir diesen oder jenen in unserem Leben nicht getroffen hätten. Man kann auf diese Weise finden, was man manchen Menschen in seinem Leben zu verdanken hat.

Eine weitere Möglichkeit, an der Biographie zu arbeiten, ist es, ein Lebenspanorama zu zeichnen. Man zieht eine Linie, schreibt auf der einen Seite alle äußeren Ereignisse auf, zum Beispiel wann man geboren wurde, wann man einen Unfall hatte usw. Auf der anderen Seite dieser Linie schreibt man, was in diesen Zeitabschnitten innerlich mit einem passiert ist. Im weiteren nimmt man einen Farbstift und schraffiert die entsprechenden Lebensabschnitte mit der Farbe, die am besten dazu paßt. Welche Abschnitte waren tiefrot, und wann wechselten sie dann über zu einer mehr blauen oder mehr grünen Farbe? Niemand sollte sich jemals gehindert fühlen, auf irgendeine Weise an seiner Biographie zu arbeiten. Und wenn man dann noch jemand findet, der bereit ist, einem zuzuhören, kann man sich gegenseitig anregen und ermutigen.

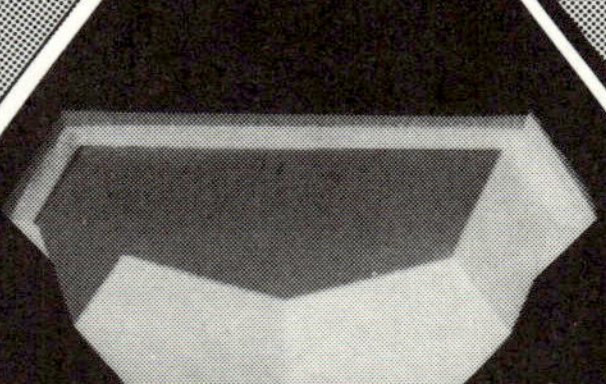

Hauptsache, die Kompaßrichtung stimmt

INTERVIEW MIT HELMUTH TEN SIETHOFF

von Rüdiger Lunkeit

Helmuth ten Siethoff: *geboren 1928 in Semarang auf der Insel Java/Indonesien als Sohn eines holländischen Kolonialbeamten und einer deutschen Musikerin. Bis zum 18. Lebensjahr in Asien aufgewachsen. Zwei Besuche in Europa (sechs Monate 1933/34 und zwölf Monate in der Schweiz 1938/39). Von 1943-45 Zwangsarbeit in einem japanischen Internierungslager (Schwerstarbeit). 1946 nach Holland; Abitur 1948. Studium der Volks- und Betriebswirtschaft bis 1953. Militärdienst, Art.-Offizier bis 1956. Außendienstinspektor für Sachversicherungen bis 1959. Liegenschaftenhandel bis 1960. Holländische Verwaltung, Personalberatung bis 1964; Studium der Sozialpädagogik 1960-64. Von 1964-1974 Mitarbeit im NPI (Nederlands Pedagogisch Instituut/Zeist), davon fünf Jahre in der selbstgewählten Führungsgruppe (Finanzverwaltung und internes Management); Mitbegründer der Tochterinstitute in England, Schweden und Südafrika. Ab 1974 in der Schweiz ansässig und tätig als selbständiger Unternehmensberater für Organisationsentwicklung in Industrie, Verwaltung und Kulturleben, private Seminare, Zusammenarbeit mit dem Betriebswirtschaftlichen Institut der Universität Bern. Arbeit in Mitteleuropa, Pakistan, Vereinigte Arabische Emirate und Brasilien. Dazu 1980-84 leitende Mitarbeit in einem Heim für seelenpflegebedürftige Kinder und Erwachsene. Seit 1990 Gerling Akademie für Risikoforschung AG, Abteilungsdirektor Beratung. Aufbau des Dienstleistungsbereiches Organisationsentwicklung und Referent für Topmanagement-Seminare.*

Viele Menschen erfahren ihr Leben in Wellenbewegungen: Irgendwo und irgendwann nehmen sie ihren Anfang, verlaufen in einem steten Auf und Ab, um schließlich irgendwann und irgendwo auszulaufen. Sonnenstrahlen beginnen die wogenden Fluten zu erhellen, ohne sie in ihrer ganzen Tiefe und Dichtigkeit durchdringen zu können. In diesem Ineinanderweben von Licht, Bewegung und Finsternis entsteht etwas Neues, etwas, was nicht nur Welle, aber auch nicht nur Licht ist, und seine Andersartigkeit in der Frage erlebt: der Frage nach dem eigenen, in unermeßlichen Tiefen ruhenden Grund, der eigenen Bewegung und dem Licht. - In Ergänzung zu dem Erfahren des Lebens in Wellenbewegungen sind es denn auch die W-Fragen, die Fragen nach dem Woher, Warum, Wozu und Wohin, die heute in den Seelen vieler Menschen hohe Wogen schlagen.

Vor dem Hintergrund dieser Fragen geht es im Interview mit Helmuth ten Siethoff um das Wie seiner Begegnung mit Fragen der Biographie, seines Umgangs mit ihnen, der Gestaltung seiner aus dieser Beschäftigung hervorgegangenen Biographieseminare und um die Bedeutung von Biographiearbeit in Wirtschaftsunternehmen. - Das Interview wurde in Karlsruhe geführt.

Etappen eines Lebenslaufs

Rüdiger Lunkeit: Sie befassen sich seit Jahren intensiv mit Fragen der Biographie. Könnten Sie vielleicht einmal anhand eines kurzen Abrisses Ihrer eigenen Biographie schildern, wie sich die Begegnung mit der Frage der Biographiearbeit vollzog und im folgenden gestaltete?

Helmuth ten Siethoff: Ja. Ich bin im März 1928 in Semarang in Indonesien auf der Insel Java geboren. Während des Zweiten Weltkriegs war ich von meinem 15. bis zum 18. Lebensjahr in japanischer Kriegsgefangenschaft. Rückblickend betrachtet habe ich mich in dieser Zeit intensiv mit dem Begriff Freiheit auseinandersetzen müssen. Nach dem Zweiten Weltkrieg ging ich nach Europa, studierte Betriebswirtschaftslehre, wurde Offizier der niederländischen Armee und begann meine Karriere im Außendienst einer Versicherungsgesellschaft. Meine Eltern waren bereits mit der Anthroposophie in Berührung gekommen. Ich selbst habe mich nicht bewußt mit der Anthroposophie auseinandergesetzt, bis mir im 28./29. Lebensjahr durch die Arbeit im Versicherungswesen bewußt wurde: “Du machst hier ein Geschäft mit der Angst. Was heißt das eigentlich?” Mir wurde Angst als Gegenpol zur Freiheit bewußt. Angst lähmt, während Freiheit sowohl im Bewußtsein als auch im Tätigkeitsbereich Räume erschließt. So bin ich in dieser Zeit neu an die Anthroposophie herangekommen und wußte bald: “Ja, mit der Anthroposophie will ich etwas in der Welt.” Aber ich wußte nicht was.

In diese Zeit fällt ein Traum, in dem ich eine Begegnung mit Rudolf Steiner hatte und ihn fragte: “Ja, was soll ich denn eigentlich mit der Anthroposophie in der Welt? Waldorflehrer - das liegt mir nicht, als Heilpädagoge bin ich nicht ausgebildet, in der biologisch-dynamischen Landwirtschaft ist bereits mein Bruder tätig - also, was soll ich tun?” In diesem Traum sagte Rudolf Steiner zu mir: “Jaja, machen Sie das nur!” Daraufhin habe ich gesagt: “Das ist aber nicht die Antwort, die ich möchte. Ich möchte wissen, was ich mit der Anthroposophie in der Welt tun soll?” Wiederum sagte er: “Jaja, machen Sie das nur.” Und dann ist er aufgestanden und gegangen. Beim Aufwachen wurde mir bewußt, daß man einem Menschen nicht sagen kann, was er tun soll. Ich mußte also meinen eigenen Weg finden. Aber wenn man seinen eigenen Weg finden will, worauf muß man dann eigentlich schauen? Ich sagte mir, daß ich erst einmal die alten Schuhe wegwerfen bzw. das alte Schiff hinter mir verbrennen müßte, und bin zu meinem Chef gegangen und habe gekündigt.

R.L.: Sie hatten also den Eindruck, sich erst entscheiden zu müssen, bevor überhaupt etwas Neues an Sie herankommen könnte?

H. ten Siethoff: Ja, ich mußte erst kündigen. Es war immer wieder in wichtigen Situationen meines Lebens so, daß ich Entscheidungen getroffen habe, ohne das weitere Wie, Was oder Wo zu wissen. Die Dinge haben sich dann gefügt. Solche Situationen sind zwar immer mit Ängsten verbunden, aber es schult die Geistesgegenwart, mit den immer sich wandelnden Verhältnissen und Situationen fertig zu werden. In dieser Periode habe ich mich dann mit dem Buch Rudolf Steiners "Wie erlangt man Erkenntnisse der höheren Welten?" befaßt. Diese Beschäftigung war mir eine wesentliche Hilfe. Heute würde man sagen, daß es sich bei "Wie erlangt man ..." um eine programmierte Instruktion zur Selbstschulung handelt.

Fragen aus dem Umkreis des Lebens

R.L.: Das Ende der zwanziger Jahre, der Übergang vom vierten ins fünfte Lebensjahrsiebt, ist nun häufig von einer wesentlichen Änderung des Charakters des Seelenlebens gekennzeichnet. Die emotionalen Wogen haben sich geglättet, der Mensch ist stärker verstandesorientiert. Damit einher geht eine neue Einstellung zur Welt. Wie hat sich dieser Umbruch bei Ihnen im weiteren vollzogen?

H. ten Siethoff: Ich hatte in der Zeit meiner Gefangenschaft in einem japanischen Konzentrationslager und in meiner Tätigkeit als Außendienstmitarbeiter die Menschen von verschiedenen Seiten kennengelernt. Diese Begegnungen mit Menschen waren für mich auch Ausgangspunkt für die Beschäftigung mit der Anthroposophie gewesen. Ich wußte sehr schnell: Ja, in dieser Richtung willst Du etwas machen. Aber ich wußte nicht genau was. Damals war in vielen kleineren und mittleren Unternehmen in Holland der Direktionsassistent für die Personalfragen zuständig. Diese Tätigkeit lag in der Richtung dessen, was ich wollte, und so bewarb ich mich verschiedentlich um eine solche Stelle, aber es klappte einfach nicht. Alle Wege, die ich gehen wollte, liefen ins Leere. Es kam einfach keine Antwort aus dem Leben. Aber immer dann, wenn ich auf Fragen einging, die aus dem Leben, aus dem Umkreis an mich gestellt wurden, ging es auf einmal. Das waren häufig Fragen, bei denen ich dachte: Wieso? Muß denn das sein?

Wenn ich mich auf diese Fragen einließ, ging es weiter. Durch diese Erfahrungen wurde mir die Bedeutung des Freiheitsbegriffs in der Biographie deutlich. Freiheit heißt nicht, daß man tun kann, was man sich vorgestellt hat, sondern daß man die eigene, d.h. individuelle Schicksalsfrage in seinem Leben akzeptieren lernt. Dieser Zusammenhang wurde mir durch eine Äußerung Rudolf Steiners klar, derzufolge wir unser Ich nicht in unserem Inneren finden; in unserem Innern wirkt unser Ich-Bewußtsein. Unser Ich kommt uns statt dessen aus der Umwelt entgegen und wird dort sichtbar, wo wir mit Schicksalsfragen, mit einschneidenden Erlebnissen konfrontiert werden.

Ich habe dann auf dem zweiten Bildungsweg Sozialpädagogik studiert und 1959 zu Bernard Lievegoed gefunden. Das NPI brauchte damals keine weiteren Mitarbeiter. Deshalb bin ich meinen eigenen Weg gegangen, immer wissend, daß ich mit Menschen zu tun haben wollte, und habe dann eine Tätigkeit in der Verwaltung angenommen. Im Rahmen dieser Tätigkeit war ich mit Personal- und Ausbildungsfragen befaßt. Als das Studium abgeschlossen war, kam ein späterer Kollege des NPI auf mich zu, Lex Bos, der mich fragte, ob ich nach wie vor an einer Mitarbeit im NPI interessiert sei. So bin ich dann im Frühling 1964, fast zu meinem 36. Geburtstag, beim NPI eingestiegen. - Zehn Jahre war ich dann für das NPI tätig, davon fünf Jahre in der selbstgewählten internen Führungsgruppe. Ich war insbesondere mit der Beratung großer, multinationaler Konzerne befaßt, so zum Beispiel in England, Schweden, Südostafrika, Pakistan, Vereinigte Arabische Emirate und Brasilien. Die konzentrierte Beschäftigung mit Fragen der menschlichen Biographie resultiert aus meiner Beratungstätigkeit, weil sehr viele Menschen mit der Bitte um Hilfe in persönlichen Schwierigkeiten auf mich zukamen.

Neben den Erkenntnissen aus der Anthroposophie war ich durch mein sozialpädagogisches Studium auch mit anderen methodischen Ansätzen vertraut. Mein wesentliches Interesse galt dabei neben Carl Gustav Jung insbesondere Carl Rogers, dem Begründer der nondirektiven Methode. Er beeindruckte mich durch seine freilassende Haltung dem Menschen gegenüber, denn er spricht nicht von Patienten, sondern von Klienten. Außerdem findet sich bei ihm die grundlegende Erkenntnis, daß ein jeder Mensch seinen eigenen Weg gehen muß.

Im Laufe der Zeit kamen so viele Menschen mit ihren Problemen zu mir, daß ich mich entweder für die Unternehmensberatung oder für eine therapeutische Praxis entscheiden mußte. Ich habe mich dann für die Unternehmensberatung entschieden. - Die Biographiearbeit entwickelte sich dadurch weiter, daß ich die Menschen, die mit Problemen zu mir kamen, einmal zu einem gemeinsamen Wochenende eingeladen hatte. Mein Leitgedanke war, Menschen, die Probleme haben, in einer Gruppe zusammenzubringen, so daß sie sich auch gegenseitig helfen können. Schließlich habe ich nicht das Monopol auf Lebensweisheit, und jeder, der ein bißchen Lebenserfahrung hat, müßte eigentlich in der Lage sein, einem anderen auf seinem Schicksalsweg zu helfen. Dieses erste Treffen fand 1975 statt. Der Verlauf dieses Treffens und die Resonanz darauf ermutigten mich, in dieser Richtung weiterzuschreiten.

R.L.: Wie hat der Begriff Biographie in Ihrem Leben akute Bedeutung erlangt, und wie gestaltete sich die Auseinandersetzung damit?

H. ten Siethoff: Der Begriff erlangte akute Bedeutung, als wir im Zweig der Anthroposophischen Gesellschaft in Zeist die Karmavorträge Rudolf Steiners erarbeiteten. Es gab damals eine kleine Gruppe, darunter viele Mitarbeiter des NPI, die die Zweigabende vorbereitete. Jeder vertiefte sich in ein Thema oder einen Vortrag seines Interesses und führte darüber am Zweigabend in ein Gespräch ein. Mich hat insbesondere der Karmavortrag über Marx und Engels interessiert. Bei der Auseinandersetzung mit diesem Vortrag wurde mir klar, daß die jetzige Biographie, die das Leben in der Gegenwart schreibt, nur Teil einer ganzen Reihe von Biographien ist und daß der Mensch in diesem Leben auszuarbeiten hat, was er in den vorhergehenden Erdenleben veranlagt hat. Und alles, was wir jetzt tun, findet wiederum seine Fortsetzung in späteren Erdenleben.

Ein Gespür für die eigene Aufgabe entwickeln

R.L.: Sie meinen die Biographie in der Biographie?

H. ten Siethoff: Ja, genau. In diesem Zusammenhang wurde mir auch der Vergleich Rudolf Steiners mit dem Tages- und Nachtleben des Menschen bewußt. Der Tag entspricht dem Leben und die Nacht der Zeit zwischen Tod und neuer Geburt. Man verarbeitet in der Nacht den letzten Tag und muß am nächsten Tag dort wieder anknüpfen. Man kann die Biographie auch als einen Weg beschreiben. Diesen Weg geht man ohne Landkarte. Aber die Landkarte ist auch nicht wichtig, denn die Hauptsache ist, daß die Kompaßrichtung stimmt. Es gibt ja bekanntlich viele Wege und auch Umwege, die zum Ziel führen. Entscheidend für die Auseinandersetzung mit der eigenen Biographie ist, ein Bewußtsein dafür zu entwickeln, wo man anknüpft bzw. anknüpfen muß. Im Grunde genommen geht es darum, ein Gespür dafür zu entwickeln, was man sich im Vorgeburtlichen für dieses Leben vorgenommen hat - auch wenn man nicht weiß, wer man ist, wer man war oder wer man sein wird. Man muß eine Empfindung für die innere Qualität der eigenen Aufgabe entwickeln. Und bei allem, was man tut, muß man sich bewußt machen, daß man möglicherweise erst veranlagt, was in späteren Erdenleben zur Reife kommt.

R.L.: Damit ist die Frage der Entwicklung angesprochen, Entwicklung in und durch Biographie.

H. ten Siethoff: Ja. Über Entwicklung haben wir sehr intensiv beim NPI gearbeitet. Dort war Lievegoed mein Lehrer. Lievegoed hat - Rudolf Steiner folgend - herausgearbeitet, daß Entwicklung immer einen finalen Charakter hat, Entwicklung zu einem bestimmten Ziel hin. Die wesentliche Frage ist: Entwicklung zu was? Entwicklung in der menschlichen Biographie meint einen Prozeß, der in der Zeit verläuft und durch unterschiedliche Phasen von Harmonie und Krisen gekennzeichnet ist. Die Krisen sind dabei als Umgestaltungsphasen zu verstehen: Etwas Altes kommt zu seinem Ende und etwas Neues kündigt sich an. Zur Charakterisierung der Krisenphasen könnte man das Krebs-Zeichen heranziehen. Etwas Altes wickelt sich ab und etwas Neues wickelt sich ein.

In der Biographie des Menschen lassen sich drei unterschiedliche Entwicklungsprozesse unterscheiden: die biologische, die psychische und die geistige Entwicklung. Im Kern zielt die Biographiearbeit dabei auf den dritten Aspekt. Es geht darum, dem Menschen bei der Beantwortung der Frage zu helfen: Wozu bin ich eigentlich da in der Welt? Das ist eine Frage der Bewußtwerdung des eigenen Ich. Um diese Frage begehbar zu machen, ist insbesondere auf den Doppelaspekt der Biographie zu achten, wie ihn Lievegoed herausgearbeitet hat. Er unterscheidet zwischen einer inneren und einer äußeren Biographie. Die äußere Biographie weist auf das, was man im Leben zu tun hat, die innere Biographie auf den Lernprozeß dabei.

Der Doppelaspekt der Biographie

R.L.: Können Sie diesen Doppelaspekt von Biographie einmal konkretisieren?

H. ten Siethoff: Ein jeder Mensch kommt mit Fähigkeiten auf die Welt. Diese Fähigkeiten sind interessant für andere Menschen. Wir können damit etwas in der Welt tun, was andere Menschen vielleicht nicht können, aber für andere von Bedeutung ist. Dabei ist weniger wichtig, was ein Mensch tut, als vielmehr, wie er es tut. Es hat mich seinerzeit beeindruckt, bei Rudolf Steiner eine Stelle zu finden, in der er sagt, daß, wenn ein Mensch stirbt, eine spirituelle Lücke entsteht. Diese wird erst dann wieder geschlossen, wenn der Mensch wiedergeboren wird. Das heißt nicht, daß ein Mensch unersetzlich ist, aber ein jeder Mensch erfüllt seine Aufgabe so, wie nur er sie erfüllen kann. Das macht seine Bedeutung aus, und eben darauf kommt es in der Biographiearbeit an: den Menschen zu helfen, ihre eigene Einmaligkeit zu finden.

Diese Einmaligkeit offenbart sich nun nicht nur darin, wie ein Mensch seine Aufgabe in der Welt erfüllt. Gerade auch durch seine Fähigkeiten kommt der Mensch immer wieder in Situationen, in denen sich seine Unfähigkeiten zeigen, in denen er lernen muß. Auch diese Lernprozesse sind durch die Individualität geprägt und vorherbestimmt. Beides, die Fähigkeiten und die damit einhergehenden Lernprozesse, bestimmt den individuellen Lebensweg eines jeden Menschen.

R.L.: Dieser Doppelaspekt von Biographie wird vielleicht auch daran deutlich, wenn man sich bewußt wird, daß man in diesem Leben im Grunde genommen zwei Leben lebt. Das eine Leben, das offensichtlichere, ist geprägt durch den äußeren Gang des eigenen Lebens, die Stationen des Lebensweges usw. Das Komplement dazu, der mehr innere Aspekt der Biographie, kommt in der inneren Erlebniswelt zum Ausdruck. Während der erste Aspekt vielleicht eher vergangenheitsorientiert ist, zeigt der zweite Aspekt möglicherweise eher in Richtung Zukunft. Beide Aspekte konkretisieren sich in ihrem Jetzt, man kann vielleicht sagen: Sie konstituieren die Gegenwart des Menschen. Da die erste Seite eindeutiger konturiert scheint, mag der Schwerpunkt der Biographiearbeit dann auch eher auf der Erarbeitung der mehr inneren Biographie liegen.

H. ten Siethoff: Ja, genau, denn dabei geht es insbesondere um den zukunftsorientierten Aspekt der Biographie. Rudolf Steiner führt aus, daß wir in diesem Leben viele Dinge veranlagen, die erst in einem späteren Leben zum Tragen kommen bzw. sich realisieren. Das ist eine Frage, die ich mir natürlich auch selbst gestellt habe. Was habe ich in diesem Leben realisieren können? Wie habe ich das vielleicht vorbereitet? Oder auch: Was habe ich nicht realisieren können?

Ich habe jemanden gekannt, der einmal zu mir sagte: “Weißt Du, wenn ich so auf mein Leben zurückschaue, dann muß ich sagen, ich habe eigentlich eine verpatzte Biographie. Alles, was ich gewollt habe, ist nicht gelungen. Vielleicht habe ich auch die angebotenen Möglichkeiten nicht wahrgenommen.” Ich habe ihm geantwortet: “Das würde ich nie zu sagen wagen: eine verpatzte Biographie. Ich glaube nicht, daß es verpatzte Biographien gibt. Es gibt auch keine sinnlosen Biographien. Es hat alles seinen Sinn. Aber vielleicht hast Du die Dinge in diesem Leben so machen müssen, wie Du sie gemacht hast, weil Du erstens darunter leiden mußtest, daß sie Dir nicht gelungen sind, und zweitens mag sich der Wille durch diese Mißerfolgserlebnisse quasi gestaut haben, um dann im nächsten Leben zur Realisierung Deiner Ziele schlagkräftig sein zu können. In diesem Sinne darf man das Negative des eigenen Lebens nicht einmal negativ nennen.”

R.L.: Es ist offensichtlich, daß eine Auseinandersetzung mit der eigenen Biographie die Bewältigung und auch Gestaltung des eigenen Lebens erleichtern kann. Gibt es aber darüber hinaus weitere Notwendigkeiten, die Bearbeitung der eigenen Biographie zu vertiefen?

Der zweite Mensch in mir

H. ten Siethoff: Die Frage nach dem Wozu der Biographiearbeit habe ich mir natürlich auch gestellt. Am Beginn meines Einstiegs in die Anthroposophie stand die Karmafrage. Und da wurde mir der Grund, vielleicht auch die Notwendigkeit, zur Bearbeitung biographischer Fragen eigentlich recht schnell bewußt. In den Karmavorträgen schildert Rudolf Steiner, daß man sich im Leben nur an das erinnern kann, womit man sich bewußt auseinandergesetzt hat. Das gilt für dieses Leben, das gilt aber auch für das nächste Leben. Weiterhin sagt er, daß schon heute immer mehr Menschen geboren werden, die Erinnerungen, wenn auch diffuser Art, von ihrem letzten Leben haben. Das wird insbesondere dann problematisch, wenn die Menschen nicht wissen, was das ist. Im ungünstigsten Fall werden sie für verrückt erklärt und in psychiatrische Anstalten eingesperrt.

R.L.: Können Sie einige Symptome nennen, durch die der von Ihnen geschilderte Zusammenhang deutlich wird? Diese Reminiszenzen werden ja in der Regel verzerrt auftreten.

H. ten Siethoff: Ich kenne solche Erlebnisse auch aus meinem eigenen Leben. Etwa dergestalt, daß man an Orte kommt, wo man weiß: Hier bist Du schon einmal gewesen. Dabei weiß man ganz genau, daß man in diesem Leben an diesem Ort noch nie gewesen ist. Ein anderes Phänomen ist, daß man Träume hat, in denen Situationen auftreten - man trifft etwa Menschen oder ganz bestimmte Konstellationen an -, von denen man weiß, daß sie in dieses Leben nicht hineinpassen, sich nicht eingliedern lassen. Das können Bilder aus ganz anderen Kulturen, aus ganz anderen Erdteilen sein. So etwas kann sich bis an den Beginn eines schizophrenen Prozesses steigern, indem der Mensch immer stärker den Eindruck gewinnt: Da steckt ein anderer oder noch ein zweiter Mensch in mir. Und dieser Mensch in mir macht sich bemerkbar. Er will Dinge, die ich nicht will oder zumindest nicht verstehe. Wer ist dieser Mensch? Wo kommt er her?

Im Hinblick auf die Biographiearbeit heißt das folgendes: Rudolf Steiner führt aus, daß wir, sofern wir uns in einem Leben intensiv mit unserer eigenen Biographie befassen, damit die Möglichkeit haben, uns im nächsten Leben konkret an unsere jetzige Inkarnation zu erinnern. Wir werden im späteren Leben den Eindruck haben, daß wir eine Erinnerung an unsere letzte Inkarnation brauchen, um sinnvoll unsere weiteren Inkarnationen daran anknüpfen zu können. Es wird mit dieser Voraussetzung möglich sein, daß der Mensch den roten Faden seiner Biographienreihe findet und entsprechend weiter daran arbeitet.

Menschen, die nicht die Möglichkeit haben, sich konkret und bewußt mit der eigenen Biographie auseinanderzusetzen, werden in späteren Zeiten möglicherweise für verrückt erklärt werden, weil sie Phänomene an sich feststellen, die sie nicht einordnen können.

R.L.: Rudolf Steiner spricht von der von Ihnen geschilderten Entwicklung der Zukunft. Nun hat ja die Zukunft bereits begonnen. Gibt es konkrete Hinweise dafür, daß diese Entwicklung bereits dabei ist, Realcharakter anzunehmen?

H. ten Siethoff: Ich denke ja. Wenn Sie einmal auf das schauen, was sich im individuellen Leben an Tobsuchtsanfällen zeigen kann, was als Anarchie auftritt, was sich in Haltlosigkeit und Drogensucht zeigt, da kann man schon den Eindruck gewinnen, daß hier Willensimpulse wüten, die nicht richtig eingesetzt werden können. Diese Willensimpulse steigen aus dem Unterbewußten auf, und die Menschen wissen nicht, was sie mit ihnen machen sollen, wie sie sie leiten sollen.

R.L.: Ein weiteres Symptom mag sein, daß es immer mehr Menschen gibt, die zumindest einen leisen Eindruck davon haben, daß es in ihrem Leben, aber auch im Weltgeschehen, Dinge gibt, die nicht allein aus dem Hier und Jetzt abgeleitet werden können.

H. ten Siethoff: Ja, im Grunde genommen zeigt sich das heute überall. Ich erlebe das in meinen Biographieseminaren, zu denen eigentlich zwei Kategorien von Menschen kommen. Da sind zum einen diejenigen, die sehr intensive persönliche Fragen haben. Diese Fragen sind oft sehr diffus gestellt. Grundsätzlich fühlen sich diese Menschen schlicht unwohl. Das ist das Entscheidende. Sie sind festgefahren; ihre Gefühle zerren an ihnen. Das Wesentliche aber ist, daß diese Gefühle dem Menschen nicht recht zum Bewußtsein kommen. Ausgangspunkt sind häufig Schicksalsschläge und Krisen. Die Fragen, die gestellt werden, sind etwa die: "Was soll das Ganze eigentlich, warum passiert mir das? Was soll das?"

Diese Fragen des Warum, Wozu und Wohin können quälend werden. In der Biographieberatung geht es deshalb zunächst darum, innerhalb dieses Lebens gewisse Zusammenhänge zu entdecken und aufzuschlüsseln. Die andere Kategorie sind diejenigen Menschen, die - häufig aus beruflichem Interesse - mehr ein allgemeines Interesse an biographischen Fragen haben. Diese Persönlichkeiten kommen vor allem aus therapeutischen Berufen, etwa aus der Alten- oder Krankenpflege usw. Da geht es dann insbesondere um Fragen: Wie begleite ich einen kranken Menschen? Wie begleite ich einen sterbenden Menschen? Was hat Krankheit mit der Biographie eines Menschen zu tun? Auch diese Fragen sind von existentieller Bedeutung, weil die Menschen sonst durchaus an ihrem Beruf verzweifeln können.

Das Biographieseminar

R.L.: Auf welchen Wegen finden die Menschen den Weg in ihr Biographieseminar?

H. ten Siethoff: Ich mache für meine Biographieseminare wenig Werbung. Wenn ich beispielsweise im anthroposophischen Rahmen Vorträge halte, lege ich meine Programme aus. Zweimal habe ich es auch über Annoncen versucht. Aber im wesentlichen kommen die Menschen zu meinen Seminaren durch Mund-zu-Ohr-Propaganda, d.h. es liegt auch dort ein karmisches, ein Schicksalselement vor, daß Menschen in einer für sie schwierigen Situation mit Menschen in Berührung kommen, die ihnen von der Möglichkeit meiner Biographieseminare berichten. Ich halte es auch für richtig, daß sich das so entwickelt. Man kann sagen, daß diejenigen Menschen, die aus persönlichen oder auch aus beruflichen Gründen mit Fragen der Biographie konfrontiert werden, aus Schicksalsgründen diesen Weg gehen.

R.L.: Diese Fragen leben doch heute eigentlich in jedem Menschen unseres Kulturkreises.

H. ten Siethoff: Ja, aber man kann natürlich auch versuchen, diesen Fragen auszuweichen. Rudolf Steiner führt dazu aus, daß es einen prädestinierten Teil des Schicksals und einen freien Teil des Schicksals gibt. Dabei ist der prädestinierte Teil in der Begegnung zu sehen. Das kann eine Begegnung mit einem Menschen, einer Situation oder auch einer

Frage sein. Das ist vorherbestimmt. Dabei handelt es sich um eine Abmachung, die in der geistigen Welt getroffen worden ist. Das ist schicksalsbedingt. Das Freiheitsmoment tritt erst dort auf, wo man sich dessen bewußt wird. Man sieht sich dann mit der Frage konfrontiert: Wie gehe ich jetzt mit dieser Situation, dieser Anforderung an mich um?

R.L.: Wie ist Ihr Biographieseminar gestaltet?

H. ten Siethoff: Die Seminare finden in einem kleinen Hotel am Brienzer See statt, an einem Ort, wo man sich aus dem Trubel der Zeit für eine gewisse Zeit zurückziehen kann. Das Seminar selbst dauert 3.1/2 Tage, und zwar aus rein pragmatischen Gründen. Damit wird denjenigen Menschen, die privat in meine Seminare kommen und im Berufsleben stehen, eine Teilnahme ermöglicht. Im Grunde genommen beginnt aber das Seminar bereits mit der Anmeldung. Die Menschen bekommen neben der Bestätigung ihrer Anmeldung Unterlagen zum menschlichen Lebenslauf sowie einen Fragebogen zugeschickt. Es werden auch Fragen der Finanzierung erörtert. Es gibt Menschen, die den Tagungsbeitrag nicht zahlen können. Da ich die finanzielle Situation der Menschen nicht einschätzen kann, verabrede ich es so, daß die Menschen das zahlen, was sie zahlen können, im Bewußtsein dessen, daß ich davon leben muß.

In den Unterlagen zum menschlichen Lebenslauf habe ich die wesentlichen Ereignisse, die sich in jedem Jahrsiebt vollziehen, einmal kurz dargestellt. Dazu gehört dann auch eine Kurzbeschreibung der wesentlichen Entwicklungsaufgabe in jedem Jahrsiebt. Im beigefügten Fragebogen geht es beispielsweise um folgende Fragen: "Versuchen Sie doch einmal, Ihre Gesamtbiographie in einem Bildnis oder in einem Gedicht darzustellen. Was ist eigentlich das Wesentliche in Ihrer Biographie?" Eine andere Frage etwa lautet: "Versuchen Sie einmal, in jedem Jahrsiebt zu schauen, welche wesentlichen Ereignisse prägend waren. Welche Ereignisse waren entscheidend; was bedeuteten diese Ereignisse damals für Sie, wie sehen Sie diese Ereignisse heute?"

R.L.: Ein jeder geht also mit seinem eigenen Vorverständnis von Biographie an diese Aufgaben heran?

H. ten Siethoff: Genau. In einem Begleitbrief zu diesen Unterlagen schreibe ich den Menschen, daß diese Unterlagen sehr wichtig sind. 3.1/2 Tage sind einfach zu kurz, um die Menschen überhaupt erst für Fragen der Biographie aufzuschließen. Es hat sich als eine wesentliche Unterstützung für das Gelingen des Seminars erwiesen, wenn sich die Menschen bereits im Vorfeld auf eine Auseinandersetzung mit ihrer Biographie eingestimmt haben.

Da gibt es dann Menschen, die mir sagten, daß sie - als sie diese Unterlagen bekamen - wütend geworden waren: "Diese eine Frage, warum ich mir diese Eltern ausgesucht hätte, hat mich schlicht empört. Ich habe mir diese Eltern nicht ausgesucht! Dieses Elternhaus war für mich eine Quelle der Frustration." Aber auch über diese Empörung gestalten sich Anknüpfungspunkte.

R.L.: Wie gestalten sich nun diese 3.1/2 Tage?

H. ten Siethoff: Nachdem die Menschen angereist sind, gebe ich nach einer kurzen Einführung zunächst einen Überblick über das, was die Menschen in den nächsten Tagen erwartet. Ich eröffne ihnen, daß sie auf einem Seminar sind, auf dem sie nichts müssen. Die Menschen können kommen und gehen, wann sie wollen. Das Programm besteht darin, daß ich jeden Tag zwei Referate halte. Jeweils von 9 bis etwa 10 Uhr und von etwa 17 bis 18 Uhr. Dazwischen haben die Teilnehmer Gelegenheit, sich mit ihrer eigenen

Biographie zu beschäftigen. Die Menschen können sich auch in Gesprächsgruppen finden und ihre Erfahrungen miteinander austauschen. Die Zeit zwischen den Vorträgen und auch abends stehe ich für persönliche Gespräche zur Verfügung. Ich plane für jeden Teilnehmer etwa ein- bis anderthalb Stunden für ein persönliches Gespräch. Diese Möglichkeit wird in der Regel von etwa dreiviertel aller Beteiligten angenommen. Ich mache die Menschen bei der Eröffnung des Seminars darauf aufmerksam, daß es ihre eigene Angelegenheit ist, wie sie dieses Seminar gestalten.

"Keine Ratschläge!"

R.L.: Werden künstlerische Kurse, zum Beispiel Eurythmie oder Sprachgestaltung angeboten?

H. ten Siethoff: Nein, das alles gibt es nicht. Es gibt einen Büchertisch, auf dem ich Bücher zu Fragen der Biographie vorstelle und zur Ausleihe anbiete. Des weiteren nehme ich Malutensilien mit, die gleichfalls so plaziert werden, daß ein jeder, der Interesse hat zu malen, sich bedienen kann. Ich gebe dann auch kleine Hinweise, zum Beispiel: "Malen Sie doch einmal ein Bild aus ihrem Lieblingsmärchen." Eine andere Anregung ist etwa diese: "Setzen Sie sich doch einmal gegenüber und versuchen Sie, sich gegenseitig zu porträtieren." Dann machen Teilnehmer etwa die Erfahrung, daß sie nicht wahrnehmen können. Auf jeden Fall sind damit Anlässe und Möglichkeiten geschaffen, daß Menschen miteinander ins Gespräch kommen. Für Gesprächssituationen gebe ich einige wenige methodische Hinweise, wie etwa folgende: "Wenn Sie miteinander ins Gespräch kommen, ist das Wichtigste, daß sie einander zuhören." Oder: "Stellen Sie sich gegenseitig Fragen, zum Beispiel: Wie war es genau? Was ist dann passiert? Wie ging es dann weiter?" Ich weise die Teilnehmer insbesondere darauf hin, dem anderen keine Ratschläge zu geben. Und wenn jemand nicht umhin kann, einen Ratschlag zu geben, dann soll er dem anderen mindestens drei oder vier Ratschläge geben, so daß der Betreffende immer noch vor der Notwendigkeit steht, selbst entscheiden zu müssen. Ich habe gemerkt, daß es sinnlos ist, Ratschläge zu geben: Der Mensch macht sowieso, was er will.

R.L.: Ob und wieweit die Menschen ins Gespräch kommen, hängt also von den Teilnehmern selbst ab. Es gibt demzufolge auch kein Plenum, keine Kleingruppen oder Sonstiges, wo in größerer Runde Gespräche oder Gesprächsergebnisse miteinander ausgetauscht werden?

H. ten Siethoff: Das ist nicht geplant, aber es kann natürlich dennoch passieren, und es ist auch schon passiert. Es kam zum Beispiel einmal jemand zu mir, der mich darum bat, im Plenum etwas aus seiner Biographie schildern zu dürfen. Dann habe ich das Plenum gefragt, ob es damit einverstanden sei, und derjenige konnte dann etwas aus seiner Biographie den anderen Teilnehmern zu Gehör bringen.

R.L.: Es gibt also kein festes Kursprogramm; die einzigen Eckdaten sind die Termine Ihrer Vorträge und vielleicht noch die Essenszeiten. Dadurch, daß es kein vorstrukturiertes Rahmenprogamm gibt, entsteht das Seminar im Grunde genommen jedesmal neu aus der Gruppe der Teilnehmer. Damit ist der einzelne in seiner Freiheit und seinem Eigenwillen aufgerufen, die gebotene Möglichkeit zur Begegnung zu realisieren. Das erinnert ein wenig an Ihr Bild von den alten Schuhen, die zunächst einmal weggeworfen werden müssen. Der einzelne entscheidet über seine Teilnahme am Seminar und begibt sich damit in einen Raum, in dem das Was und Wie nicht vorgegeben sind. Damit ist zugleich eine Situation geschaffen, wie sie eigentlich im Leben eines jeden immer wieder auftaucht; nur scheinen die einzelnen Entscheidungssituationen des Menschen durch äußere Determinanten überlagert.

H. ten Siethoff: Ja, so kann man es sagen. Das einzig fest Vorgegebene ist der Zeitrahmen für die Referate. Im weiteren Verlauf des Seminars komme ich auch auf meine Biographie zurück. Sie dient quasi als Spielmaterial zur Illustration ganz bestimmter Zusammenhänge, was aber nicht heißen soll, daß das in einer anderen Biographie auch so sein muß. In den Einführungsreferaten geht es darum, die Biographie unter verschiedenen Gesichtspunkten zu beschreiben. Da geht es beispielsweise um die Gesetzmäßigkeiten der körperlichen, seelischen und geistigen Entwicklung. Im weiteren geht es dann um eine Kurzbeschreibung der einzelnen Krisenpunkte sowie um eine Kurzfassung der einzelnen Lebensphasen.

R.L.: Wie gestalten Sie den situativen Bezug zu den jeweils sich ändernden Teilnehmerkonstellationen?

H. ten Siethoff: Bei der Einführung in das Seminar stelle ich an die Teilnehmer die Frage: "Können Sie mir sagen, was Sie eigentlich von diesem Seminar erwarten? Mit welchen Fragen sind Sie gekommen?" Damit ist mir dann eine gewisse Orientierung für den Verlauf des Seminars gegeben. Dann werden Fragen gestellt: "Was ist eigentlich Anthroposophie? Was heißt Biographie und Reinkarnation? Wie gestalten sich bestimmte Lebensphasen?" Sehr viele Fragen kommen auch zum Thema "Biographie und Partnerschaft" sowie "Biographie und Beruf". Aufgrund dieser Fragen gestalte ich dann meine Vorträge.

Jeder ist für sein Gelingen selbst verantwortlich

R.L.: Durch das Offenlassen der äußeren Rahmenbedingungen wird doch im Grunde genommen eine Lernsituation geschaffen, in der der einzelne selbst aktiv werden muß. Entscheidend für das Wie und Was des Seminars ist aber auch die Teilnehmerkonstellation. Bringen Sie den Teilnehmern zu Bewußtsein, daß die Zusammensetzung dieses Seminars möglicherweise keine zufällige, sondern eine schicksalsmäßig geführte ist?

H. ten Siethoff: Ich weise auf diesen Aspekt etwa dadurch hin, daß ich den Menschen bei der Einführung sage: "Sie kennen sich wahrscheinlich nicht, aber Sie haben alle einen Bezugspunkt, das bin ich. Sie sind hier, weil Sie mit mir das Biographieseminar machen wollen. Und hier entsteht eine neue Situation. Es entstehen Begegnungen - oder auch nicht. Wie Sie mit dieser neu entstandenen Situation umgehen, das liegt wiederum in Ihrer Verantwortung. Ich habe eine Verantwortung dafür, daß Sie hier finden, was Sie zu finden hoffen. Und ich habe die Verantwortung, auf Ihre Bedürfnisse einzugehen. Das werde ich tun, soweit es in meinen Möglichkeiten steht. Ich gestalte den Rahmen, und was innerhalb dieses Rahmens geschieht, das liegt in Ihrer Verantwortung."

Aber ich sage den Leuten auch: "Die meisten von Ihnen kennen sich hier nicht. Aber schauen Sie sich dennoch einander genau an. Achten Sie auf Ihre Gefühle und schauen

Sie einmal, mit welchen Menschen Sie sich gern zusammensetzen möchten, um biographische Erfahrungen auszutauschen." Und es zeigt sich, daß auf jedem Seminar sehr interessante Begegnungen stattfinden. Freundschaften und sogar auch eine Partnerschaft sind entstanden. Aber ich weiß natürlich auch nicht alles. Ich kann nicht alles durchschauen und mische mich auch nicht überall ein.

R.L.: Wie reagieren eigentlich die Teilnehmer auf diese Art der Programmgestaltung?

H. ten Siethoff: Die Teilnehmer reagieren darauf sehr unterschiedlich. Ich greife vielleicht einmal ein paar extreme Beispiele heraus. Ein Waldorflehrer sagte mir am Ende eines Seminars: "Ich würde das alles ganz anders machen, ich würde jeden Tag ein Jahrsiebt durchnehmen und am Abend im Plenum besprechen. Am ersten Tag würde ich dann beispielsweise das erste und zweite Jahrsiebt nehmen und jeden fragen, was er denn da erlebt hat. Das würde ich dann mit den Teilnehmern besprechen." Ein anderer, der das hörte, sagte dazu: "Bin ich froh, daß ich nicht auf Deinem Seminar gewesen bin. Ich erlebe das anders. Ich werde im Beruf gelebt, in der Familie gelebt und überhaupt überall gelebt. Im Beruf sind es meine Mitarbeiter und mein Chef, die mich leben, in der Familie sind es Frau und Kinder. Hier war ich 3.1/2 Tage nur für mich da. Ich konnte tun und lassen, was ich wollte. Ich war für mein Gelingen dieses Seminars selbst verantwortlich."

Ein anderer sagte mir, daß er am Anfang recht verunsichert gewesen sei. Und das ganz einfach deshalb, weil ihm niemand sagte, was er zu tun habe bzw. wie der Ablauf sich nun vollziehen würde. Ihm ist dann am zweiten Tag aufgegangen, daß das aber überhaupt für das ganze Leben gilt. Wir bekommen zwar sehr oft im Leben gesagt, was wir tun sollen, aber im Grunde genommen ist jeder selbst gefordert, zu entscheiden, was er tun will. Es gibt auch Leute, die am Ende des Seminars sagen: "Ich habe Chancen verpaßt. Ich erkenne jetzt, daß ich mehr hätte tun können, etwa den- oder diejenige ansprechen, und daß ich es nicht getan habe, das finde ich schade." Dann sage ich nur, daß einem das im Leben auch passieren kann.

Wer seine Frage findet, weiß meist auch die Antwort

R.L.: Ein wesentlich tragender Pfeiler Ihrer Seminare sind die Einzelgespräche. Wie gehen Sie dabei vor?

H. ten Siethoff: Ich gehe offen in die Gespräche hinein, höre zu und schaue, was mir vom anderen Menschen entgegenkommt. Dieses versuche ich dann, für mich in eine Imagination zu fassen. Ich stelle in diesem Gespräch auch Fragen, wie zum Beispiel: "Was sind Ihre frühesten Kindheitserlebnisse? Welches sind die Schicksalsereignisse, die Ihnen am meisten Schwierigkeiten gemacht haben? Was möchten sie im Leben gerne tun? Was möchten Sie in Ihrem Leben nicht tun? Was möchten Sie vermeiden?" Und ich habe dann gemerkt, daß ich, so meist nach einer halben Stunde, ein ziemlich klares Bild habe und in etwa ermessen kann, wo bei dem anderen Menschen der Wurm liegt. Das Bild entsteht in mir, und ich sehe dann eigentlich sehr schnell, wie man dieses Bild interpretieren kann. Ich weiß dann auch in etwa die Richtung, in die der Mensch arbeiten muß.

R.L.: Gibt es neben den Fragen nach den frühesten Kindheitserlebnissen, nach besonderen Schicksalsereignissen, weitere Schwerpunkte, die Sie gezielt - ich will nicht sagen: rastermäßig - ansteuern, um sich ein Bild von Ihrem Gegenüber zu machen?

H. ten Siethoff: Ich möchte sagen, daß ich durch meine Arbeit und meine Erfahrungen sozusagen ein Raster von Gesetzmäßigkeiten in mir trage. Karmische Gesetzmäßigkeiten, die Charakteristiken der unterschiedlichen Lebensphasen, die Spiegelung der Biographie im Leben zwischen Tod und neuer Geburt, die Spiegelung der Mondenphase, die Spiegelung der Merkurphase usw.; das sind Dinge, die in mir leben. Jetzt kommt ein Mensch und erzählt mir aus seinem Leben, er erzählt von seinem Elternhaus, von seinen Problemen. Er zeigt mir unter Umständen auch das Bild, das er gemalt hat, oder auch das Gedicht, das er vorbereitet hat. All diese Dinge - es ist so wie puzzeln - ergeben ein Bild in mir. Das Entstehen des Bildes hat mit Systematik nichts zu tun. Es entsteht eine Imagination, die man dann interpretiert. Daraus wird dann auch ersichtlich, was der Mensch voraussichtlich in seinem Leben tun muß, aber das muß man zurückhalten.

R.L.: Das sagen Sie nicht?

H. ten Siethoff: Nein, das sage ich nicht.

R.L.: Auch nicht, wenn Sie gefragt werden?

H. ten Siethoff: Nein, denn schließlich kann ich ja auch daneben liegen. Schlußendlich muß jeder selbst seinen Weg finden und sich für seinen Weg entscheiden. Träume spielen in diesem Zusammenhang eine ganz wesentliche Rolle. Die Menschen erzählen mir ihre Träume, und ich versuche dadurch, daß ich ihnen offene Fragen stelle, sie weiterzuführen. Ich frage sie etwa: "Was erleben Sie in diesem Traum? Was glauben Sie, will Ihnen das sagen? Haben Sie schon einmal daran gedacht, wie es weitergehen könnte? Welche Gefühle steigen in Ihnen auf?" Es kommt auch vor, daß ein Mensch gar nicht mehr weiterweiß und zu mir sagt: "Herr ten Siethoff, ich stehe vor einer schwarzen Wand, ich komme nicht weiter." In einem solchen Falle sage ich ihm, wie ich das Bild sehe. Ich benenne dann Aspekte, von denen ich meine, daß sie für den Betreffenden von Bedeutung sind. Ich sage den Menschen nicht, daß etwas so und so ist. Ich versuche, ihnen Möglichkeiten anzubieten, durch etwas, was sie anregt, tiefer in ihre eigenen Zusammenhänge einzusteigen. Und irgendwann steigt dann in ihnen vielleicht eine Frage auf, die sich dann im Laufe der Zeit verdichtet. Das mag dann so weit gehen, daß die Menschen den Eindruck haben, eine für sie entscheidende Frage gefunden zu haben. Damit ist ein entscheidender Schritt getan, denn wer die Frage gefunden hat, weiß dann meistens auch die Antwort.

"Welche Frage hat man an das Leben?"

R.L.: Wenn Sie Ihre Tätigkeit auf der Folie einer - überspitzt gesagt - programmatischen Handlungsanleitung für Biographieberater betrachten, wie würde diese aussehen?

H. ten Siethoff: Sie meinen eine programmierte Handlungsanleitung zur Selbsttätigkeit?

R.L.: Ja.

H. ten Siethoff: Ja, das würde so aussehen: Zunächst einmal muß man die Frage haben, sich mit der Biographie auseinandersetzen zu wollen. Wer die Frage nicht hat, sollte sich auch nicht als Biographieberater versuchen. Das zweite ist, daß man sich einmal mit den allgemeinen Gesetzmäßigkeiten der biographischen Entwicklungen befaßt. Beschäftigen heißt aber nicht, daß man es nur liest, sondern für eine längere Zeit mit diesen Inhalten umgeht. Das dritte wäre, daß man vielleicht einmal aufschreibt, welche Frage man eigentlich an das Leben hat, und daß man dann beginnt, bewußt mit diesen Fragen zu leben. Viertens sollte man vielleicht einmal auf die Menschen schauen, die einen auf dem Lebensweg begleitet haben, die in irgendeiner Weise von Bedeutung geworden oder sogar für wichtige Weichenstellungen verantwortlich gewesen sind. Wer hat mich geprägt? Wer hat mich auf meine Spur gesetzt? Welche Menschen kenne ich jetzt, um mit ihnen über bestimmte Fragen zu sprechen? Denn das ist letztlich immer das Entscheidende für die Persönlichkeitsentwicklung: die Begegnung mit anderen Menschen.

Biographiearbeit in Wirtschaftsunternehmen

R.L.: Ihre Biographiearbeit erstreckt sich nicht nur auf Biographieseminare, sondern Sie werden auch von Unternehmen angefragt?

H. ten Siethoff: Ja, aber das passiert nicht oft. Als die Anfrage an mich herankam, habe ich mich mit der Frage auseinandergesetzt, wie ich darauf reagieren sollte. Die Problematik einer Biographiearbeit im Rahmen eines Unternehmens besteht darin, daß die Menschen unter anderen Zielsetzungen zusammenkommen als etwa bei meinen Biographieseminaren. Die Anfrage geht ja beispielsweise von der Unternehmensführung aus, wodurch die Freiwilligkeit der Teilnahme eingeschränkt sein kann. Auf der anderen Seite ist die Biographie dieser Menschen im wesentlichen auch durch das Unternehmen mitgeprägt. Das Unternehmen ist auch ein Teil ihrer Biographie.

Ich habe mich dann entschlossen, dieses Seminar durchzuführen. Die Resonanz war sehr positiv, aber die Teilnehmer bedauerten doch sehr, daß sie dieses Seminar nur mit Kollegen aus dem Unternehmen bestreiten konnten. Und sie äußerten auch, daß sie sich während des Seminars doch nicht ganz frei gefühlt haben, eben weil die Anfrage vom Unternehmen ausgegangen war. Ich habe dann im Laufe der Zeit eine andere Form entwickelt. Bei Anfragen weise ich darauf hin, daß ich privat Biographieseminare durchführe. Das Unternehmen kann seinen Mitarbeitern eine freiwillige Teilnahme an einem solchen Seminar ermöglichen und auch dadurch unterstützen, daß es sich an den Kosten beteiligt. Der DM-Drogeriemarkt beispielsweise ermöglicht so seinen Mitarbeitern die Teilnahme an meinen Seminaren. Das Unternehmen schickt seine Mitarbeiter nicht auf die Seminare, sondern ermöglicht ihnen die freiwillige Teilnahme. Das Unternehmen trägt das Kurshonorar und die Hotelkosten, der Mitarbeiter zahlt DM 250,- aus eigener Tasche. Dadurch ist einerseits die Freiwilligkeit gewährleistet, aber die Teilnehmer müssen auch ein Opfer bringen. Dieses Opfer ist von großer Bedeutung, denn ich habe die Erfahrung gemacht, daß sich Menschen vornehmlich deshalb zu dem Seminar angemeldet haben, weil sie darin eine Aussicht auf ein paar schöne freie Tage sahen.

Diese Form der Zusammenarbeit hat sich bewährt, und es sind auch nur diejenigen zu einem Biographieseminar gekommen, die tatsächlich an einer Biographiearbeit interessiert waren.

R.L.: Gibt es eigentlich ein spezielles Interesse des Unternehmers, seinen Mitarbeitern die Möglichkeit zur Teilnahme an einem solchen Seminar zu bieten? Ich meine ein unternehmensspezifisches Interesse.

H. ten Siethoff: Eine weitsichtige Unternehmensführung weiß, daß sie ihr Geistkapital - und das sind vornehmlich die Mitarbeiter - entwickeln muß. Das ergibt sich bereits aus der dreifachen Aufgabenstellung des Unternehmens. Ein Unternehmen muß erstens einen Bedarf am Markt abdecken. Zweitens sollen Überschüsse erwirtschaftet werden, die man zur Finanzierung eines freien Geisteslebens benötigt. Drittens ist es Aufgabe des Unternehmens, seinen Mitarbeitern eine biographische Entwicklungsmöglichkeit zu geben. Diese Ziele stehen nicht einfach nebeneinander. Die Erfüllung dieser Ziele ist wechselseitig voneinander abhängig. Im Hinblick auf die drittgenannte Aufgabe bedeutet dies, daß ein Unternehmen Mitarbeiter braucht, die ihre Fähigkeiten zum richtigen Zeitpunkt am richtigen Platz so zum Einsatz bringen können, daß ein Erfolg am Markt - etwa durch die Erkenntnis der Bedürfnisse, der Wahl der optimalen Vertriebswege etc. - gewährleistet ist. Und Biographieseminare sind offensichtlich ein Element, um dieses Geistkapital zu entfalten.

R.L.: Das wird für manche Unternehmen bzw. Unternehmensrichtungen eher kontraproduktive Wirkungen zeitigen.

H. ten Siethoff: Das ist richtig. Ein Rüstungskonzern zum Beispiel wird so etwas nicht tun. Er wird sich hüten, Ausbildungsmaßnahmen anzubieten, die die Menschen auf den Gedanken bringen, daß sie auch bei ihrer Tätigkeit im Rahmen des Rüstungskonzerns eine moralische Verantwortung tragen. Man kann natürlich ein Produkt, auch wenn es zur Weltenentwicklung nichts Positives beiträgt, nicht einfach verbieten. Das gilt auch für Rüstungsgüter. Es gibt dafür einen Markt, also ist es gerechtfertigt, daß sie gefertigt werden. Rüstungsgüter werden solange produziert werden, solange sie nachgefragt werden. Das entbindet aber den einzelnen nicht von der Entscheidung darüber, ob er derjenige sein will, der diese Rüstungsgüter produziert. Die Verantwortung kann immer nur beim Menschen liegen, nicht beim Gesetzgeber. Und die Führungskräfte in einem Rüstungskonzern wissen genau um diese Problematik.

Ich hatte gestern abend ein Gespräch mit einem Kollegen, der hier in Karlsruhe wohnt. Er hatte eine Anfrage erhalten, ob er die Führungsausbildung in einem Rüstungskonzern gestalten wolle. Er hat dann gefragt, warum sie in Kenntnis seiner Lebensphilosophie gerade auf ihn gekommen seien, und wies darauf hin, daß diese im übrigen nicht mit der Philosophie des Unternehmens im Einklang stünde. Der Unternehmer antwortete, ihm ginge es darum, daß seine Leute besser arbeiteten. Mein Freund antwortete dann, daß er an einer Arbeit im Rahmen eines Rüstungskonzerns nicht interessiert sei. Er schlug dem Unternehmer vor, daß er seinen Mitarbeitern die Möglichkeit eröffnen könne, privat an seinen Seminaren teilzunehmen. Er wies ihn aber auch auf die Möglichkeit der kontraproduktiven Wirkungen hin. Der Unternehmer hat daraufhin nichts mehr von sich hören lassen.

Motivation und Sinnfindung

R.L.: Vordergründig betrachtet bieten Unternehmen schon allein dadurch Entwicklungsmöglichkeiten, daß sie existieren und eben dadurch Arbeitsmöglichkeiten schaffen. Nun gibt es ja schon seit Jahren intensive Bestrebungen, die Arbeitswelt des Menschen dergestalt zu verändern, daß dem einzelnen die Möglichkeit eröffnet werden soll, bestimmte Entwicklungspotentiale zu entfalten. Können Sie einmal konkretisieren, was das eigentlich heißt, Biographiearbeit im Rahmen von Unternehmen, jetzt vielleicht von den Biographieseminaren einmal abgesehen?

H. ten Siethoff: Meine Arbeit, auch in der Unternehmensberatung, ist grundsätzlich darauf abgestellt, ein Unternehmen so zu gestalten, daß es Entwicklungsmöglichkeiten für seine Mitarbeiter bietet. Das bedeutet eine Abkehr von alten Strukturen und Auffassungen. Ein Geschäftsführer einer Warenhauskette sagte einmal zu mir: "Herr ten Siethoff, was wir von Ihnen wollen, ist, daß unsere Leute wie der Wecker funktionieren: aufgezogen, gleichförmig konzentriert arbeitend und immer die richtige Stunde anzeigend, d.h. immer das Richtige zum richtigen Zeitpunkt tuend." Ich wies ihn auf seinen grundlegenden Denkfehler hin. Der Mensch ist nun einmal kein Wecker, und ich fragte ihn, wie er es finden würde, wenn er als ein solcher behandelt würde. Meine Aufgabe ist mehr die Motivation der Mitarbeiter. Motivation ist eine Frage der Sinnfindung. Und die Frage der Sinnfindung ist ein Zentralpunkt in jeder Biographie.

R.L.: Wenn es um Motivation und Sinnfindung geht, so lassen sich zumindest zwei Ebenen unterscheiden. Die eine Ebene ist die, wo Motivation und Sinnfindung in der Tätigkeit als solcher gesucht werden. Ein Beispiel ist etwa ein Handwerker, der sein Produkt vom Anfang bis zum Ende selbst gestaltet und möglicherweise auch selbst verkauft. Die zweite Ebene ist in der Sinnfindung durch die Tätigkeit für andere gegeben. Es befriedigt weniger die Tätigkeit als solche, sondern vielmehr das Tun für andere.

H. ten Siethoff: Ja, das ist richtig. Beide Aspekte spielen eine Rolle und können gestuft zusammengeschaut werden. Das kann auf der einen Seite heißen, daß man im Rahmen eines Betriebes zu einer Despezialisierung kommt. Das heißt zum Beispiel, daß man von der Fließbandfertigung weggeht und die Aufgabenbereiche wieder stärker Gruppen überträgt, die selbsttätig Planung, Durchführung und Kontrolle ihrer Aufgaben übernehmen. Wenn man nun den Prozeß zur Produktherstellung umstrukturiert, scheint wie von selbst die Frage nach dem Produkt selbst auf. Das führt dann zu weiteren Fragen: Wie ist unser Produkt in der Gesellschaft angesehen? Wozu wird es gebraucht? Erfüllt es einen produktiven Sinn? Darüber gehen die Meinungen selbstverständlich auseinander. Aber wesentlich ist, daß diese Fragen überhaupt auftauchen und damit einer Bearbeitung zugänglich gemacht werden. Die Frage nach dem Produkt hängt im wesentlichen mit der Frage zusammen, wie das Unternehmen seine Aufgabe begreift.

Das Leitbild einer Unternehmung könnte etwa folgendermaßen aussehen: 1. Wir wollen ein Sortiment bereitstellen, das den Unterhalt der Mitarbeiter sichert. 2. Wir wollen ein Sortiment bereitstellen, das in der Lage ist, Kundenbedürfnisse zu veredeln. 3. Wir wollen eine Unternehmensstruktur erarbeiten, die den Mitarbeitern Möglichkeiten zur Biographieentwicklung bietet.

Das alles klingt nach schönen Worten, aber wichtig ist, sich überhaupt auf den Weg zu begeben. Firmenleitbilder, und zwar gelebte Firmenleitbilder, werden von immer größerer Bedeutung für das Unternehmen werden. Dies gilt in zweifacher Hinsicht: Unternehmensextern betrachtet geht es bei der Frage nach der Identität des Unternehmens insbesondere auch um die Akzeptanz seiner Produkte auf dem Markt. Unternehmen, die umweltverträglich produzieren und umweltverträgliche Produkte anbieten, werden eine sehr viel größere Akzeptanz auf dem Markt erlangen als diejenigen, die das nicht tun. Unternehmensintern geht es im wesentlichen darum, die Mitarbeiter an diesem Prozeß der Findung einer eigenen Unternehmensidentität zu beteiligen. Die Identität des Unternehmens wird nicht mehr von oben verordnet, sondern resultiert aus einem Prozeß, der sich zwischen den verschiedenen Ebenen des Unternehmens abspielt. Damit wird der einzelne Mitarbeiter verstärkt gefordert, seine eigene Identität in das Unternehmen einzubringen. Konkret kann das folgendermaßen aussehen: Ein Unternehmen hat sich entschlossen, umweltverträgliche Produkte zu vertreiben. Dann ist der Einkauf gefordert, zu schauen, woher er die neuen Produkte bekommt. Die Kalkulationsabteilung ist gefordert, neue Kalkulationen auch für den Verkaufsbereich zu erarbeiten. Im Verkaufsbereich geht es darum, das neue Produkt entsprechend zu plazieren. Fragen der Produktgestaltung, der Aufmachung und des Verkaufsortes sind zu lösen. Es ist offensichtlich, daß eine Sinnfindung in der Arbeit durch die Beteiligung an der Herstellung von Produkten, die eine gesellschaftlich wichtige Aufgabe erfüllen, wesentlich unterstützt wird.

Ein Hinweis zur Bewußtmachung

R.L.: Die Arbeit an der eigenen Biographie verändert die Sozialgestalt des Unternehmens genauso, wie eine Änderung der Sozialgestalt die Mitwirkungsmöglichkeiten und damit auch die biographischen Entwicklungsmöglichkeiten des einzelnen verändert.

H. ten Siethoff: Ja, aber das geht natürlich nur dann, wenn der Mitarbeiter die Chance dazu bekommt. Eine jede Änderung geht vom Menschen aus. Der Ausgangspunkt für derartige Bestrebungen muß von der Unternehmensführung kommen. Und man kann sogar noch einen Schritt weitergehen: Wenn jemand die Möglichkeit bekommt, innerhalb eines Unternehmens an seiner Biographie zu arbeiten, dann verändert er sich innerhalb dieses Prozesses genauso wie sich die Sozialgestalt des Unternehmens verändert. Das wird dann natürlich auch Auswirkungen auf weitere und größere gesellschaftliche Zusammenhänge haben. Dann ist der einzelne auch an der Sozialgestalt unserer Gesellschaft tätig.

R.L.: Würden Sie im Hinblick auf Unternehmen oder größere Zusammenhänge von Biographie sprechen?

H. ten Siethoff: Also da muß man im Grunde genommen weg vom Begriff Biographie und vielmehr die Karmafrage konkret ins Auge fassen. Es ist das, womit ich mich ganz konkret und praktisch beschäftige: mit Karma. Richtunggebend sind dabei für mich Äußerungen Rudolf Steiners, in denen er über die verschiedenen Erscheinungsweisen von Karma spricht. Dabei ist zu unterscheiden: das Einzelkarma, das Karma von Gruppen und das Karma von Völkern usw. Und diese verschiedenen Ebenen - das Einzelkarma, das Karma von Organisationen, das Weltenkarma - laufen sozusagen durcheinander, die überschneiden sich. Und weiter schildert Rudolf Steiner, daß es Menschen gibt, die in diesem Leben den Hauptakzent auf die Entwicklung ihrer eigenen Biographie legen, d.h. die Schicksalsverbindungen dieser Menschen zu den Organisationen, denen sie angehören, sind insgesamt etwas lockerer. Diese Menschen müssen stärker ihre eigene Biographie aufarbeiten.

Daneben gibt es andere, die ihre eigene biographische Arbeit zurückgestellt haben, weil sie eine Aufgabe in der Welt haben. Das sind zum Beispiel Unternehmensführer oder Menschen, die in der Politik eine Aufgabe haben. Dann gibt es Menschen, die ein Stück

Weltenkarma zu vertreten haben; ich denke da zum Beispiel an Rudolf Steiner. Er hat in seinem persönlichen Bereich fast alles zurückstellen müssen. Seine Aufgabe war auch nicht die Anthroposophische Gesellschaft, seine Aufgabe war und ist, die Anthroposophie in die Welt hineinzustellen und die Weltenentwicklung voranzubringen. Damit ist auch ein wesentlicher Hinweis zur Bewußtmachung der eigenen Biographie gegeben. Es geht dabei - ausgehend vom eigenen Schicksal - um die Beantwortung der Fragen: Wo stehe ich in meinem privaten Leben, in meinem Berufsleben und in den weltgeschichtlichen Zusammenhängen?

Einleben in die Biographie

KONKRETE ARBEIT AM EIGENEN LEBENSLAUF

INTERVIEW MIT ANNETTE VOGT

von Manfred Noethen

Dr. Annette Vogt: *Jahrgang 1959, Dr. phil., Dipl.-Psychologin, Psychotherapeutin; promovierte mit einer Arbeit zur psychologischen Biographieforschung. Arbeitet freiberuflich in Münster.*

Trendthema Biographie: die neue Bio-Welle

Manfred Noethen: Das Thema Biographie findet in den letzten Jahren zunehmend Interesse und Beachtung - sowohl bei Psychologen und Soziologen als auch im Rahmen von Unterhaltungsliteratur, man denke nur an die Biographie-Schwemme in den Buchläden. Auch im Bereich von Lebenshilfe und Therapie tauchen mehr und mehr Angebote auf, die die Biographie, den persönlichen Lebenslauf in den Mittelpunkt der Betrachtung rücken, sei es in Seminarangeboten oder in sogenannten Lebenshilfe-Ratgebern zur Meisterung bestimmter Lebenskrisen und -phasen.

Annette, Du beschäftigst Dich seit längerem von verschiedenen Seiten mit dem Thema Biographie: von wissenschaftlich-psychologischer und -soziologischer Seite vor allem im Rahmen Deiner Dissertation, von psychotherapeutischer Seite, aber auch von der anthroposophischen Menschenkunde aus. Und Du bietest eine biographische Einzelarbeit für Menschen an, die Unterstützung bei Ihrer Selbst-Entwicklung suchen. Du liegst also scheinbar voll im Trend dieser "Bio-Welle". Oder?

Dr. Annette Vogt: Nun, ich sehe meine Arbeit und Zielsetzung schon anders: nicht als Mitschwimmer auf dieser Mode-Welle, wenn Du so willst, sondern eher als jemand, der gegen die Strömung schwimmt. Ich habe mich mit den unterschiedlichsten Aspekten, unter denen die menschliche Biographie betrachtet werden kann, beschäftigt und auseinandergesetzt und tue das weiterhin. Das betrifft Aspekte, die mehr oder weniger allgemein-menschliche Gültigkeit haben genauso wie Einzelbiographien in ihrer jeweiligen Einzigartigkeit. Denn ein möglichst umfassendes Verständnis des Lebenslaufs in seinen überpersönlichen Gesetzmäßigkeiten ist meines Erachtens ein entscheidender Schlüssel, um einen Zugang zur individuellen Lebensentfaltung zu bekommen. Das gilt für meine Selbst-Entwicklung und -Erziehung ebenso wie für die beratende und therapeutische Arbeit mit Menschen.

M.N.: Inwieweit schwimmst Du denn dabei gegen den Strom an?

A. Vogt: Das Bild ist vielleicht etwas krass; eher paßt wohl - um im Milieu Wasser zu bleiben - der Vergleich vom Plätschern an der Oberfläche einerseits und andererseits dem Bestreben, mehr in die Tiefe zu dringen. Das, was Du vorhin als "Bio-Welle" bezeichnetest, betrifft ja vor allem diejenigen Umgangsebenen mit dem Thema Biographie, die sich durch eine recht oberflächliche Betrachtung auszeichnen. Da sehe ich schon manche peinliche bis erschreckende Auswüchse, sei es im Zuge von populär-wissenschaftlichen Lebenshilfe-Büchern, die nur Plattheiten vermitteln; oder auch bei den sogenannten Biographie- und Reinkarnationstherapie-Angeboten in Form von Wochenendkursen. Da wird mit plakativen Begriffen geworben und umgegangen und den Teilnehmern längerfristig wohl mehr geschadet als geholfen. Aber auch einige wissenschaftlich-psychologische Forschungsansätze zeigen erstaunliche inhaltliche Oberflächlichkeit. Ebenso leider mancher Umgang mit menschenkundlichen Erkenntnissen über Biographie und Lebenslauf in anthroposophischen Kreisen.

Und all diese kritischen, aber auch sehr lehrreichen Begegnungen mit Biographie-Ansätzen waren Anlaß dafür, mich um einen vertieften Zugang zur Biographie zu bemühen. Da fließen meine unterschiedlichen beruflichen Erfahrungen ebenso ein wie meine persönliche Entwicklung. Wenn ich die Möglichkeiten und Erfordernisse bedenke, die noch auszuarbeiten sind, stehe ich da sicherlich an einem Anfang. Ich sehe aber auch, wie sich für meine Art von biographischer Entwicklungsarbeit, wie ich's mal vorläufig nennen möchte, schon jetzt manche Erkenntnisse als sehr fruchtbar erweisen.

Biographie wissenschaftlich betrachtet

M.N.: Bevor wir auf Deine konkrete Arbeit näher eingehen, möchte ich aber doch etwas ausführlicher die verschiedenen Richtungen der Biographie-Betrachtung beleuchten, mit denen Du Dich auseinandergesetzt hast. Wie sieht das etwa mit diesem Trend zur Biographie-Forschung in den Sozialwissenschaften aus? Wie ist der zu erklären und was wird dort unter Biographie verstanden?

A. Vogt: Man muß da zunächst berücksichtigen, daß es schon Anfang dieses Jahrhunderts in den USA erste Ansätze in der soziologischen Forschung gab, die Arbeiterbiographien auswertete. Von psychologischer Seite, genauer gesagt aus Sicht der Entwicklungspsychologie, schuf Charlotte Bühler in den 30er und 40er Jahren mit ihrer Lebenslaufforschung im Erwachsenenalter die ersten wissenschaftlichen Grundlagen zum Thema Biographie. Sowohl in der Psychologie wie in der Soziologie wurden diese Ansätze aber zunächst wenig beachtet und weitergeführt. Erst in den letzten 15 bis 20 Jahren taucht die Biographie als Forschungsthema und Forschungsinstrument wieder auf, auch hier in der BRD, und findet zunehmende Beachtung und Anwendung.

M.N.: Was meinst Du mit der Unterscheidung von Forschungsthema und -instrument?

A. Vogt: Biographie als Forschungsthema bedeutet, daß Biographie und Lebenslauf als Forschungsgegenstand betrachtet und folglich untersucht werden: also Fragen nach allgemeingültigen Gesetzmäßigkeiten des Lebenslaufs, vergleichbar der Frage nach den Entwicklungsphasen in Kindheit und Jugendalter. - Biographie als Forschungsinstrument, als Methode, heißt hingegen schlicht, daß man über freie Interviews zum Lebenslauf einer Person oder über selbstgeschriebene Lebensgeschichten bzw. Ausschnitte daraus bestimmte soziologische und psychologische Fragestellungen untersucht. In meiner Dissertation ging es zum Beispiel um die Frage, wie alleinstehende Frauen der um 1920 geborenen Generation im Vergleich zu verheirateten Frauen bestimmte kritische Lebensereignisse erlebten und verarbeiteten. Es geht also bei der Anwendung der biographischen Forschungsmethode nicht zwangsläufig um Fragen zum Thema Lebenslauf-Gesetzmäßigkeiten.

Fliegenbeinzähler und Geschichtenerzähler

Entscheidend ist, daß das Untersuchungsmaterial nicht mit genormten Fragebögen gewonnen wird, sondern daß es relativ frei erhoben wird und daher auch entsprechend breit differenziert ist. Danach wird es dann nach unterschiedlichen Methoden interpretative ausgewertet. Es handelt sich also um eine sogenannte weiche Untersuchungsmethode. In der Soziologie hat man schon von einem methodischen Paradigmenwechsel gesprochen, das heißt vom Vordrängen des "interpretativen" gegenüber dem "normativen" Forschungsparadigma.

M.N.: Ach ja, die "Fliegenbeinzähler" in der Soziologie, die schon vor 20 Jahren kritisiert wurden. Ihre Ergebnisse sind zwar rechnerisch richtig, aber sie besitzen keinerlei Bedeutung für ein Verständnis des Menschen bzw. der Gesellschaft.

A. Vogt: Sicherlich ist dieser Wechsel nach wie vor umstritten. Man kann aber durchaus diese methodische Wende, die ja genauer besehen kein Umsturz des Bisherigen, sondern ein Hinzunehmen von Neuem ist, als einen Ausdruck des Unbehagens an der Künstlichkeit und Sterilität traditioneller empirischer Methoden in den Sozialwissenschaften sehen.

M.N.: Also so etwas wie die Forderung nach einer authentischen Forschungspraxis, die sich durch mehr Lebensnähe auszeichnet. Das hat doch eine Parallele im Trend zur "oral history", zur erzählten Geschichte, in der Geschichtswissenschaft.

A. Vogt: Ja genau, auch hier sind in den letzten Jahren lebensgeschichtliche Erzählungen als Forschungsmethode verstärkt aufgetreten. Wobei immer zu berücksichtigen ist, daß es vor allem gesellschaftliche bzw. wissenschaftliche Randgruppen gewesen sind, die die biographische Forschung vorangetrieben haben. Am deutlichsten ist das im gesamten Gebiet der sozialwissenschaftlichen Frauenforschung zu sehen.

M.N.: Möglicherweise ist also Biographie auch im sogenannten wissenschaftlichen Kontext eine Mode-Erscheinung, die sich nicht breit durchsetzen kann und entsprechend keine entscheidende wissenschaftliche Bedeutung erhalten wird.

A. Vogt: Das bleibt abzuwarten. Ich denke zwar schon, daß in der teilweise überschwenglichen Aufnahme der biographischen Forschungsmethode vor allem in der Frauenforschung auch einiges an methodischem Wirrwarr entstanden ist, der geklärt werden muß. Darüber hinaus sehe ich aber die Entwicklung in den Sozialwissenschaften auch als eine Art Spiegelbild dafür an, daß insgesamt in den letzten Jahren eine zunehmende Thematisierung von Subjektivität, eine Tendenz hin zu größerer Individualität sich abzeichnet. Von einem solchen übergreifenden Gesichtspunkt aus zeigt sich dann die wissenschaftliche Beschäftigung mit der Einzelbiographie als eine zeittypische Erscheinung, die nicht bloß Mode ist, sondern Ausdruck von gesamtmenschlichen und -gesellschaftlichen Entwicklungstendenzen.

Lebenslauf als Statusbiographie

M.N.: Und was tragen die so gewonnenen wissenschaftlichen Forschungsergebnisse über Biographie inhaltlich bei zu einer Klärung von gesamt-menschlichen und individuellen Entwicklungsprozessen?

A. Vogt: Tja, das läßt sich natürlich nicht in zwei Sätzen beantworten. Kurz und knapp müßte ich schlicht "wenig" sagen. Das ist jedenfalls mein Fazit aus der Beschäftigung mit der inzwischen doch recht umfangreichen soziologischen und psychologischen Biographieforschung. Wobei mein Bewertungskriterium eben die Übertragbarkeit und Anwendung solcher allgemeinen Gesetzmäßigkeiten des Lebenslaufs auf die konkrete individuelle Lebensgestaltung ist. Es kommt mir dabei vor allem darauf an, ob bestimmte Forschungsergebnisse für ein persönliches Lebens-Verständnis eine Bedeutung haben können.

M.N.: Vielleicht kannst Du ein paar zentrale Stichworte umreißen, damit man als Laie auf diesem Gebiet zumindest einen ersten Eindruck von den wissenschaftlichen Ergebnissen bekommt.

A. Vogt: In der Soziologie erfolgt die Betrachtung des menschlichen Lebenslaufs vor allem unter der Voraussetzung, daß das jeweilige Lebensalter von der sozialen Struktur der Gesellschaft wesentlich geprägt ist und entsprechend auch die Einteilung in verschiedene Lebensphasen. Die rechtliche Volljährigkeit als Eintritt ins gesellschaftliche Erwachsenenalter und die Pensionierung als Austritt aus dem gesellschaftlich relevanten Erwerbsleben sind somit zwei zentrale Eckpfeiler des Lebenslaufs. Außerdem wird der Lebenslauf als Abfolge verschiedener Rollen gesehen, die sich mit dem Alter ändern. Schüler und Studenten haben zum Beispiel eine andere gesellschaftliche Stellung mit bestimmten Rollen- und Verhaltenserwartungen und einem entsprechend anderen Sozialstatus als ein 40jähriger Unternehmer oder ein Rentner.

Wenn also das Soziologenauge auf das Lebensalter und seine Verbindung mit gesellschaftlichen Positionen fällt, dann wird vom "Lebenslauf als Statusbiographie" gesprochen. Markantes Beispiel dafür ist das "Konzept der weiblichen Normalbiographie" von Levy. Er sieht den typischen weiblichen Lebenslauf geprägt und genormt durch: Berufstätigkeit, Heirat, Geburt des Kindes bzw. der Kinder und Aufgabe der Berufstätigkeit bzw. Übernahme der Doppelrolle der berufstätigen Mutter, dann Selbständigwerden der Kinder usw.

M.N.: Der Begriff der Familienphase ist in den letzten Jahren zunehmend populär geworden.

A. Vogt: Daß diese Ereignisse durchaus lebensprägenden Einfluß für die meisten Frauen haben, ist ja klar, auch heute noch. Die Frage, die mich dabei interessiert, ist aber, was ein solches soziologisches Forschungsergebnis beitragen kann zur Klärung beim individuellen Bemühen um ein Lebensverständnis und eine befriedigende Lebensgestaltung. Die Hinweise auf die Berücksichtigung von Vorstellungen und Normen, die in erster Linie gesellschaftlich geprägt sind, sind sicher wichtig. Aber um weiterzukommen, müßten sie auf ihre jeweils persönliche Bedeutung und Gültigkeit hin überprüft werden.

Psychologische Mosaiksteine

M.N.: Und welche erhellenden Hinweise gibt uns die wissenschaftliche Psychologie?

A. Vogt: Die psychologische Forschung hat sich im Rahmen entwicklungs- und persönlichkeitspsychologischer Fragestellungen mit dem menschlichen Lebenslauf beschäftigt und weitet dieses Feld in den letzten Jahren zunehmend aus. Dabei haben vor allem Themen wie kritische Lebensereignisse und deren Bewältigungsmöglichkeiten viel Interesse gefunden, aber auch die psychologische Betrachtung des höheren Lebensalters, des alten Menschen. Die Lebenslaufforschung steckt aber insbesondere für das gesamte Erwachsenenalter, also etwa für die Zeit zwischen 20 und 60 bis 65 Jahren immer noch in den Anfängen. Die bisherigen Forschungsergebnisse bestätigen mit viel Untersuchungsaufwand vielfach nur allgemeines Alltagswissen, zum Beispiel daß familiäre Todesfälle herausragende kritische Lebensereignisse sind. Darin spiegelt sich aber ein generelles Problem psychologischer Forschung, wenn sie sich um lebensnahe Themen bemüht und nicht in abstrakten Detailfragen, wie zum Beispiel psycho-physiologischen Problemen, stecken bleiben will.

M.N.: Jetzt könnten wir hier natürlich in eine Diskussion um die wissenschaftliche Psychologie, ihre Ansprüche und Aussagemöglichkeiten einsteigen. Aber das würde in diesem Rahmen vom Thema Biographie und Arbeit am eigenen Lebenslauf zu weit wegführen.

Es gibt doch aber meines Wissens auch von psychologischer Seite einige Hinweise auf Einteilungen des menschlichen Lebenslaufs in Phasen, etwa in 7-Jahres-Phasen, wie sie auch aus anthroposophisch-menschenkundlicher Sicht beschrieben werden.

A. Vogt: Das ist richtig. Es finden sich 7- oder 10-Jahres-Phasen oder auch ungleichmäßige Einteilungen, die zum Teil Ergebnisse von aufwendigen Längsschnittuntersuchungen an Erwachsenen sind. Und bei aller Unterschiedlichkeit der Phasen-Grenzen und -Benennungen zeigen sich doch manche inhaltlichen Übereinstimmungen. Nur werden diese Ähnlichkeiten nicht auf Anhieb deutlich, da die verschiedenen Forscher ihre Dateninterpretationen natürlich auf dem Hintergrund ihres jeweiligen Menschenbildes, ihrer Weltanschauung machen - diese aber als solche in der Regel nicht deutlich hervorheben. Entsprechend selten werden die Einseitigkeiten der eigenen Betrachtungsweise bzw. Benennungen erkannt. Das gilt auch für die Grenzen und die Übertragbarkeit der Forschungsergebnisse.

M.N.: Das übliche Phänomen, daß man nicht über den eigenen Tellerrand hinausblicken kann oder will.

A. Vogt: Ja, wobei das aber nicht nur als ein Vorwurf bzw. eine Aufforderung an die Wissenschaftler zu verstehen ist. Auch der Leser ist hier gefordert, neben dem jeweiligen Ausgangspunkt und den Intentionen des Forschers auch seine eigenen Voraussetzungen zu klären, wenn er sich auf die Suche nach Informationen über den menschlichen Lebenslauf begibt. Nur so kann ein übergeordneter Gesichtspunkt erreicht werden, von dem aus sich die oft unzusammenhängenden und auf Anhieb widersprüchlich erscheinenden Lebenslaufdarstellungen als Mosaiksteine eines Gesamtbildes verdeutlichen können.

M.N.: Heißt das auch, daß Du im Bemühen um einen solchen vergleichenden Überblick diese psychologischen Betrachtungen des Lebenslaufs als fruchtbar und brauchbar für eine persönliche Biographiearbeit betrachtest?

A. Vogt: Jein. Ja, insofern zum Beispiel in den Darstellungen von Charlotte Bühler und Martha Moers interessante inhaltliche Aspekte einzelner Lebensphasen herausgearbeitet werden, die auch für die eigene Lebensbetrachtung anregend sind. Nein, insofern bei den psychologischen Untersuchungsansätzen der Blick auf die Seele und ihre Entwicklungsmöglichkeiten im Zusammenhang mit Körper *und* Geist fehlt bzw. unzureichend ist. Das gilt aber für die gesamte heutige wissenschaftliche Psychologie.

M.N.: Die Verbindung der Seele, der Psyche, mit dem Körper, dem Soma, also die Psychosomatik, ist aber doch inzwischen allgemein anerkannt.

A. Vogt: Aber von Seele und Seelischem spricht man ja als wissenschaftlicher Psychologe schon kaum noch - nur noch von Psyche, lieber aber noch von psychophysiologischen Prozessen ...

M.N.: Damit sind wir bei der Frage angelangt, was denn die anthroposophische Menschenkunde zu einer Biographiebetrachtung und -arbeit beitragen kann. Denn sie begreift ja Körper, Seele und Geist als dreigegliederte Einheit und hat davon ausgehend die unterschiedlichen Entwicklungsphasen der einzelnen Wesensglieder des Menschen herausgearbeitet.

Therapieangebote: Es fehlt das geistige Band

Aber bevor wir damit das Thema wissenschaftliche Psychologie abschließen, interessiert mich doch noch eine Frage. Von psychologischer Forschungsseite erhalten wir nur wenig konkrete Antworten auf Fragen nach einem allgemein gültigen wie auch individuellen Lebenslauf. Auch die Frage nach Richtung und schließlich Sinn des Lebens und seiner Krisen wird, wenn überhaupt, nur am Rande gestreift. Gibt es denn von seiten der Psychotherapie Antworten darauf? Wissenschaftliche Psychologie und die verschiedenen psychologischen Therapieansätze, die man heute auf dem facettenreichen Psychomarkt findet, haben ja nicht unbedingt viel miteinander zu tun ...

A. Vogt: ... nein, durchaus nicht. Es gib nur wenig Brückenschläge zwischen beiden Gebieten.

M.N.: Aber in vielen psychologischen Therapierichtungen wird doch die Biographie, der bisherige Lebenslauf thematisiert und bearbeitet.

A. Vogt: Das ist jetzt wieder ein ganz großer Themenbereich für sich, Stoff genug für ein eigenes Interview zum Thema Therapierichtungen. Ich kann also hier nur einige Andeutungen machen, einen groben Überblick geben. Wenn man die verschiedenen psychotherapeutischen Schulen unter dem Aspekt betrachtet, welche Seiten der individuellen Biographie, welche Aspekte der Lebenszeit im Vordergrund stehen, dann ergibt sich grob eine Dreiteilung:

Die große und am stärksten traditionell geprägte Gruppe der Therapieschulen wendet sich schwerpunktmäßig der individuellen Vergangenheit zu, der bisherigen Lebensgeschichte. Als klassische Vertreter gelten die Psychoanalyse und andere analytische wie tiefenpsychologisch orientierte Schulen.

Dann gibt es die Gruppe von Therapierichtungen, die innerhalb der humanistischen Psychologie anzusiedeln sind. Sie rücken die Gegenwart, das gegenwärtige, aktuelle und vor allem emotionale Erleben in den Mittelpunkt des therapeutischen Geschehens und Agierens.

M.N.: Gehört das Schlagwort vom "Leben im Hier und Jetzt" dazu?

A. Vogt: Ja, die bekanntesten Vertreter sind Gesprächstherapie und Gestalttherapie.

Schließlich gibt es eine weitaus kleinere Gruppe, die Zukunftsfragen und -aspekte als wesentlichen Teil der Psychotherapie thematisieren. So zum Beispiel Frankl mit seiner Logotherapie und in gewissem, eingeschränktem Sinne auch Adler mit der finalen Orientierung seiner Individualpsychologie.

Wie gesagt, diese Einteilung ist nur eine einzige von vielen möglichen. Die jeweiligen Vertreter unterscheiden sich auch innerhalb der Gruppen oft sehr stark voneinander. Das gilt für das konkrete therapeutische Vorgehen genauso wie für die theoretische Ausrichtung und schließlich auch für die Menschen- und Weltbilder.

M.N.: Das können wir hier natürlich nicht vertiefen. Aber auf Anhieb scheint dann doch die erste Gruppe am ehesten auf das Thema persönliche Biographie, im Sinne des individuellen Werdegangs, einzugehen.

A. Vogt: Das stimmt - wenn man, wie meist üblich, Biographie vor allem als etwas Vergangenes, Gewordenes betrachtet, auf das ich aus der jetzigen Situation zurückblicke. So wie die eigene Lebensgeschichte oder auch die Biographien von mehr oder weniger berühmten Personen mit rückblickender Perspektive geschrieben werden.

M.N.: Wie sollte oder könnte man Biographie denn noch sehen?

A. Vogt: Vor allem: nicht *nur* in dieser Richtung! Ich meine, diese Vergangenheitsorientierung in der Beschäftigung mit dem eigenen Lebenslauf ist natürlich zunächst und anfänglich nötig. Aber sie sollte dazu dienen, Vergangenes neu sehen zu lernen und damit erst Erfahrung werden zu lassen. Das heißt, ich kann mich bemühen, solche biographischen Einsichten aus der Vergangenheit in die Gegenwart zu holen, um sie hier zu konkretisieren und dadurch bewußt meine Zukunft zu gestalten.

So verstehe ich ein Sich-Einleben in die eigene Biographie, nämlich in der Betrachtung der Gesamtheit des Lebenslaufs mit allen drei Zeitaspekten: Vergangenheit, Gegenwart und Zukunft. Das ist meines Erachtens der Haken bei vielen psychotherapeutischen Richtungen in bezug auf eine biographische Arbeit, daß sie in der Regel nur Einzelaspekte des Lebenslaufs und der menschlichen Entwicklung betrachten bzw. einseitig betonen.

Sie machen aber nicht deutlich, welche Eingrenzung und Zerstückelung des Gesamtzusammenhangs dadurch sehr schnell geschieht.

M.N.: Es fehlt also oft das geistige Band, und entsprechend entstehen bzw. bleiben die blinden Flecken bei Therapeuten wie Klienten?

Die Suche nach der Ursache

A. Vogt: Genau. Und dazu kommt noch ein eindimensionales Ursache-Wirkung-Denken. Das wird besonders bei den vergangenheitsorientierten Therapien deutlich:

Da wird versucht, das vorhandene Unbehagen bzw. die Krise, die zum Therapeuten geführt hat, auf ein verursachendes Erlebnis zurückzuführen und damit zu begründen. Wie weit zurückgegangen wird, ist unterschiedlich. Das können Erfahrungen aus der Pubertät sein, frühkindliche Traumata oder zum Beispiel bei den Primärtherapien auch Geburtserfahrungen. Andere Therapeuten beziehen noch mögliche Erlebnisse während der Schwangerschaft mit ein.

Und auch an sogenannten Reinkarnations- und Rückführungstherapien wird inzwischen so einiges angeboten; hier wird das vermeintlich verursachende Ereignis für die jetzige Krise bzw. die schon lang andauernde Problematik in einem früheren Leben gesucht und folgerichtig dann auch gefunden. Angeblich!

M.N.: Ach ja, irgendeinen schwarzen Peter findet man immer. Und entweder wird dann gesagt: "Das ist eben mein Karma, mein Schicksal", oder sonstwas: "Das ist so und damit muß ich - aber auch meine Mitmenschen - leben und es ertragen." Oder eher aktive Menschen suchen diesen Stolperstein bzw. chronischen Krisenherd nochmals auf, um ihn, wie es heißt, zu "durchleben" und ihn ein für alle Male aus ihrem Leben zu beseitigen. Dann ist alles wieder okay.

A. Vogt: Ja, scheinbar! Aber auch nur bis zur nächsten Krise. Weil die dann aber häufig nicht seelisch erlebt wird, sondern sich eher auf der Ebene körperlicher Symptome zeigt, werden die Zusammenhänge nicht erkannt.

M.N.: Du meinst, daß dann immer noch dieselbe Ursache wirksam ist, nur daß sie jetzt einen anderen Weg sucht, um zum Ausdruck zu kommen?

A. Vogt: Ja, weil eben mit solch einem eindimensionalen Ursache-Wirkung-Denken dasjenige, was da eigentlich passiert, nur an der Oberfläche erfaßt werden kann. An die Wurzeln gelangt man damit nicht. Von daher kann eigentlich auch nicht von einer Ur-Sache gesprochen werden. Und das vielzitierte Urtrauma, ob es nun frühkindlich, vorgeburtlich oder in einem früheren Leben festgemacht wird, ist nur einer von vielen möglichen Punkten, an denen ein wichtiger Lebensfaden sich kristallisieren und somit sichtbar werden kann.

M.N.: Aber das ist doch nötig, damit wir Menschen das überhaupt sehen und erkennen können. Wenn alles nur im Geistigen und Unsichtbaren bliebe, dann würden uns doch die Erfahrungsschritte und Korrekturmöglichkeiten verborgen bleiben.

A. Vogt: Ich sage ja auch nicht, daß dieser Weg, eine Ursache, oder genauer müßte ich sagen: eine Manifestation aufzuspüren, immer vergeblich ist oder in die Irre führt. Wenn man allerdings wie üblich da stehen bleibt, wo ein früheres Ereignis als verursachend für das heutige Unbehagen interpretiert wird, und sich damit zufrieden gibt, dann ist die

Erkenntnismöglichkeit meiner Biographie und der Weg zur Weiterentwicklung nur zu einem Teil ausgeschöpft worden.

Lebensfäden ent-wickeln

M.N.: Wie könnten denn weitere Schritte auf solch einem Weg aussehen?

A. Vogt: Dafür ist es erforderlich, den Lebenslauf umfassender zu sehen als nur mit dieser Ursache-Wirkung-Brille. Ihn nicht als mehr oder weniger willkürliche und zufällige Zusammenstellung von Lebensereignissen zu betrachten, die dann eben so passieren und irgendwann in mein Leben treten oder eben auch nicht, sondern im Umgang mit der eigenen Lebensgeschichte zu erfahren, daß der Lebenslauf jedes Menschen im Grunde ein geordnetes, sinnvolles Ganzes ist; zudem mit der beständigen Möglichkeit zu lernen, sich weiterzuentwickeln und von Grad zu Grad zu reifen. Daß von vielen Menschen dem Leben ein Sinn und eine Ordnung abgesprochen wird und daß sie daran oft leiden, sagt zunächst nur etwas über ihre Sichtweisen und Erkenntnismöglichkeiten aus, aber noch nichts über die Sinnhaftigkeit oder -losigkeit des Lebens selbst.

M.N.: Aber wie kann der einzelne einen Sinn oder genauer gesagt: seinen Sinn des Lebens finden, wenn er auf seinen bisherigen Lebensweg schaut?

A. Vogt: Ein Schritt ist, statt solcher Ursache-Wirkung-Suche sich um eine phänomenologische Betrachtung der eigenen Biographie zu bemühen, das heißt um einen wachen, sammelnden, ordnenden Blick auf die Vielfalt von Lebensereignissen und -erfahrungen, ohne vorschnelle emotionale Bewertung. Das ist zunächst recht schwierig und ungewohnt, kann aber auch sehr entlastend sein: Statt mich in die alten schmerzhaften Erfahrungen wiederholt einzuleben - und das heißt allzu oft nur, darin weiterzuleiden -, kann ich Abstand gewinnen. Und erst damit kann es gelingen, einen gemeinsamen Kern, etwas Wesentliches in solchen vielfältigen Lebensereignissen zu entdecken. Dieses Wesentliche bringt sich zwar auf verschiedene Arten zum Ausdruck, es kann sich aber nach und nach zu einem oder mehreren Fäden verdichten.

M.N.: Es gibt also mehrere Fäden und nicht nur das eine, alles umfassende Lebensthema?

A. Vogt: Ja, die Wichtigkeit und Aktualität der einzelnen Fäden kann sich zudem wandeln. Wenn man sich mit nur einem Lebensfaden zufrieden gibt, versäumt man darüber meistens andere Möglichkeiten und Aufgaben. Lernt man, nach und nach solche verschiedenen Lebensfäden zu verfolgen und aufzuwickeln, dann tritt etwas wirklich Sinnvolles ins Leben, selbst wenn die Begleitumstände vor allem anfangs oft noch sehr schmerzhaft sind. Und dann kann ich auch beginnen, solche Fäden bewußt zu ergreifen und weiterzuspinnen, das heißt, ich kann Verantwortung für deren weiteren Verlauf übernehmen: Ich entwickle jetzt in der Gegenwart meine Biographie aus der Vergangenheit heraus in die Zukunft hinein, und zwar bewußt, selbstgestaltend und eigenverantwortlich, nicht mehr einem vorgegegebenem Schicksal ausgeliefert oder von Zufällen und Gelegenheiten bestimmt, sondern im Verständnis von Vergangenheit und sich daraus ergebenden Zukunftsaufgaben und -möglichkeiten.

M.N.: Damit sind wir jetzt bei Deinem eigenen Arbeitsansatz, der sich also offensichtlich aus der kritischen Auseinandersetzung mit verschiedenen wissenschaftlichen wie therapeutischen Zugängen zur Biographie entwickelt hat.

Eine Erweiterung von Psychologie und Psychotherapie vor anthroposophischem Hintergrund

A. Vogt: Dazu kam und kommt die Beschäftigung mit der anthroposophischen Menschenkunde, die für mich im Laufe der Jahre und meiner persönlichen Entwicklung zum wesentlichen Bezugsrahmen geworden ist. Das betrifft neben vielem anderen vor allem die generelle Betrachtung des Menschen in seiner Einheit von Körper, Seele und Geist, wie auch die Entwicklungsprozesse dieser drei Ebenen im Lebenslauf. Dabei bemühe ich mich um eine schrittweise Erweiterung von Psychologie und Psychotherapie vor anthroposophischem Hintergrund. Meine derzeitige Arbeit mit und an einer entwicklungsbezogenen Form der Lebensberatung, wie ich diese Biographiearbeit auch umschreiben kann, läßt sich als ein erster konkreter Ausdruck dieses Bemühens bezeichnen.

M.N.: Wir können wohl davon ausgehen, daß den meisten Lesern die Grundzüge einer anthroposophisch-menschenkundlichen Lebenslaufbetrachtung bekannt sind bzw. durch dieses FLENSBURGER HEFT bekannt werden. Deshalb reicht es, wenn Du nur kurz etwas zu den Aspekten sagst, die Deines Erachtens ein Biographieverständnis wesentlich erweitern.

A. Vogt: Da ist zunächst das grundsätzliche Verständnis einer Leib-Seele-Geist-Einheit, die aber in ihrem Zusammenspiel sehr differenziert betrachtet werden muß. Dann die Betrachtung der einzelnen Entwicklungsprozesse dieser Ebenen und ihre Wechselwirkungen. Damit hängt die Verdeutlichung von 7-Jahres-Rhythmen zusammen, wobei jeweils drei mal sieben Jahre für die schwerpunktmäßige Entwicklung von Körper (0-21), Seele (21-42) und Geist (42-63) zugrunde gelegt werden. Hier findet also eine Berücksichtigung und genaue Beschreibung überpersönlicher Gesetzmäßigkeiten statt, wodurch sowohl einzelne Entwicklungsstufen als auch mögliche Krisenzeiten genauer charakterisiert werden können. Dabei ist der zentrale Ausgangs- und Bezugspunkt der menschliche Lebenslauf als Prozeß einer Bewußtseinsentwicklung. Dadurch werden auch die 7-Jahres-Phasen in ihrem Zusammenhang sinnvoll erfahrbar ...

M.N.: ... weil hier das geistige Band deutlich wird im Gegensatz zu den verschiedenen psychologischen Phasenmodellen.

A. Vogt: Genau. Gleichzeitig wird auch eine umfassende kosmische Verbundenheit der Menschenentwicklung angesprochen, so zum Beispiel in den Mondknoten-Rhythmen. Außerdem wird die Frage nach der geistigen Herkunft berücksichtigt, da Reinkarnation und Vorgeburtlichkeit mit einbezogen werden.

Jonglieren mit Begriffshülsen

M.N.: Das ist ja nun ein sehr großer, weitgespannter Rahmen, in den der menschliche Lebenslauf aus anthroposophischer Sicht rückt. Wo und wie läßt sich der denn nun fruchtbar auf die Einzelbiographie, die persönliche Entwicklung beziehen? Ich sehe nämlich vielfach, wie in Anthro-Kreisen zwar gern und viel mit den von Dir gerade erwähnten Begriffen, wie 7-Jahres-Rhythmus, Mondknoten, Bewußtseinsentwicklungsstufen usw., umgegangen wird. Aber da scheint es sich doch öfter eher um ein Jonglieren mit abstrakten Begriffshülsen zu handeln als um ein lebensvolles Umgehen und Integrieren dieser Tatsachen ins praktische Leben. Auch ein konkreter Bezug auf den individuellen Lebenslauf, vor allem mit den nötigen Konsequenzen, ist nicht gerade oft zu entdecken.

A. Vogt: Da stimme ich Dir zu. Das ist ja auch genau der kritische Punkt: Die Grundlagen, die Rudolf Steiner mit der Menschenkunde für eine vertiefte Biographiebetrachtung gelegt hat, werden zwar fleißig dargestellt, schriftlich wie mündlich verbreitet - was ja im Prinzip durchaus wünschenswert ist -, nur: Eine inhaltliche Vertiefung, Weiterentwicklung, und das heißt eine stärkere Differenzierung der Aussagen mit der Möglichkeit, einen individuellen Bezug zu finden, die sind nach wie vor selten.

M.N.: Und das gilt ja nicht nur für das Thema Biographie. Das ist ja ein Mißstand, an dem der heutige Umgang mit Anthroposophie vielfach krankt.

A. Vogt: Fürwahr. Im Bereich der Biographie gibt es da schon erfreuliche Ausnahmen, zumindest für die kindlichen Entwicklungsphasen, so zum Beispiel von Müller-Wiedemann für die Entwicklung der Neun- bis Zwölfjährigen. Für die Pubertät und speziell die Magersuchtproblematik hat Henning Köhler den biographischen Ansatz wesentlich konkretisiert, die Bedeutung der Vorgeburtlichkeit herausgearbeitet und außerdem diesen Ansatz praktisch-therapeutisch auch umgesetzt. Das finde ich sehr beachtlich und positiv!

Für das Erwachsenenalter fehlen solche Ansätze noch; da gibt es zwar einige und zum Teil auch gute Darstellungen insbesondere der seelischen Entwicklung, die ja zwischen 21 und 42 Jahren im Vordergrund steht - und wie gesagt, im Vergleich zur entsprechenden psychologischen Literatur sind diese menschenkundlichen Beiträge schon sehr differenziert und umfassend -, aber es fehlen vertiefende Betrachtungen, die eine Individualisierung der beschriebenen allgemein-menschlichen Phänomene und Entwicklungsrhythmen möglich machen.

Wenn die Quellkräfte der Seele versiegen ...

M.N.: Kannst Du einmal an einem konkreten Beispiel verdeutlichen, was Du mit so einer Erweiterung oder Vertiefung der menschenkundlichen Hinweise meinst und wie deren Individualisierung aussehen kann?

A. Vogt: Nehmen wir zum Beispiel die Entwicklungsstufen in Jahrsiebten. Beim Erwachsenen wird da ja die seelische Entwicklung in drei Aspekten und Phasen unterschieden: Entwicklung der Empfindungsseele von 21 bis 28 Jahren, der Verstandes- und Gemütsseele zwischen 28 und 35 Jahren, der Bewußtseinsseele von 35 bis 42 Jahren. Dabei wird betont, daß diese Phasen erstens nicht streng kalendarisch festzumachen sind, zweitens die Entwicklungen der einzelnen Seelenglieder oder -aspekte nicht strikt getrennt voneinander ablaufen, sondern miteinander durchaus verwoben sind und eben die Schwerpunkte ihrer Ausbildung in den betreffenden Jahrsiebten haben. So weit, so gut. Nun wird ferner häufig darauf hingewiesen, daß mit jedem Eintritt in ein neues Jahrsiebt diejenigen Bildekräfte, die bisher für die Ausarbeitung der vorigen Stufe benötigt wurden, jetzt frei werden für den neuen, folgenden Entwicklungsschritt. Beim Kind mit sieben Jahren und beim Jugendlichen mit vierzehn Jahren zeigt sich das ja ganz deutlich noch auf der physischen Ebene in der Zahnreife und der Pubertät.

Vergleichbares gilt auch für den Erwachsenen, nur spielt sich das nicht mehr auf dieser deutlich sichtbaren physischen Ebene ab. Allerdings ist die quasi naturgesetzliche Verbindung von leiblichen und seelisch-geistigen Entwicklungsschritten mit ca. 27 Jahren beendet. Darauf hat Rudolf Steiner hingewiesen. Was bis dahin im Fall einer gesunden Entwicklung sozusagen von selbst geschieht, oder anders ausgedrückt: von oben geführt wurde, nämlich daß freiwerdende Wachstumskräfte für die seelisch-geistige Weiterentwicklung zur Verfügung stehen und umgesetzt werden, das hört in diesem Alter kurz vor 28 Jahren auf.

M.N.: Auf dieses Versiegen der Quellkräfte der Seele wird auch hingewiesen, und es wird durchaus betont, daß nun ein bewußtes ich-geleitetes Ergreifen dieser Kräfte erfolgen muß.

A. Vogt: Ja, genauso wird das gesagt. Aber was bitte soll ein Mensch von 27/28 Jahren mit diesem Hinweis konkret anfangen? Was kann er sich denn für seine ganz persönliche Situation darunter vorstellen, und was nutzt ihm das Wissen von bzw. Lesen über einen Übergang in ein neues Jahrsiebt, in dem die Entwicklung der Verstandes- und Gemütsseele im Vordergrund steht, wenn er nicht weiß, wie er diesen offenbar doch entscheidenden Übergang in eine nächste Entwicklungsphase ganz persönlich bewältigen soll?!

M.N.: Vermutlich ist doch schon das Wissen um solch einen gesamtmenschlich gültigen Entwicklungsverlauf hilfreich, damit das eigene Erleben eingeordnet und nicht nur als individuelle Misere oder Problematik eingeschätzt wird.

Das Alter zwischen 27 und 30 Jahren

A. Vogt: Das ist sicherlich so, und es wäre schon großartig, wenn Psychotherapeuten und andere, bei denen Menschen, die um die 30 Jahre in eine Krise geraten, auftauchen, von dieser übergeordneten Entwicklungsgesetzmäßigkeit wüßten. Ich will auch überhaupt nicht bestreiten, daß für viele Menschen schon allein ein solches Wissen um Entwicklungsphasen sehr hilfreich und stützend ist und daß noch viel mehr Menschen nichts davon wissen und trotzdem gut weiterleben und ihre Entwicklung positiv gestalten.

M.N.: In diesen Zeitraum fällt ja für viele Menschen die Entscheidung für die Geburt eines Kindes oder für eine Heirat.

A. Vogt: Ja, das kann man auch feststellen. Aber es gibt auch genug Menschen, die in diesem Alter zwischen 27 und 30 Jahren in eine äußerlich vielleicht gar nicht so dramatische, aber innerlich sehr aufwühlende Krise geraten. Ich bekomme das in den letzten Jahren vielfach mit, im privaten Freundeskreis wie auch bei Klienten. Diese Menschen suchen nach einem neuen Weg und ringen um ihren persönlichen, individuellen Schwellenübergang in das neue Jahrsiebt. Nach meinen Erfahrungen handelt es sich dabei um einen ganz entscheidenden Punkt im gesamten Lebenslauf. Man könnte ihn im Grunde mit einer Neugeburt vergleichen, mit allen Konsequenzen, die damit verbunden sind. Allerdings mit dem schwerwiegenden Unterschied, daß bei einer physischen Geburt sehr stark natürliche Prozesse eine Rolle spielen, die auch ohne direkte Einflußnahme des Menschen ablaufen. Bei der Neugeburt um 28 Jahre fallen aber gerade diese Unterstützungen fort, und der Mensch ist aufgefordert, nun selbst aus eigener Entscheidung die Initiative zu ergreifen. Sonst versäumt er diese Möglichkeit zur Neuwerdung.

M.N.: Kann es sein, daß die Entscheidung zur Geburt eines Kindes dann ein Ausweichmanöver ist, um eine eigene Neugeburt zu umgehen, oder daß eine Heirat ein Festhalten am Gewohnten ist, um den neuen, unbekannten Weg nicht alleine gehen zu müssen?

A. Vogt: Darauf kann ich keine kurzgefaßte, allgemein-gültige Antwort geben. Das läßt sich nur individuell beantworten. Aber es schadet wohl nicht, auch diesen Aspekt zu berücksichtigen, wenn man sich mit den individuellen Entwicklungsmöglichkeiten zwischen 27 und 30 Jahren beschäftigt. Da handelt es sich ja nicht nur um freibleibende Möglichkeiten, sondern es sind auch handfeste und eigentlich dringende Notwendigkeiten. Von der Bewältigung dieser Lebensstufe, für die nun dasjenige selbst in die Hand genommen werden muß, was bis dahin auch ohne bewußtes Mittun geschah, hängt ja die weitere seelisch-geistige Entwicklung weitestgehend ab. Hier kann und sollte ein entscheidender Schritt zur Selbsterziehung getan werden, und der muß ganz individuell geschehen. Dafür gibt es keine Patentrezepte oder allgemeinen Ratschläge, und da hilft langfristig auch keine Orientierung an Fachleuten oder anderen Autoritäten. Wenn man geistig-seelisch reifer werden möchte, so muß heutzutage notwendigerweise diese Selbsterziehung hinzutreten. Andernfalls bleibt es höchstens bei einem Alter von 27 Jahren. Das kalendarische Alter sagt dann über die innere Reife kaum noch etwas aus.

M.N.: Hm, das wäre ja interessant, einmal unsere Gesellschaft, auch die Kultur- und Politiklandschaft dahingehend zu beleuchten, wer denn da geistig-seelisch tatsächlich älter als 27 sein könnte. Zum Beispiel das Bestreben, jung, fit und dynamisch zu sein bzw. zu wirken, läßt sich vielleicht auch von daher nachvollziehen.

A. Vogt: Es ist tatsächlich sehr interessant, aber auch ernüchternd, diesen Gesichtspunkt einzunehmen. Manchmal ist wohl zweifelhaft, ob überhaupt 27 Jahre erreicht wurden. Dieses Stehenbleiben bei spätestens 27 Jahren findet ja noch vor Abschluß der Entwicklung der Empfindungsseele statt, also innerhalb des Zeitraumes, der von emotionaler, also empfindungsmäßiger Beteiligung wesentlich geprägt ist. Auch von daher, von dieser vorwiegenden Betonung des Emotionalen, lassen sich manche Zeitströmungen, nicht nur in der Politik oder in der Werbung, besser verstehen.

Innere Selbständigkeit oder äußere Sicherheit?

M.N.: Laß uns noch einmal weiter auf diese Besonderheit der Zeit um 27 bis 30 Jahre eingehen. Gibt es noch andere Aspekte, die diese Phase besonders kennzeichnen?

A. Vogt: Ja, ein weiterer zentraler Punkt ist, daß in dem Zeitraum von 27 bis 30, genauer zwischen 29 und 30 Jahren, zum ersten Mal die Möglichkeit offen ist, eine wirkliche, eigene Selbst-Ständigkeit zu erarbeiten. Diese Tatsache akzeptieren viele Menschen anfangs nur schwer, besonders wenn sie noch jünger sind und zum Beispiel auch beruflich oder familiär voll im Leben stehen. Und auch in der öffentlichen Meinung wird ja eher das Gegenteil propagiert, nämlich daß man sich spätestens in diesem Alter für einen Beruf, eine Familie, ein festes und gesichertes Leben entschieden haben sollte und nicht erst jetzt mit der Suche nach eigenen Maßstäben anzufangen habe. In dieser Zeit stehen sich äußere Sicherheit und innere Selbständigkeit oft als Entscheidungspole gegenüber.

M.N.: Bedeutet das, daß sich jemand im Grunde erst mit 29 oder 30 Jahren daran machen kann, seinen eigenen Boden zu schaffen? Geht das nicht auch schon früher? Es gibt doch viele, die auch schon mit 20, 25 Jahren erfolgreich selbständig sind, ihren Mann und ihre Frau stehen. Ist das denn alles Illusion?

A. Vogt: Meistens nicht. Das können Vorbereitungen sein und sind auch oft notwendige Impulse für die heutige Zeit. Vieles in dieser Lebensphase vor 28 stammt aus Kräften, die in früheren Inkarnationen veranlagt wurden und die im jetzigen Leben zum Tragen kommen können. Aber ich habe ja schon darauf hingewiesen, daß diese Quellkräfte der Seele so nach und nach versiegen. Das, was bis 28 lebenserfüllter Ausdruck des Inneren ist, wird danach ganz allmählich zu einer leeren Hülle, die vorwiegend von Äußerlichkeiten und den einst lebendigen, jetzt aber zur Masche heruntergekommenen Mustern lebt. Das führt oft zur tragischen "Wiederkehr des ewig Gleichen".

M.N.: In dieser Hinsicht ist die Zeit um 27 bis 30 Jahre ja offensichtlich zentral für die weitere Entwicklung.

A. Vogt: Ja, und das Dilemma ist, daß die betreffenden inneren Schwierigkeiten, die seelischen Krisen oder das schlichte Unzufriedensein mit dem Bisherigen sich um diese Zeit das erste Mal und oft nur zaghaft melden. Häufig wird sich dann in einer meist unbewußten Gegenreaktion umso mehr auf eine stärkere Absicherung und Verfestigung des Bisherigen gestützt. Die Bereitschaft, etwas zu ändern, beschränkt sich dann auf mehr äußerliche Umstellungen, auf Kosmetik und Symptombehandlung.

Das wahre Ausmaß des hier verpaßten oder nicht genügend vollzogenen Entwicklungsschrittes wird ja oft erst Jahre oder Jahrzehnte später deutlich ...

M.N.: ... wenn nicht mehr zu übersehen und vertuschen ist, daß die alten Quellkräfte versiegt sind und keine eigenen neuen Quellen erschlossen und ausgearbeitet wurden. Wenn deutlich ist, daß ein Entwicklungsstillstand eingetreten ist ...

A. Vogt: ... der immer einen Rückschritt bedeutet! Entwicklung ist Bewegung: Es geht voran - oder eben zurück. Festhalten des Status quo geht nicht. Wenn ich mich als 35jährige noch seelisch-geistig auf dem Niveau einer 25jährigen bewege und verhalte, ist das ein Entwicklungsrückschritt, der mit zunehmendem Lebensalter immer krasser wird ...

M.N.: ... der aber doch kaum als Rückschritt oder Mangel auffällt, sondern eher noch befürwortet und gefördert wird.

A. Vogt: Daran zeigt sich ja zum Beispiel die Diskrepanz zwischen Oberflächlichkeit und einem Bemühen um Wesentliches, zwischen Form und Inhalt. Aber es ist auch eine traurige Bestätigung dafür, wie weit ein Empfindungsseelen-Niveau einseitig in unserer Gesellschaft vorherrscht und in fast allen Bereichen wiederzufinden ist.

Entwicklung der individuellen Eigenart

M.N.: Kommen wir wieder zu den konkreten Bewältigungsmöglichkeiten dieser Schwelle um 28 Jahre und zu Deiner Forderung nach Individualisierung dieser Entwicklungsschritte. Wie kann das geschehen? Wie gehst Du in Deiner Biographiearbeit damit um?

A. Vogt: Mit Individualisierung meine ich, daß die Aufgaben und Schritte, die um 27 bis 30 Jahre für eine Weiterentwicklung möglich und nötig sind - also: Eigenständigkeit erarbeiten, eigene innere Quellen erschließen und pflegen, zur Selbsterziehung bereit sein usw. -, daß all diese Schritte jeweils individuell in Angriff genommen werden müssen. Jeder einzelne hat zum Beispiel bestimmte konkrete Lebensgebiete, in denen das Festigen einer Eigenständigkeit für ihn besonders nahe liegt. Dort ist es am ehesten möglich bzw. auch am dringendsten erforderlich - und dort muß die Eigenarbeit ansetzen; dann kann sie allmählich auf andere Gebiete ausgeweitet werden. Während also für den einen zum Beispiel das berufliche Arbeitsfeld solch ein individuelles Schwerpunktgebiet ist, ist es für jemand anderen die Partnerschaft oder die Wohnung bzw. Wohnform etc., wo er/sie Eigenständigkeit und Selbstverantwortung lernen kann und muß.

M.N.: Wenn ich das mal von der anderen Seite anschaue, dann heißt das doch auch, daß es auch Gebiete gibt, in denen ich mich vor solch einer Selbstschulung am besten drücken kann.

A. Vogt: Ja, auch das ist möglich und keineswegs unüblich.

M.N.: Aber wenn ich jetzt ernsthaft an meiner Weiterentwicklung arbeiten möchte, dann gilt es also, solche Lebensgebiete oder Erfahrungsschwerpunkte individuell herauszufinden, damit ich dort gezielt und konkret weiterkommen kann.

A. Vogt: Genau. Denn sonst bleiben Begriffe wie Selbsterziehung und Eigenverantwortung zwar hohe Ziele und durchaus ernstgemeinte Ideale - aber sie sind zu abstrakt und zu umfassend und können kaum befriedigend umgesetzt werden. Entsprechend erlebt man dann oft eine große Verunsicherung bzw. Hoffnungslosigkeit bei solchen ernsthaft suchenden Menschen um 27 bis 30 Jahre. Sie wissen, daß mehr Eigen-Art im weitesten Sinne nötig ist, spüren, wie ihr bisheriges Erleben sich verändert, ihre bisherigen Verhaltensweisen nicht mehr greifen wie früher - aber sie wissen nicht, wo denn nun anfangen. Man müßte ja überall gleichzeitig was tun. Motto: Die Ideale sind zumindest in absehbarer Zeit sowieso nicht erreichbar, ich hab's ja zweimal versucht, und überhaupt ist das zuviel und nicht zu schaffen, das bestätigen die anderen ja auch.

M.N.: Und dann versanden solche Ansätze zur Veränderung, und das Alte wird ausgebaut und in der Hoffnung gefestigt, da eine dauerhafte Stütze und Sicherheit zu haben - wenn schon innerlich so viel verunsichert wird.

A. Vogt: Ja, und leider klappt so eine äußere Beruhigung scheinbar auch, jedenfalls für die erste Zeit und oft für die nächsten Jahre. Bis dann später, bei der nächsten großen persönlichen oder Entwicklungskrise, diese alte Problematik wieder und diesmal mit größerer Vehemenz auftaucht. So sind bei genauem Hinsehen viele Menschen, die um die 40 bis 42 oder um 56 Jahre therapeutische Hilfe suchen - das sind weitere bevorzugte Krisenalter -, in ihrer aktuellen Problematik, ihrem Fragen und Leiden mit dieser Grundthematik aus der Zeit um 27 bis 30 Jahre beschäftigt, meist in anderen äußeren Kleidern und aufgrund der weiteren Lebenserfahrungen meist verschärfter und drängender, auch oft in Verbindung mit chronischen Erkrankungen. Aber die Frage nach der persönlichen Eigenart bzw. dann stärker nach der daraus erwachsenden persönlichen Lebensaufgabe und -richtung wird ganz deutlich. Dafür ist allerdings die richtige Brille nötig, um diese Zusammenhänge erkennen zu können.

M.N.: Und mit einer Biographiearbeit im Sinne einer phänomenologischen Betrachtung des eigenen Lebenslaufs, wie Du vorhin ausgeführt hast, lassen sich solche Zusammenhänge erkennen und auch die jeweiligen individuellen Lebensgebiete herausfinden, die als Ansatzpunkte für eine Eigenarbeit geeignet sind?

"Sterne sprachen einst zu Menschen ..."

A. Vogt: Ja, und als eine wesentliche Hilfe bei einer solchen phänomenologischen und individuellen Betrachtung des Lebenslaufs hat sich für mich der Umgang mit astrologischen Grundbegriffen erwiesen. Allerdings - und darauf möchte ich direkt hinweisen, da beim Stichwort Astrologie allzu schnell die Vorurteilsklappen fallen - verstehe ich darunter das Bemühen um ein zeitgemäßes Verständnis astrologischer Prinzipien auf dem Hintergrund der anthroposophischen Menschenkunde. Und es geht dabei weder um irgendwelche Schicksalsbestimmungen und -voraussagen, die sich aus einem Horoskop angeblich herauslesen lassen, noch um Planeten-"Wirkungen", die dann irgendetwas veranlassen und bewirken, dem ich mich weitgehend nur passiv ausgeliefert fühlen kann.

Ein deutlicher Hinweis Rudolf Steiners auf eine zeitgemäße Astrologie findet sich in dem Spruch "Sterne sprachen einst zu Menschen, ihr Verstummen ist Weltenschicksal ..." Da ist in wunderbar prägnanter Form ausgedrückt, daß heute, in dem Zeitalter, in dem die Bewußtseinsseelen-Entwicklung möglich und nötig ist, die Sterne nicht mehr sprechen. Das heißt, daß die alte, früher gültige und passende Schicksalsabhängigkeit heute nicht mehr gegeben ist und daß auch Deutungsversuche oder Voraussagen über ein Horoskop nur überkommene Relikte einer vergangenen Zeit sind, aber nichts mit einem zeitgemäßen Stehen in dieser Welt zu tun haben.

Voraussetzungen einer zeitgemäßen Astrologie

Heute schweigen die Sterne, und der Mensch muß lernen, zu ihnen zu sprechen. Und das heißt meines Erachtens nichts anderes, als daß der einzelne Mensch, wenn er sich überhaupt um ein Verständnis der Sterne, der astrologischen Prinzipien bemüht, diesen Weg in Eigenerfahrung gehen muß. Es geht darum zu lernen, sie als Urbilder, als Repräsentanten für Kräfte, für Wesenheiten zu begreifen, die der Mensch in sich, in seinem konkreten Leben erkennen, erfahren und weiterentwickeln kann.

M.N.: Ist dieses Selber-Sprechenlernen vergleichbar mit dem Erlernen einer neuen Sprache oder anderer bisher ungenutzter Fähigkeiten? Geht es darum, daß ich mich letztlich selbst und ohne fremde Hilfe oder Abhängigkeiten in einem mir zur Zeit noch unbekannten Land zu bewegen lerne?

A. Vogt: Ja, der Vergleich mit dem Erlernen von Sprachen oder auch von handwerklichen Fähigkeiten ist ein zunächst passendes Bild dafür: Die Abhängigkeit von einem Übersetzer in einem fremden Land, das man kennenlernen möchte, ist auf die Dauer ja auch behindernd und macht unfrei. Und ein Handwerk läßt sich auch nicht nur aus Lehrbüchern lernen, da ist ein langes praktisches Üben nötig, das kann mir niemand abnehmen.

M.N.: Wie sieht in bezug auf die Entwicklung einer zeitgemäßen Astrologie das praktische Üben aus?

A. Vogt: Das kann zum Beispiel mit der genannten phänomenologischen Betrachtung der eigenen Biographie anfangen. Die einzelnen Mosaiksteinchen, die zuerst ohne erkennbaren Zusammenhang in einem Lebensbild auftauchen, stellen sich dann nach und nach zu Fäden zusammen, die sich ein Stückweit verfolgen lassen, dann wieder verschwinden, um an einer anderen Stelle wieder aufzutauchen. Auf diesem Wege fügen sich die vielfältigsten Ereignisse, Begegnungen und Erlebnisse zu bestimmten Urbildern zusammen. Diese Urbilder führen wiederum in der Sternenschrift zu bestimmten Begriffen, die dann von jedem einzelnen mit eigenen Worten und Erfahrungen erfüllt, gestaltet und ausgesprochen werden können.

M.N.: Man benötigt also keinen Übersetzer mehr, sondern lernt, selbst zu antworten.

A. Vogt: Was ein Schritt hin zur Selbstverantwortung, also zu der Antwort des Selbst ist. Solch ein Umgang mit der Sprache der Astrologie leitet hin zu einem zeitgemäßen Verständnis, das auch für die individuelle Biographie fruchtbare Ergebnisse bringen kann: Der einzelne kann seine Lebensthemen und -aufgaben verstehen und sein Ich eigenverantwortlich entwickeln lernen.

M.N.: So wie Rudolf Steiner ja auch sagt, daß der Mensch sich aus der Gebundenheit des Tierkreises - dem Seelenbereich - mit seinem Ich - dem Geistbereich - befreien kann.

A. Vogt: Damit weist er ja gerade auch auf solch einen ich-geleiteten Umgang mit astrologischen Begriffen hin. Das bedeutet aber nicht nur ein Überwinden der alten Schicksalsgebundenheit und des Glaubens, daß man die Verantwortung abgeben könne, sondern auch eine Abkehr von dem üblichen, eindimensionalen Ursache-Wirkung-Denken.

M.N.: Tja, Rudolf Steiners Bemühungen um ein Verständnis für bewegliche Begriffe und die Sucht der Menschen nach festen Regeln und Schubkästen ...

A. Vogt: Und um ein bewegliches Denken und Verstehen von Zusammenhängen zu üben und zu erlernen, kann dieser Zugang zur Astrologie sehr hilfreich sein.

M.N.: Wenn Du also im Rahmen Deiner biographischen Arbeit keine Schicksalsdeutung oder ähnliches in der üblichen Art machst, dient Dir dann so ein Horoskop eher als Diagnoseinstrument, wie es ja manchmal auch Ärzte oder Heilpraktiker anwenden?

A. Vogt: Auch manche Psychologen arbeiten so mit dem Horoskop. Aber auch das ist meines Erachtens nicht zeitgemäß, da diese diagnostische Sichtweise immer noch der Ursachensuche dient und in dem Glauben an die übergeordnete Autorität des Fachmanns verhaftet ist, der das schon alles für mich regeln wird, und zwar besser als ich es könnte ...

M.N.: ... und vor allem bequemer für mich, als wenn ich mich selbst auf die Socken machen müßte.

A. Vogt: Mir geht es hingegen um die Eigenarbeit des einzelnen mit seinem Horoskop, nicht um eine Diagnose oder um Hintergrundinformationen. Ich versuche, eine eigene Verstandesarbeit anzuregen, ein verstehendes Nachvollziehen bisheriger Lebensereignisse, also ein Erkennen von wiederkehrenden Themen und Gebieten, die sich als Lebensfäden abzeichnen, um so das Gewordene überhaupt erst einmal Erfahrung werden zu lassen.

M.N.: Das hört sich nach einer Arbeit auf der Ebene der Verstandes- und Gemütsseele an?

A. Vogt: Das liegt ja auch meist als nächster Schritt an, vor allem bei Menschen, die älter als 27 Jahre sind.

An diesen biographischen Fäden und ihren Knotenpunkten wird Entwicklung deutlich: wo sie steckenbleibt, sich verhuddelt hat, wo sie wieder aufzugreifen ist und in welche Richtung sie sich weiterbewegen kann. Hier kann ein Horoskop Arbeitshypothesen anregen, Suchhinweise geben und individuelle Ansatzpunkte für Entwicklungsschritte aufzeigen: für die Phase um 28 Jahre also zum Beispiel Hinweise auf das konkrete Lebensgebiet und den jeweiligen, nächstliegenden kleinen Schritt, in dem Eigenverantwortung und Selbständigkeit erübt werden können. Das ist ganz individuell verschieden und hängt von der Fadenlänge und der Knotendicke ab, die man entdeckt hat.

M.N.: Kannst Du noch konkreter sagen, wie dann so eine Hilfestellung bei einem ganz individuellen Schwellenübergang oder Entwicklungsschritt aussieht?

A. Vogt: Das ist allgemein nicht auszudrücken. Dann müßten wir in die konkrete Arbeit an Deiner Biographie und mit Deinem Horoskop einsteigen, und das geht nicht in ein paar Stunden. Zumal auch die jeweils eigene Bereitschaft, neue Schritte zu wagen, eine ganz zentrale Rolle dabei spielt. Denn aufs eigene Sprechen, aufs eigene Laufen kommt es an. Es handelt sich eben um individuelle Arbeit und die kann sich erst entwickeln, wenn der einzelne sich einbringt und mitarbeitet.

Individuelle 7- und 12-Jahres-Rhythmen

Werden astrologische Prinzipien berücksichtigt, erweitern sich beispielsweise die menschenkundlichen Angaben zu den 7-Jahres-Rhythmen erheblich. Diese zeigen sich nämlich nicht nur allgemein-menschlich in Abhängigkeit vom kalendarischen Alter, sondern sie lassen sich zusätzlich auch ganz individuell finden, wie etwa bei manchen Lebensthemen, die sich in 7-Jahres-Rhythmen entwickeln und verändern, ohne aber mit dem Alter von 21, 28 Jahren usw. verbunden zu sein. Auch der Gesamtzeitraum dieser sieben Jahre läßt sich genauer untergliedern, so daß zum Beispiel das dritte Jahr des einen Zyklus mit jedem dritten Jahr der anderen Zyklen korrespondiert usw.

Auch 12-Jahres-Rhythmen finden sich, die aber eine ganz andere Qualität haben als die 7-Jahres-Rhythmen.

M.N.: Was ist denn der Unterschied?

A. Vogt: Kurz gesagt kann ich es so umschreiben, daß nach sieben Jahren der Schritt auf eine neue Ebene möglich ist, aber es bleibt in derselben Form, es geht einfach eine Stufe weiter. Nach zwölf Jahren ist es aber möglich, und das heißt eigentlich auch nötig, eine neue Form zu entwickeln, die sich grundsätzlich von der bisherigen Form unterscheidet.

M.N.: So als wenn ich nach sieben Jahren im selben Haus eine Etage höher ziehen kann, nach zwölf Jahren aber ein ganz neues, anderes Haus in einer neuen Umgebung bewohnen kann?

A. Vogt: In etwa stimmt dieses Bild, nur spielt sich das selten auf so einer konkreten, sichtbaren Ebene ab. Aber auch das kann ich hier nur andeuten. Solche Lebenszusammenhänge aufzuspüren, ist schon eine ziemlich komplexe Sache, zumal sich ja manche Rhythmen und Entwicklungsphasen überlagern, was ja schon bei sieben und zwölf Jahren sofort deutlich wird. Andererseits nützt es aber auch nichts, vor solchen Verknüpfungen die Augen zu verschließen und zum Beispiel nur von dem einen 7-Jahres-Rhythmus in bezug auf das Alter von 21, 28, 35 usw. Jahren zu sprechen, damit das Leben nicht zu kompliziert wird.

Der Mondknoten: die Verbindung von Sonne und Mond

M.N.: Lassen wir das mal so stehen. Ein Aspekt interessiert mich aber noch genauer: nämlich der sogenannte Mondknoten. Das ist ja ein astrologischer Begriff, den Rudolf Steiner mehrfach erwähnt hat, der etwas mit 18 Jahren zu tun hat und der immer wieder gerade beim Thema Lebenslaufbetrachtung durch anthroposophische Literatur und Vorträge geistert. Dabei habe ich aber meistens den Eindruck, daß das auch nur so eine Begriffshülse ist, die kaum inhaltlich gefüllt werden kann, aber trotzdem oder gerade deswegen immer wieder fleißig aus dem Koffer geholt wird.

A. Vogt: Da muß ich Dir zustimmen. Gerade der Mondknoten ist auch so ein Beispiel für den oft kurzsichtigen, veralteten Umgang mit astrologischen Begriffen in anthroposophischen Kreisen.

M.N.: Kannst du einmal erklären, was das nun eigentlich ist, dieser Mondknoten?

A. Vogt: Von der Erde aus betrachtet bewegt sich die Sonne auf einer Laufbahn um die Erde als Zentrum und durchläuft dabei die Ebene des Tierkreises in einer kreisförmigen Bahn. Auch der Mond hat um die Erde als Zentrum eine solche kreisförmige Laufbahn, die aber zur Tierkreisebene, die die Sonne durchläuft, in einem Winkel von 5 Grad geneigt ist. Von der Erde aus betrachtet schneidet also die Mondlaufbahn die Tierkreisebene (Ekliptik-Ebene) der Sonnenlaufbahn an zwei Punkten. Diese Schnittpunkte werden als aufsteigender und absteigender Mondknoten bezeichnet. *(Siehe Zeichnung;* Red.).

M.N.: Läßt sich das mit zwei verschieden großen Ringen vergleichen - die Laufbahnen von Sonne und Mond -, die einen gemeinsamen Mittelpunkt haben - die Erde -, aber etwas gegeneinander gekippt sind?

A. Vogt: So ähnlich. Zieht man eine Verbingungslinie zwischen diesen beiden Mondknoten, erhält man die sogenannte Knotenlinie. Diese dreht sich während eines Mondknotenzyklus um 360 Grad, und zwar gegen die Mond- bzw. Sonnenbewegung, und so bewegen sich die Schnittpunkte dieser beiden Laufbahn-Ebenen innerhalb des Tierkreises weiter. Nach etwa 18.2/3 Jahren ist eine Runde geschafft, und die Schnittpunkte sind wieder am selben Ort angekommen (genau nach 18 Jahren, 218 Tagen, 21 Stunden, 22 Minuten). Dann geht es weiter in die nächste Runde. Das ist jetzt eine vereinfachte Darstellung unter Außerachtlassung des Metonzyklus und des Saroszyklus.

Auf diesen Rhythmus des Mondknotenzyklus hat auch Rudolf Steiner hingewiesen, und seitdem wird der Begriff Mondknoten von Anthroposophen häufig auch erwähnt, auch Goethes Lebensentwicklung zum Beispiel wird mit diesem Rhythmus zu erklären versucht. Bei Kindern wird dann oft noch der sogenannte halbe Mondknoten erwähnt, also die Zeit um 9.1/3 Jahre.

In diesem Zusammenhang wird zwar auf wichtige Lebensschritte hingewiesen, auf Entwicklungsstufen, die zu einem neuen In-der-Welt-Stehen leiten können, aber das Spezifische des Mondknotens wird nicht ausgearbeitet. Es bleibt bei der Verwendung von Begriffshülsen, die ziemlich allgemein interpretiert werden und mit denen notfalls alles mögliche etikettiert werden kann. Solche Schritte in neue Lebensphasen, die mit einem Zurücklassen von Altem verbunden sind, treten aber bekannterweise nicht nur im Abstand von ungefähr neun oder achtzehn Jahren auf. Die Pubertät, die Schulreife, Heirat, das Eltern-Werden und noch vieles mehr sind auch Anfänge von Neuem und gleichzeitig Abschluß von Altem.

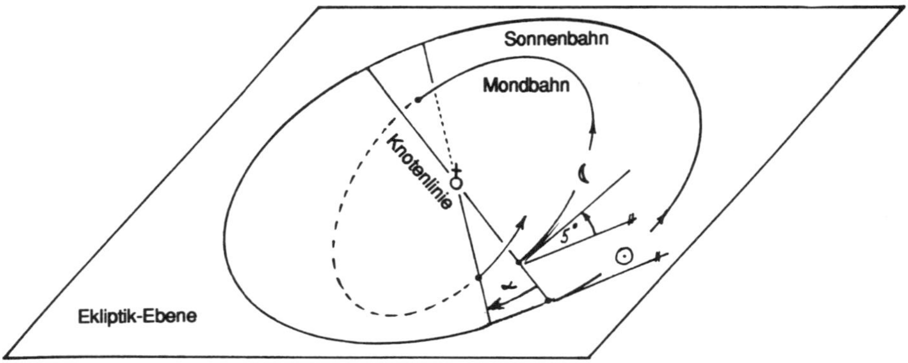

(Zeichnung nach Georg Glöckler)

M.N.: Aber es ist doch schon hilfreich zu wissen, daß da irgendetwas in dieser Art passiert.

A. Vogt: Das schon, aber es bleibt zu allgemein. Genau wie für andere, mehr körperlich sichtbare Entwicklungsstufen bei Kindern konkrete Verständnishilfen für die Erziehenden angeboten werden, genauso können auch die Mondknoten-Rhythmen inhaltlich vertieft und verständlicher dargestellt werden. Das gilt sowohl für neunjährige Kinder, als auch für Jugendliche mit 18 Jahren und für Erwachsene im späteren Alter.

Leben zwischen Nicht-Mehr und Noch-Nicht

M.N.: Kannst du einmal umschreiben, um welche Inhalte es dabei geht?

A. Vogt: Ein Grundprinzip des Mondknotens ist die Verbindung von Mond und Sonne, von Vergangenheit und Zukunft. Diese Polarität läßt sich von höchst unterschiedlichen Seiten beleuchten; auch Rudolf Steiner hat vieles darüber gesagt. Für das Thema Biographie ist wichtig, daß mit dem Mondknoten Möglichkeiten gegeben sind, zu einem Verständnis von früheren und zukünftigen Lebensaufgaben zu gelangen, daß ich also mein jetziges Leben in einem größeren, auch kosmischen Zusammenhang sehen kann.

M.N.: Ist von daher auch zu verstehen, daß manche Kinder mit etwa neun Jahren daran zweifeln, daß ihre Eltern auch tatsächlich ihre Eltern sind? Manchmal taucht dann ja die Vermutung auf, daß sie irgendwann einmal mit einem anderen Kind vertauscht worden sind und daß sie eigentlich eine ganz andere Herkunft haben.

A. Vogt: Müller-Wiedemann hat den Zeitraum zwischen dem neunten und zwölften Lebensjahr sehr ausführlich in seinem Buch "Mitte der Kindheit" behandelt. Dort beschreibt er, wie um diese Zeit das Kind zum ersten Mal etwas von einem Zusammenhang der eigenen Vergangenheit mit seiner noch ungelebten Zukunft erspüren kann und wie diese Bezogenheit keimhaft als biographische Erfahrung wahrgenommen wird.

Solange der Aspekt früherer Inkarnationen jedoch nicht berücksichtigt wird und nur bei den leiblichen Vorfahren nach der Herkunft gesucht wird, kann die Problematik dieser Zeit nicht gelöst werden. Ich stamme schließlich nicht nur von meinen Eltern ab, sondern auch von mir selbst.

M.N.: Das sind jetzt aber zwei verschiedene Ebenen: zum einen die körperlich-biologische Abstammung, zum anderen die geistige Herkunft.

A. Vogt: Beide sind notwendig und haben ihre Berechtigung. Es gibt da kein Entweder-Oder, man muß sich um das Sowohl-als-Auch bemühen. Mit dem Mondknoten, das heißt seinen Rhythmen, wird jedoch stärker die geistige Herkunft Thema. Aber nicht nur die Herkunft, sondern auch die Zielsetzung geht über das derzeitige Leben hinaus. Und da läßt sich manchmal bemerken, daß die Zielsetzung, also das, was man sich für dieses Leben vorgenommen hat und was schon jetzt in die Zukunft weisen kann, mit Schwierigkeiten und auch Ängsten verbunden ist. Es ist gar nicht so einfach, wirklich zukunftsgerichtet zu arbeiten und zu leben; zumal die zukünftigen Aufgaben oft in eine Richtung gehen, die den schon bekannten, in der Vergangenheit erworbenen Fähigkeiten genau entgegengesetzt sind.

M.N.: Gibt es da auch die Möglichkeit, solche Aufgaben genauer zu umschreiben?

A. Vogt: Auch dabei kann ein Horoskop Hilfestellung bieten. Aber es geht - wie gesagt - nicht darum, irgendwelche Hinweise auf frühere Leben auszugraben und darüber zu spekulieren oder Ereignisse als Ursachen für das jetzige Leben zu finden. Sondern es geht um einen Bewußtwerdungs- und Lernprozeß und um das Auffinden von Lebensfäden. Und besonders beim Mondknoten ist der Entwicklungsaspekt wichtig, da ich mich ja ständig zwischen der Vergangenheit und der Zukunft, dem Nicht-Mehr und dem Noch-Nicht bewege. In dieser Hinsicht können die Problematik, die Spannung und auch die Schwierigkeiten, die mit so einem Leben zwischen den Polen von Vergangenheit und Zukunft verbunden sind, verständlicher werden.

M.N.: Findet sich die Frage des neunjährigen Kindes nach seiner Herkunft auch beim Erwachsenen wieder?

A. Vogt: Im Grunde genommen ja, aber kaum noch so prägnant ausgedrückt. Außerdem tritt die Frage nach dem Lebensziel stärker hinzu, sie bleibt jedoch meistens im Unbewußten. Häufig wird versucht, im Materiellen die Antwort zu finden, genau wie ein Kind ja auch nach einer anderen körperlichen Herkunft fragt.

M.N.: ... und dann wird der Eintritt ins Rentenalter als Lebensziel anvisiert, und die Zukunftsimpulse erhalten die entsprechende Richtung.

Fixpunkte und Zwischenräume

A. Vogt: Letztlich geht es darum, diese Bezogenheit zwischen Vergangenheit und Zukunft nach und nach zu erkennen und zu erleben, auch um sie in ihrer Bedeutung für eine Lebensmotivation ernst nehmen zu können. Von daher sollte das, was mit neun Jahren zum ersten Mal keimhaft wahrgenommen wird, nicht als einmalige und bald beendete Phase angesehen werden, sondern als ein erstes Abbild von Entwicklungs- und Erkenntnismöglichkeiten, die während des gesamten Lebenslaufs offen stehen ...

M.N.: ... und daher nicht nur zu bestimmten Zeiten eine Wichtigkeit haben?

A. Vogt: Genau, denn das Leben spielt sich nicht nur in Mondknoten- oder zwei, drei anderen Rhythmen ab, das ist schon ein bißchen vielschichtiger ...

M.N.: ... also keine Monokultur!

A. Vogt: ... und jeder Rhythmus, auch der des Mondknoten, den wir ja hier nur als ein Beispiel etwas ausführlicher besprochen haben, läßt sich nicht auf seine Fixpunkte beschränken. Zu diesen Zeiten ergibt sich zwar oft etwas deutlich Sicht- bzw. Faßbares, ein markantes Ereignis, aber das ist eher eine Art Zusammenfassung, ein Resultat des Zeitraumes zwischen den Fixpunkten.

M.N.: So ähnlich wie eine Prüfung, an der ich sehen kann, ob und wie ich die Zeit genutzt habe?

A. Vogt: Ja, das läßt sich damit vergleichen. Ein Lebenslauf kann zum Beispiel in 7-Jahres-Schritte gegliedert werden oder auch, wie es bei Goethe versucht wurde, in Mondknoten-, also 18-Jahres-Rhythmen. Es gibt da viele Möglichkeiten. Aber häufig wird nur ein Rhythmus herausgegriffen.

Dann werden die dazu passenden Ereignisse aufgeführt und das Aha-Erlebnis folgt auf dem Fuße: "Aha, also alle sieben Jahre passiert mir so etwas." Fertig ist die Erkenntnis des Lebenslaufs ...

Davon abgesehen, daß das nur eindimensionale Erklärungen sind, die der Lebensrealität in keinem Fall gerecht werden können, fehlt diesen Erklärungsversuchen die Berücksichtigung der Zwischenräume und dessen, was in diesen Zeiten gemacht wurde.

M.N.: Auf die Wichtigkeit der Zwischenräume, also auf das, was im Übergang von dem einen zum anderen Fixpunkt passiert, hat ja auch Rudolf Steiner in Vorträgen über Musik und Eurythmie hingewiesen. Die Bewegung, die da passiert, ist das Bedeutsame: "Wir brauchen nur die Töne, damit wir etwas dazwischen haben können."

Menschenwirken im Erdenleben

A. Vogt: Das gilt auch für eine biographische Arbeit. Es ist zwar auf den ersten Blick beeindruckend mit solchen Beispielen wie Goethes Lebenslauf das "Sternenwirken im Erdenleben" scheinbar zu belegen. Bei Rudolf Steiner findet sich zum Beispiel im 7-Jahres-Rhythmus so einiges. Aber es wird bei diesen Darstellungen kaum erwähnt, daß die beiden in den Zwischenzeiten um eine wirkliche Weiterentwicklung bemüht waren. Ohne dieses Ringen um Erkenntnis und Wahrheit, auch um Ehrlichkeit, hätte sich zwar nach 18 bzw. sieben Jahren vermutlich auch etwas Markantes finden lassen können, dessen Qualität aber viel seichter, oberflächlicher gewesen wäre. Die neuen Lebensstufen sind letztlich Ausdruck und Manifestation des "*Menschen*wirkens im Erdenleben" gewesen. Dieses menschliche Handeln zeigt sich in Wirkungen und Ergebnissen, die sich parallel zu bestimmten kosmischen Rhythmen nachvollziehen lassen - aber die Rhythmen sind nicht ursächlich dafür.

M.N.: Gehört das dazu, daß Sterne zwar einst sprachen, aber jetzt verstummt sind und daß die Menschen lernen müssen, zu den Sternen zu sprechen?

A. Vogt: Ja, und um den Satz von Rudolf Steiner zur Musik aufzugreifen, könnte man sagen: "Wir brauchen nur die Fixpunkte der Rhythmen, damit wir etwas dazwischen haben können."

M.N.: Sind die Rhythmen bzw. die Fixpunkte, an denen sie sichtbar werden können, dann so etwas wie die Haltestellen in der Zugfahrt des Lebens? Und hängt die Strecke, die in der Zwischenzeit zurückgelegt wurde, davon ab, wie die eigene Entwicklung und das Weiterkommen in die Hand genommen wurden?

A. Vogt: Ja, allerdings werden meistens nur diese Haltestellen erwähnt, kaum aber die eigene Verantwortung für den Weg dahin. Das hat jedoch nicht nur etwas mit dem zu tun, was von Fachleuten angeboten wird, sondern zum großen Teil auch mit den Erwartungen der Fragenden. Oft wird nach einer einfachen Lösung gesucht, die das derzeitige Problem beseitigt, möglichst schmerzfrei, schnell und ohne allzuviel anderes in Frage zu stellen.

M.N.: Es ist doch auch angenehmer, sich Antworten von Autoritäten präsentieren zu lassen, als zum Beispiel einen Lebensfaden nach und nach selbst aufwickeln zu müssen ...

A. Vogt: ... und statt der erhofften Antwort fünf neue Fragen zu finden. Das bringt schon einige Unbequemlichkeiten mit sich, nicht zuletzt ja auch manche Begegnungen mit sich selbst; aber das ist wohl die einzige Möglichkeit, sich wirklich weiterzuentwickeln. Daher ist es mir auch ganz wichtig in meiner Arbeit, daß ich hauptsächlich versuche, Fragen anzuregen, um damit die eigene Suche nach möglichen Antworten, aber auch nach weiteren Fragen, zu unterstützen. Fertige Antworten biete ich nicht an.

Wenn man an Grenzen stößt

INTERVIEW MIT HANS-WERNER SCHROEDER

von Christine Pflug

Hans-Werner Schroeder: *geboren 1931 in Frankfurt/Oder, nach dem Abitur in Görlitz Studium an der Freien Hochschule der Christengemeinschaft, Studium der Theologie und Naturwissenschaften an den Universitäten Heidelberg und Tübingen. 1955 Priesterweihe, Gemeindearbeit in Stuttgart und Berlin, 1978 Berufung in die Leitung der Freien Hochschule; seit 1979 als Lenker und Oberlenker in der Leitung der Christengemeinschaft. Buchveröffentlichungen: Das Gebet (³1988); Mensch und Engel (³1988); Das christliche Bekenntnis (²1988); Vom Erleben der Menschenweihehandlung (²1986); Der Mensch und das Böse (²1990); Dreieinigkeit und Dreifaltigkeit (1986); Das Evangelium im Jahreslauf (1988); Die Christengemeinschaft (1990; alle im Verlag Urachhaus, Stuttgart).*

Immer wieder gibt es Situationen im Leben, in denen auch nach allen Aussprachen und Klärungshilfen Menschenmögliches nicht mehr weiterhilft und der Betroffene sich von seinem Schicksal oder seinen Taten weiterhin belastet fühlt. Durch solche Erschütterungen kann es passieren, daß der Mensch einen Zugang zu ihm höherstehenden Wesen und Kräften findet. Aber nicht nur in Schwierigkeiten, sondern immer wieder an biographischen Punkten ist eine Öffnung für eine religiöse Verbindung möglich. Durch ein pflegendes Umgehen mit dem Religiösen kann der Mensch diese Verbindung vertiefen und sie zu einer Kraftquelle für sich und andere erschließen.

Christine Pflug: Was ist charakteristisch, wenn ein Priester Lebensberatung macht, im Vergleich zu einem Psychotherapeuten, Lebensberater oder Arzt?

Hans-Werner Schroeder: Der entscheidende Unterschied liegt ja schon darin, daß der Priester einen anderen Hintergrund hat. Der Psychotherapeut und der Lebensberater werden meist sehr viel mehr psychologische und therapeutische Fachkenntnisse haben, der Priester hat als Hintergrund das Sakrament, die priesterliche Tätigkeit und die Gemeinde. Dadurch ist die seelsorgerliche Beratung von vornherein in einen anderen, einen geistig-religiösen, Kontext eingebunden. Es wird sich darum handeln, das, was in den Sakramenten, im Gebet und im Leben mit den Evangelien liegt, auch zur Wirksamkeit zu bringen und es den Menschen als unmittelbare Hilfe zugänglich zu machen. Dabei spielen dann auch das Beichtsakrament und die damit verbundene Kommunion, das Abendmahl, eine wichtige Rolle, da sie von einer anderen Seite her die Lebenssituation mit Kraft und Stärkung durchdringen können.

Die Ich-Sorge

C.P.: Können Sie näher ausführen, worin die berufliche Qualifikation und die Kraftquelle eines Priesters liegen?

H.-W. Schroeder: Neben der theologisch-religiösen Ausbildung liegt sie im täglichen Zelebrieren der Weihehandlung - ich spreche vom Priester der Christengemeinschaft -, im ständigen Umgang mit den Schicksalsfragen der Gemeinde und in all dem, was der Priester aus seiner eigenen Erfahrung heraus zu der jeweiligen Situation sagen kann. Grundsätzlich ist da noch zu betonen, daß es sich bei der Lebensberatung weniger um *Seel*sorge als - wenn man so sagen kann - um *Ich*-Sorge handelt. Es ist kein sentimentaler Trost gemeint, sondern zu fragen ist, wie das Ich, das Ewige in jedem Menschen, um seine Lebensverhältnisse ringt und wie es in diesem Ringen gestärkt werden kann. Das Wissen um das ewige Ich, das auf Erden ein Ziel und eine Aufgabe hat, ist der entscheidende geistige Hintergrund.

In diesem Zusammenhang sei darauf hingewiesen, daß Rudolf Steiner darüber gesprochen hat, wie die Zugehörigkeit zu einer Gemeinde mit den Fragen des menschlichen Schicksals zusammenhängt. Im Vortragszyklus "Das Matthäus-Evangelium" schildert er, daß das Einzelschicksal durch das getragen werden kann, was in einer Gemeinschaft lebt; das wird als eine wesentliche Kraft einer Gemeinschaft geschildert:

"In dem Augenblick, da der Christus Jesus den Petrus gegenüber hat, der in seiner tieferen Natur begreifen kann, was eigentlich mit dem Christus-Impuls gegeben ist - die hinunterfließende geistige Kraft durch den Sohn des lebendigen Gottes -, da weiß der Christus, daß er die Umstehenden darauf hinweisen kann, daß jetzt auf der Erde etwas Neues beginnt, ein neues Abbild gegeben werden kann. Während für Abraham in der Blutsverwandtschaft das Abbild der kosmischen Verhältnisse gegeben war, soll jetzt in den ethisch-moralisch-geistigen Verhältnissen ein Abbild dessen geformt werden, was der Mensch durch sein Ich werden kann. Wenn die Menschen verstehen werden in demselben Sinne, wie es die bessere Natur in Petrus versteht, was der Christus ist, dann werden sie nicht nur solche Gemeinschaften, solche Ordnungen einführen, die auf Blutsverwandtschaft beruhen, sondern solche, welche bewußt von Seele zu Seele das Band der Liebe spinnen. Das heißt: Wie in dem jüdischen Blute, in den Fäden, die durch die Generationen hindurchgingen, zusammengefügt war, was im Menschengeschlecht zusammengefügt werden sollte nach dem Vorbild des Makrokosmos, und wie das, was auseinandergelöst war im Menschengeschlecht, eben auch auseinandergelöst war nach den Ordnungen am Himmel, so sollte jetzt aus dem bewußten Ich heraus in den ethisch-moralisch-geistigen Verhältnissen dasjenige entstehen, was die Menschen trennt oder in Liebe zusammenhält. Die Ordnungen der Menschen sollten geformt werden oder harmonisiert werden aus dem bewußten Ich heraus. Das liegt in den Worten, die der Christus Jesus spricht als Fortsetzung der Antwort, die er dem Petrus gegeben hat: 'Was du auf Erden binden wirst - was die tiefere Natur in dir bindet -, das ist dasselbe, was im Himmel gebunden ist, und was dieselbe Natur hier unten löst, das ist etwas, was auch im Himmel gelöst wird' (Matth. 16,19).

In den alten Zeiten lag alle Bedeutung des Menschenzusammenhanges in der Blutsverwandtschaft. Immer mehr und mehr aber soll der Mensch hineinwachsen in die geistigen, moralischen, spirituellen Verbände. Wenn wir das ins Auge fassen, müssen wir sagen: Es muß dem Menschen dasjenige, was er als Gemeinde gründet, etwas werden. Wenn wir anthroposophisch sprechen, können wir sagen: Das Einzelkarma des Menschen muß sich verbinden mit dem Karma von Gemeinschaften. Sie können es schon durchaus wissen aus dem, was in den verflossenen Jahren ausgeführt worden ist. Wie es nicht der Karmaidee widerspricht, wenn ich einem Armen etwas schenke, ebensowenig widerspricht es der Karmaidee, wenn einem Menschen dasjenige, was er als sein Einzelkarma hat, von einer Gemeinde abgenommen wird. Die Gemeinde kann mittragen das Los des einzelnen. Das Karma kann so verbunden werden, daß die Gemeinde mitträgt an dem Karma des einzelnen. Es kann mit anderen Worten folgendes im moralischen Zusammenhange eintreten: Das einzelne Glied innerhalb dieser Gemeinde begeht etwas Unrechtes. Das wird ganz gewiß in das Karma der einzelnen Persönlichkeit eingeschrieben sein, und es muß im großen Weltzusammenhange ausgetragen werden. Aber es kann sich ein anderer Mensch finden, der sagt: Ich helfe dir das Karma austragen! - Erfüllt muß das Karma werden, aber der andere kann ihm helfen. So können ganze Gemeinden dem helfen, der ein Unrecht begangen hat. Es kann der einzelne sein Karma so mit der Gemeinde verflochten haben, daß er, weil die Gemeinde ihn als eines ihrer Glieder betrachtet, etwas, was ihn betrifft, bewußt abgenommen erhält, daß die ganze Gemeinde mitfühlt und mitwill den einzelnen bessern; so daß die Gemeinde sprechen kann: Du einzelner hast unrecht getan, aber wir treten für dich ein! Wir übernehmen das, was zur Ausbesserung des Karma führt. - Will man die Gemeinde 'Kirche' nennen, so legt sich die Kirche damit die Verpflichtung auf, die Sünden des einzelnen auf sich zu nehmen, sein Karma mitzutragen. Es handelt sich nicht um das, was man heute Sündenvergebung nennt, sondern um ein reales Band, um ein Aufsichnehmen von Sünden. Und darum handelt es sich, daß die Gemeinde dies bewußt auf sich nimmt.

Wenn man in dieser Art und Weise das 'Binden' und 'Lösen' versteht, dann müßte man bei jeder Sündenvergebung, wenn man sie richtig versteht, an die Verpflichtung denken, die der Gemeinde da heraus erwächst. So spinnt sich dadurch, daß die Fäden der einzelnen verwoben werden in das Karma der ganzen Gesellschaft, ein Netz. Und dieses Netz soll durch das, was der Christus heruntergebracht hat aus geistigen Höhen, in seiner Charakteristik ein Abbild sein der Ordnung am Himmel, das heißt, nach der Ordnung der geistigen Welt soll das Karma des einzelnen mit dem Gesamtkarma verbunden sein, nicht in beliebiger Weise, sondern so, daß der Gemeindeorganismus ein Abbild der Ordnung im Himmel werde. Damit beginnt diese Szene des sogenannten Petrus-Bekenntnisses für die, welche anfangen sie zu verstehen, einen unendlichen tiefen Sinn zu haben. Es ist sozusagen die Stiftung der auf die Ich-Natur gebauten Menschheit der Zukunft." (Rudolf Steiner: Das Matthäus-Evangelium. GA 123, Dornach 1978, 11.09.1910, S.217 ff.)

Dadurch, daß die meisten Menschen, die zur Seelsorge kommen, auch einen Bezug zur Gemeinde haben, bekommen sie Kontakt zu anderen Gemeindemitgliedern; es entstehen Schicksalsbezüge - schon dadurch wird die Kraft, sich gegenseitig zu tragen, verstärkt.

C.P.: Ist das dann die übliche Stärkung, die jemand erfährt, wenn er von einer Gemeinschaft getragen wird, oder ist das ein spezieller Fall?

H.-W. Schroeder: Nein! Das ist zunächst etwas ganz Allgemeines, was auch in einer anderen Gemeinschaft da sein kann; allerdings hat es jetzt den religiösen Hintergrund, insbesondere das gemeinschaftliche Miterleben der Sakramente; dadurch erweitern und vertiefen sich die schicksaltragenden Kräfte.

C.P.: Wie verhält es sich bei einem Menschen, der eine Beziehung zum Religiösen hat - sonst würde er ja nicht kommen -, aber kein Gemeindemitglied ist und in all das Genannte noch nicht eingebettet ist? Würden diese Kräfte auch an dem Menschen wirken?

H.-W. Schroeder: Zunächst würde in solch einem Fall die persönliche Beziehung zu einem Priester im Vordergrund stehen. Der sakramentale Hintergrund oder die Gemeinde wären weniger bedeutungsvoll, weil dieser betreffende Mensch dazu erst einmal keine Beziehung hat; sie kann aber dadurch entstehen. Ohne den Rückgriff auf das, was sonst im Religiösen erlebbar ist, hätte das Gespräch mit dem Priester einen Ausgangspunkt wie bei jedem anderen Menschen, den man um Rat fragt und von dem man Hilfe erhofft.

C.P.: Heißt das, daß dann der Priester als Mensch dasteht, mit seinen persönlichen Lebenserfahrungen und dem, was er durch das Zelebrieren des Kultus individuell an Kräften gewonnen hat?

H.-W. Schroeder: Ja, wobei man hoffen kann, daß er aus der Beschäftigung mit anderen Schicksalen und aus seinem religiösen Erleben vielleicht auch etwas Besonderes sagen kann. Aber das wird von Fall zu Fall verschieden sein.

Wann kommt der Priester an seine beruflichen Grenzen ...

C.P.: Gibt es Situationen, in denen ein Priester mit einem anderen Menschen keine Beratungssituation eingehen sollte, weil er nicht die Fachkompetenzen hat? Ich denke dabei etwa an Phobien, wenn Menschen zum Beispiel Ängste haben, in kleinere Räume zu gehen, oder Schädigungen durch sexuellen Mißbrauch in der Kindheit. Würde ein Priester solch einen Menschen an andere Therapeuten weiterverweisen, oder könnte er bis zu einem gewissen Punkt mit solch einem Menschen auch umgehen?

H.-W. Schroeder: Bis zu einem gewissen Punkt ganz bestimmt, besonders in dem zweiten Fall. Es ist ja nicht nur ein psychischer Mechanismus, der da einsetzt: Es steckt ein Mensch dahinter, der mit seinem Schicksal ringt. Wie in jedem Falle gilt es als erstes, sich zu fragen, wie man das Ich dieses Menschen stärken kann, damit er letzten Endes mit seiner Situation besser fertig wird. Da ist gerade aus dem Religiösen heraus manches möglich. Natürlich gibt es aber gerade bei Phobien, Depressionen oder anderen krankhaften Erscheinungen die Notwendigkeit, daß sich der Priester auch seiner Grenzen bewußt ist. Er ist dann sogar verpflichtet, dem Gesprächspartner nahezulegen, daß er einen Arzt oder auch Therapeuten aufsuchen sollte, um an diese Störungen, die auch eine spezielle ärztliche, auch medikamentöse Behandlung erfordern, heranzukommen.

... und wann der Therapeut?

C.P.: Und nun die umgekehrte Frage: Wann sollte ein Berater oder Psychotherapeut einen Klienten zum Priester schicken? Wann kommt der Therapeut an seine beruflichen Grenzen, und wo hören seine Kompetenzen auf? Kann ein Therapeut überhaupt zu einem Priester weiterverweisen, oder müßte er es nicht der Eigeninitiative seines Klienten überlassen, diesen Schritt zu tun?

H.-W. Schroeder: Ich denke schon, daß es in Zukunft möglich sein wird, eine viel intensivere Zusammenarbeit zu praktizieren. Wo ein Priester am Ort ist, der besondere Fähigkeiten hat, wird wahrscheinlich die Neigung bei Ärzten und Therapeuten wachsen, einen seelsorgerlichen Rat oder sakramentale Hilfe bei diesem Priester einholen zu lassen. Das ist eine Frage der Entwicklung in gegenseitiger Wahrnehmung und Zusammenarbeit, die dann ganz selbstverständlich entstehen kann. Auch der Arzt und Therapeut wird ja guttun, eine bestimmte Grenze nicht zu überschreiten.

C.P.: Welche Grenze ist das?

H.-W. Schroeder: Das betrifft zum Beispiel die Konfession. Der Therapeut muß für alle Konfessionen offen sein und wird sich schwertun, spezielle katholische oder evangelische Ratschläge weiterzugeben. Das wäre dann schon Sache der jeweiligen Priester. Ich kenne einige Ärzte, die ihre Patienten so weiterempfehlen, daß ein priesterliches Gespräch über religiöse Fragen, über die Beziehung zu Gott, über die Sinnfrage usw. möglich sein kann. In manchen Fällen entwickelt sich dann ein Zugang zu dem sakramentalen Leben, das für uns in der Christengemeinschaft das entscheidende ist, wodurch die eigentliche Kraftquelle gefunden werden kann.

C.P.: Können Sie eine konkrete Situation schildern, in der ein Arzt oder ein Therapeut an seine Grenzen gekommen ist und zu einem Priester weiterverwiesen hat?

H.-W. Schroeder: Diese Situation ist gegeben, wenn deutlich wird, daß bestimmte religiöse Fragen, zum Beispiel aus Kindheit und Jugend, eine Rolle spielen oder daß dem Fragenden ein echtes, tiefes religiöses Erleben weiterhelfen könnte. Da bietet es sich für den Therapeuten an, dem Klienten zu sagen, daß er das, was zum Beispiel in seiner Kindheit veranlagt war, wieder aufgreifen kann.

Es wäre meiner Meinung nach in diesem Fall eine Grenzüberschreitung des Arztes oder des Therapeuten, dem Klienten jetzt selber helfen zu wollen, es sei denn, es wäre niemand am Ort, der das leisten kann. - Im Grunde sollte der Therapeut dafür offen sein, ob im Klienten eine religiöse Tendenz, aus welchen Hintergründen auch immer, entsteht. Es könnten auch ganz originär im 35. oder 42. Lebensjahr solche Fragen auftauchen: Wo geht denn eigentlich mein religiöser Weg weiter? Wie kann ein neuer Weg entstehen? Und darin drückt sich nicht nur das Bedürfnis nach Beratung aus, sondern es ist darin die Frage nach dem Sakrament verborgen; dann sollte das Gespräch auf ein sakramentales, religiöses Leben verweisen.

C.P.: Ich möchte konkret auf ein Sakrament eingehen, zunächst auf die Beichte. Die Beichte ist in der Vergangenheit im Rahmen der katholischen Kirche oft sehr negativ erlebt worden, man mußte seine Sünden aufzählen, hatte ein schlechtes Gewissen, und viele Menschen haben dadurch mehr seelische Schädigungen erlitten, als irgendeine Art von Hilfe erfahren. Können Sie darstellen, was eine Beichte im Sinne der Christengemeinschaft bedeutet?

H.-W. Schroeder: Zunächst möchte ich betonen, daß ich, wenn ich von dem sakramentalen Hintergrund spreche, nicht vordringlich das Beichtsakrament meine, sondern die Beziehung zum Gottesdienst und zum Kultus. So kann das, was im seelsorgerlichen Gespräch angesprochen, berührt oder bewegt wird, immer zu dem hingeführt werden, was im Kultus erlebt wird, nämlich die reale Gegenwart der geistigen Welt, von der dann auch eine entsprechende Hilfe ausgeht. Wenn der Mensch sich in diesem Bereich ein Grundvertrauen erwerben kann, ist das Beichtsakrament noch etwas Spezielles, das die persönliche Schicksalssituation des einzelnen Menschen berührt. Es kommt uns in der Christengemeinschaft gar nicht darauf an, den Menschen über seine Sünden zu belehren - schließlich kennt er sich selbst am besten -, sondern wir wollen durch die vorbereitenden Gespräche weniger die Irrtümer und Verfehlungen, sondern vielmehr die *gesamte* Schicksalssituation betrachten. Es spielt also nicht das Reglementierende, das früher mit dem Beichtsakrament verbunden war, eine Rolle, sondern die Frage, wie die *ganze* Schicksalssituation der Menschen mit ihren Vorzügen und Schwächen zu verstehen und zu harmonisieren ist. Allem vorweg steht die Frage: Wie kann sich der Mensch in der Situation, in der er steht, selber finden? Darin liegt wieder das Motiv der "Ich-Sorge": Wie kann ein Ich, das mit vorgeburtlichen Entschlüssen in die Welt hereingekommen ist und für diese Inkarnation etwas gewollt hat, sich mit dem verbinden, was es sich selbst in seinem eigentlichen höheren Wesen einmal vorgenommen hat? Erst auf diesem Hintergrund ist die Frage der Verfehlung und Verschuldung ein Thema. Diesem Gespräch kann dann das eigentliche Beichtsakrament hinzugefügt werden, das das Besprochene auf eine andere Ebene hebt und in Berührung bringt mit dem, der unser Menschenleben in Wahrheit führt und weiterträgt: mit Christus.

Das Beichtsakrament als Hilfe

C.P.: Ich frage jetzt einmal ganz naiv: Wenn man bei der Beichte gewesen ist, geht es einem dann hinterher besser, fühlt man sich gestärkt oder klarer?

H.-W. Schroeder: Wir haben erstaunliche Erfahrungen auf diesem Felde. Wir können sagen, daß das Beichtsakrament in unseren Gemeinden nach der starken Belastung, das es in der Kirchengeschichte gehabt hat, heute mehr und mehr lebendig wird. Viele Menschen erleben das Stärkende und Tröstende des Sakraments und auch die vertiefende

Wirkung im Zugehen auf die anschließende Weihehandlung und Kommunion. Aber ein Zaubermittel, das alle Schwierigkeiten beseitigt, ist es nicht. Das wäre ein magisches Sakramentsverständnis, bei dem eine Wirkung sozusagen prompt erfolgt. Die Wirkung hängt von vielerlei Faktoren ab, aber wir haben die Erfahrung, daß es für viele Menschen eine wirkliche Kraftquelle ist.

C.P.: Können Sie die drei Stufen des Beichtsakramentes noch einmal näher erläutern?

H.-W. Schroeder: Am Anfang steht das Gespräch, das, wie ich vorhin schon erläutert habe, ein ganz freies sein kann. Thema ist die Lebenssituation, in der der einzelne sich befindet. Beide Gesprächspartner ringen, sprechen und hören gemeinsam hin auf das, was in dem tiefsten Willen des einzelnen Menschen und in seinem Schicksal in Verbindung mit dem Christus lebt. Darauf erfolgt wie eine Art Antwort ein Zuspruch, der im Vollzug des Beichtsakraments als eine unmittelbare Zuwendung des Christus erlebt wird. Mit dem Beichtsakrament ist in der Vergangenheit die "Sündenvergebung" verknüpft gewesen. Das ist im erneuerten Beichtsakrament nicht so. Vielmehr wird im nächsten Schritt, nämlich in der nachfolgenden Weihehandlung und Kommunion, das hinzugefügt, was in den Lebensschwierigkeiten als eine vergebende, helfende und heilende Kraft wirksam werden kann. Diese Erfahrung tritt in der Weihehandlung zum Beichtsakrament hinzu. Diese drei Schritte gehören zusammen: das persönliche Ringen des einzelnen Menschen im Gespräch, der Zuspruch, der von Christus erfolgt, und die reale Kraft der Sündenvergebung durch die Kommunion.

C.P.: Ich habe von Menschen gehört, daß sie nach dem Beichtsakrament eine Erleichterung und Befreiung gespürt haben. Kann man konkretisieren, was da passiert ist und wodurch diese Erleichterung und Befreiung spürbar war?

H.-W. Schroeder: Ich denke, es ist durch den Zuspruch, der von Christus kommt, eine reale Berührung mit dem eigenen höheren Wesen. Man fühlt deutlicher etwas davon, daß man ein ewiges Ich ist und daß man dadurch eine Zukunftsperspektive hat: Ich bin nicht nur erdrückt durch alles, was mich belastet, sondern in mir lebt auch etwas, was Zukunft hat und was mit allen Schwierigkeiten im Grunde genommen doch fertig werden kann. Man fühlt das alles weniger als eine verstandesmäßige Einsicht, sondern als Erlebnis.

C.P.: Ist das die Berührung des Menschen mit seinem höheren Ich?

H.-W. Schroeder: Ja, das ist es, vermittelt durch den Christus.

C.P.: Was passiert, wenn man rhythmisch, vielleicht viermal oder öfter im Jahr zur Beichte geht? Welche Gründe kann man haben, diese regelmäßig und nicht nur einmal in Anspruch zu nehmen?

H.-W. Schroeder: Das verhält sich wie mit jedem Lebensvorgang: Es genügt auch nicht, einmal im Jahr zu schlafen, sondern man muß es regelmäßig tun. Es sind Lebensprozesse, wie Atmen, Essen, die damit zusammenhängen. Die Beichte, die zu einem Lebensprozeß wird, greift viel tiefer ein, als wenn man sie nur einmal vollzieht. Die Abstände sind in der Christengemeinschaft zeitlich nicht vorgegeben, das kann jeder einzelne Mensch selbst bestimmen. Er kann dies einmal im Jahr oder auch öfter tun; durch die Wiederholung wird ein tieferer Prozeß in Gang gesetzt.

C.P.: Was passiert, wenn man aufgrund einer besonderen Schicksalssituation die Beichte nur einmalig in Anspruch nehmen möchte? Zum Beispiel: Eine Frau hat eine Abtreibung hinter sich, bereut diese Abtreibung bis zu einem gewissen Grad und sucht nun eine Hilfe, um mit diesem Problem fertigzuwerden. Sie hat vielleicht noch nie am

Kultus teilgenommen oder eine Beichte gemacht, durch die Notlage ist sie aber in einer Situation der völligen Offenheit und würde nun zu ihrer persönlichen Hilfe gerne das Beichtsakrament in Anspruch nehmen.

H.-W. Schroeder: Wenn der Betreffende den Zusammenhang, die Hintergründe nicht kennt, kann der Vollzug des Sakraments als etwas sehr Ungewöhnliches und Überraschendes erlebt werden. Es kann aber auch ein Moment sein, der dem ganzen Leben eine neue Wende gibt. Man muß aus der Situation heraus sehr sorgfältig ablesen, ob es ratsam ist, ohne Vorbereitung so weit zu gehen.

Zunächst müßte man fragen, ob der Betreffende eine Beziehung zum Kultus sucht. Möglicherweise gewinnt er zunächst nur eine Beziehung zu dem Seelsorger, so daß ein Vertrauensverhältnis entsteht. Vielleicht können sich dann dadurch Zugänge zu einem religiösen Leben überhaupt erst eröffnen.

Das magische Sakramentsverständnis

C.P.: Vorhin erklang das Stichwort vom magischen Sakramentsverständnis im Gegensatz zu dem Sakramentsverständnis der Christengemeinschaft. Es gibt - vor allem in der New Age-Bewegung - Praktiken, mit denen man sich Wünsche manifestieren und materialisieren kann. Man stellt sich in bestimmten meditativen Zuständen das Gewünschte vor, sieht es vor seinem inneren Auge verwirklicht, beschreibt es vielleicht noch näher oder bekräftigt es auf sonst irgendeine Weise, und irgendwann realisieren sich diese gewünschten Dinge dann tatsächlich, seien es Geld, berufliche Ziele, ein neuer Liebespartner oder was auch immer. Was halten Sie von diesen Praktiken?

H.-W. Schroeder: Ich meine, daß solche Praktiken im Sinne des Christentums abzulehnen sind, denn sie dienen dem reinsten Egoismus. Diese Gefahr wohnt ja sowieso dem religiösen Leben inne, daß es egoistisch wird. In den angeführten Praktiken lebt das Gegenteil von dem "Dein Wille geschehe" des Vaterunsers.

C.P.: Darf man für seine persönlichen Wünsche beten?

H.-W. Schroeder: Im Vaterunser ist alles enthalten, was man auch für seine persönliche Situation braucht. Aber schon in dem "unser" ist ja gegeben, daß ich diese Worte nie nur für mich allein beten kann, sondern mindestens einen anderen Menschen einschließen muß, wenn ich ernst bete. Der Egoismus kann nicht einfach ausgemerzt werden - das wäre eine Illusion. Aber er kann schrittweise und in einzelnen Bereichen überwunden werden, indem ich meine Zuwendung erweitere, indem ich an andere Menschen mitdenke, für sie mitsorge. Das Vaterunser gibt das Vorbild dafür.

Nehmen wir die Bitte um die "Vergebung der Schulden": Auch hier die soziale Geste, daß auch wir unseren Schuldnern vergeben. Oder um das "tägliche Brot": Es wird gerade *nicht* ausgesprochen, daß man um etwas *Konkretes* bittet - Geld, berufliche Ziele, Partner. Mit "das tägliche Brot" ist hier alles gemeint, was uns an diesem Tage zukommt, auch Schwieriges! Es kommt darauf an, es aus *Seiner* Hand zu empfangen.

C.P.: Wie geht man mit seinen Wünschen um? Sie gehören zum menschlichen Leben und oft sind sie Keimkräfte für zukünftige Taten.

H.-W. Schroeder: Es wäre illusionär, an den eigenen Wünschen einfach vorbeizuleben. Manchen Wunsch kann man sich ja auch erfüllen. In der Konfirmation wird Christus der "Spender der Daseinsfreuden" genannt, nicht nur der "Tröster im Daseinsleid". Schwierig wird es, wenn das Schicksal uns Entsagungen abverlangt oder wir erleben, daß wir uns oder anderen schaden. Hier ist ein weites Feld der seelsorgerlichen Beratung: Kann gefühlt werden, daß in solchen Erfahrungen ein tieferer Schicksalswille wirksam wird, der uns verändern will, der reifen will? Kann das "Dein Wille geschehe" richtig ergriffen werden? Wird Vertrauen zum Schicksal möglich, auch wenn dieses Schicksal *zunächst* nicht unseren Wünschen und Vorstellungen entspricht? Im Rückblick sieht das oft ganz anders aus!

C.P.: Was würden Sie raten, wenn sich ein Ehepaar sehnlichst ein Kind wünscht, aber keines bekommt?

H.-W. Schroeder: Ich würde eventuell raten, eine Adoption anzustreben. Ob sie möglich wird, ist ja ebenfalls eine Schicksalsfrage. - Im übrigen ist auf diesem Felde manches Schwierige zu bedenken: Entspringt der Wunsch nach einem Kind wiederum nur dem Egoismus oder auch dem Willen, einem anderen Menschen den Weg in das Leben zu ermöglichen? Welche Erwartungen verbinden sich mit der Vorstellung, ein Kind zu haben? Reichen die Opferkräfte *beider* Eheleute aus, ein Kind aufzuziehen, das schließlich doch nicht das eigene ist, bei dem die natürliche Beziehung über manche Schwierigkeit später hinweghilft?

Kompliziert wird es dadurch, daß dabei zwei Menschen mit unterschiedlichen Einstellungen zu berücksichtigen sind. Aber auch im umgekehrten Fall, der heute viel häufiger auftritt, sind schwerwiegende Fragen gegeben: Wenn ein Ehepaar keine Kinder haben will. Nur gilt es hier als selbstverständlich, daß egoistische Wünsche zu akzeptieren sind. Aber auch in diesem Fall wären oft Gespräche mit einen objektiven Dritten richtig.

C.P.: Mit dieser Aufgabe des Urteilens hat ein Priester eine gewaltige Verantwortung. Wie kann er dieser gerecht werden?

H.-W. Schroeder: Hier ist sicher noch viel zu lernen; jeder, der in solche Situationen kommt, wird wohl zugeben müssen, daß er immer wieder auch Fehler macht. Aber wichtig bei solchen Beratungen ist die Grundhaltung: Weiß ich schon von vornherein, was richtig ist, oder ringe ich mit den Gesprächspartnern darum, das Richtige zu finden? Oder noch mehr: Kann ich helfen, daß der andere oder die anderen im Gespräch das Richtige finden? Kann ich dazu Gesichtspunkte, Erfahrungen, Hilfen beisteuern?

Dann habe nicht ich ein Urteil zu geben, was zu tun richtig ist, ich bin nur - so gut ich kann - Geburtshelfer für das, was von dem anderen erkannt werden kann. Das wäre ein wichtiger Ausgangspunkt für alle Beratung.

C.P.: Wie begleitet und führt der Engel den Menschen durch sein Leben? Was tut der Engel *für* den Menschen?

H.-W. Schroeder: Diese Frage erfordert eigentlich eine eigene Auseinandersetzung. Kurz gefaßt kann man sagen, daß der Engel die Schicksalsnotwendigkeiten des Menschen überschaut und dafür sorgen will, daß das Schicksal auch im richtigen Augenblick wirksam wird: Ich brauche zum Beispiel in einem bestimmten Alter die Begegnung mit einem bestimmten Menschen - es ist der Engel, der die Schicksalswege zusammenführt. So ist der Engel in vielfältiger Weise für uns tätig, ohne daß wir es wissen.

Nun ist *diese* Engelwirkung in der ersten Lebenshälfte stärker als in der zweiten; als Kind, als Jugendlicher werde ich noch stark vom Engel geführt. Heute hört diese Führung aber meist schon in den zwanziger Jahren auf, wenn der Mensch nicht von sich aus etwas tut. Für ein nur in irdischen Interessen verlaufendes Leben hat der Engel wenig übrig; manchmal muß er dann versuchen, den Menschen wachzurütteln, um ihn auf eine andere Spur zu führen - etwa durch Krankheit, Unfall o.ä.

C.P.: Wie bekommt man selbst einen intensiveren Kontakt zu seinem Engel?

H.-W. Schroeder: Durch geistiges und religiöses Leben im allgemeinen - denn in den damit verbundenen Vorstellungen und Empfindungen kann auch der Engel mitleben.

Aber dann vor allem durch Schicksalsvertrauen und durch Dankbarkeit für das, was man als Gutes, Schönes, Anregendes usw. täglich empfängt. Dank für das Schicksal - vielleicht sogar auch für das Schwierige, das uns reift und fördert - verbindet uns unmittelbar mit unserem Engel und gibt ihm die Möglichkeit, umso intensiver das zu bewirken, was uns in unserem Schicksal beglückend und herausfordernd weiterbringt. *(Siehe dazu auch: H.-W. Schroeder: Mensch und Engel, Stuttgart 1979, und FLENSBURGER HEFTE Nr.23: Engel.* Red.)

Wie weit darf man in die Biographie eines anderen eingreifen?

C.P.: Wie weit darf man überhaupt in die Biographie eines Menschen eingreifen? Betrachten wir zum Beispiel eine völlig zerrüttete Ehe, bei der eine Beratung darin besteht, mit beiden Partnern den bestmöglichen Weg einer Trennung zu besprechen. Die Ehe, so wie man sie eigentlich versteht, ist schon lange keine mehr. Nun wäre es aber möglich, daß die beiden gerade durch ihre Schwierigkeiten aneinander etwas zu lernen und zu entwickeln haben, wie das auch bei einer Krankheit, die ebenso schmerzhaft und unangenehm ist, der Fall sein kann. Vielleicht könnten diese Schwierigkeiten, wie auch eine Krankheit, eine ganz spezielle und sinnvolle Entwicklung in den beiden fördern. Wie weit darf man dann zu einer Trennung raten und in das Leben dieser beiden Menschen eingreifen?

H.-W. Schroeder: Ich glaube, es bleibt gar nichts anderes übrig, als einzugreifen. Wie auch immer ich mich verhalte, selbst wenn ich nichts sage, greife ich ja bereits ein, weil ich die Antwort auf eine Frage verweigere. Es ist doch bereits eine Schicksalstatsache, daß überhaupt eine entsprechende Frage an mich gestellt wird und die Bitte um Rat an mich kommt, auch wenn ich nichts sagen und die Antwort verweigern würde, wäre ich ja bereits einbezogen.

Das Entscheidende ist, aus welchen Hintergründen heraus ich rate, ob ich dies nach "Schema F" mache oder ob in solch einem Gespräch eine echte Bemühung entsteht. Das gilt sowohl für den Priester als auch für den Therapeuten. Wenn ich aus einem positiven Bemühen heraus einem Menschen zu helfen versuche, kommt eine neue zusätzliche Kraft in das Schicksal hinein. Ich möchte es noch radikaler formulieren: Selbst wenn ich dann etwas Falsches sage, wird sich das auf die Dauer doch als positive Kraft geltend machen. Wenn ich verweigere, habe ich die Chance, die das Schicksal jetzt bietet, nicht eingebracht, indem ich nämlich mein eigenes Bemühen und meinen guten Willen, der von den zwei Menschen in solch einer Situation gefragt wird, nicht betätigt habe. Das wäre doch wohl ein schweres Versäumnis. Ich kann mich gar nicht entziehen - so oder so. Ich bin in jedem Fall mitverantwortlich.

Ich würde möglichst lange vermeiden, einen konkreten Rat zu geben, sondern versuchen, daß die beiden selbst einen neuen Zugang zu ihrem Problem finden. Aber wenn ich raten *muß* - und solche Situationen gibt es ja -, werde ich versuchen, das aus den besten Kräften, die ich selber habe, zu tun; das wird auf alle Fälle früher oder später eine positive Wirkung haben. Zum einen ist es also entscheidend, aus welchem Impuls heraus man antwortet und berät. Das andere ist, wie ich dann selbst mit dem, was ich gehört und erlebt habe, weiter umgehe. Gebe ich es an jemanden weiter - also an eine höhere "Instanz", an den Christus als eigentlichen Führer des Schicksals (das kann sehr konkret sein) -, oder behalte ich es für mich? Da ist der Priester im Gegensatz zu jemandem, der aus persönlichen Fähigkeiten oder beruflichen Qualifikationen heraus arbeitet, in einem großen Vorteil, weil er das Gehörte im Zelebrieren immer weitergeben kann.

Wenn diese beiden Aspekte wenigstens ansatzweise realisiert werden, wird das als positive Kraft weiterwirken, auch wenn zunächst einmal neue Schwierigkeiten entstehen. Wenn man in ein Schicksal hineinwirkt, entsteht eine neue Kraft, die bis dahin nicht gewirkt hat. Es kommt also nicht nur darauf an, ob ich richtig antworten und reagieren kann, sondern welche Schicksalskräfte wirken, und eine Beratung ist immer auch eine Schicksalsbeziehung: eine aus der Vergangenheit oder eine zukünftige.

Wann kann man den Christus erleben?

C.P.: Es gibt im Lebenslauf Phasen und Gesetzmäßigkeiten, in denen sich bestimmte Themen, Krisen und seelische Entwicklungen abspielen. Wann sind, unter diesem speziellen Gesichtspunkt betrachtet, in der Biographie Momente und Öffnungen, um den Christus zu erleben?

H.-W. Schroeder: Ich würde sagen, daß dies grundsätzlich in jedem Jahrsiebt, und dann jeweils auf spezielle Weise, erlebbar ist. Das ganz kleine Kind begegnet der Christuswirkung durch die Taufe, die dann durch das religiöse Leben der Eltern und Paten unterstützt und weitergeführt wird. Das heranwachsende Kind, besonders im Alter von neun Jahren, kann durch die Vermittlung des Religionsunterrichtes, der Eltern oder der Paten ein ganz tiefes und gefühlsmäßiges Vertrauensverhältnis zu dem Christus haben. Die 14- bzw. 15jährigen lernen zum Beispiel in der Konfirmation eine weitere Stufe der Religiosität kennen, allerdings auf eine fast tragische Weise, weil sie jetzt in der Lage sind, ein religiöses Ideal tief innerlich zu erfassen, das aber nie wirklich erreicht wird. Die Jugendlichen erleben einerseits das Ideal des Menschen, andererseits die eigene irdische Unvollkommenheit und die Unvollkommenheit anderer. Wenn in der Kindheit Religiosität eine Rolle gespielt hat, taucht in den Jugendlichen in diesem Alter oft sogar der Wunsch auf, Priester oder Pfarrer zu werden.

Ganz anders ist es dann mit 18.1/2 Jahren, beim ersten Mondknoten, wo oft eine innere Katastrophe hereinbricht, eine Art Öde und Leere, die auch bis zum 21. Jahr hin gehen kann. Im vierten Jahrsiebt müßte der Mensch dann durch die Aneignung der notwendigen Kenntnisse lernen, sein Leben unter dem Aspekt des Christentums zu *verstehen*. Es kann hier die erste tiefere Erkenntnis entstehen und daraus das Bemühen, das Leben unter diesen Aspekten zu ordnen und zu gestalten. Mit 28 hören die tragenden Kräfte auf. Es beginnt etwas wie eine Wüstenwanderung, die etwa im 30. bis 33. Jahr einen Höhepunkt bekommen kann. Rudolf Steiner schildert etwas davon in dem Vortragszyklus "Bausteine zu einer Erkenntnis des Mysteriums von Golgatha":

"Eine dritte Begegnung ist diejenige, in welcher der Mensch herankommt, nahekommt dem ganz spät in der Zukunft zu entwickelnden eigentlichen Geistesmenschen, vermittelt durch ein Wesen der Hierarchie der Archai. Wir können sagen: Die Alten, und auch noch die Menschen der Gegenwart - nur daß die Menschen der Gegenwart meist, wenn sie von diesen Dingen sprechen, nicht mehr ein Bewußtsein von der tieferen Wahrheit der Sache haben -, sie empfanden und empfinden diese Begegnung als die Begegnung mit dem, was die Welt durchdringt, was wir kaum mehr unterscheiden können in uns selbst und in der Welt, sondern wo wir aufgehen mit unserem Selbst in der Welt als in einer Einheit. Und so wie man bei der zweiten Begegnung zugleich sprechen kann von einer Begegnung mit dem Christus Jesus, so kann man bei der dritten Begegnung sprechen von der Begegnung mit dem Vater-Prinzip, mit dem 'Vater' als dem der Welt zugrunde Liegenden; mit dem, was man empfindet, wenn man richtig empfindet, als das, was in den Religionen mit dem 'Vater' gemeint ist. Diese Begegnung, die ist nun wiederum so, daß sie unser intimes Verhältnis zum Makrokosmos, zum göttlich-geistigen Universum offenbart. Der tägliche Verlauf der universellen Vorgänge, der Weltenvorgänge, schließt ein für uns die Begegnung mit dem Genius. Der jährliche Verlauf schließt ein für uns die Begegnung mit dem Christus Jesus. Und der Verlauf des ganzen Menschenlebens, dieses Menschenlebens, das normalerweise eben als das Patriarchenleben von 70 Jahren bezeichnet werden kann, schließt sich zusammen mit der Begegnung mit dem Vater-Prinzip. Wir werden eine gewisse Zeit unseres physischen Erdenlebens, mit Recht durch die Erziehung heute vielfach unbewußt, aber doch eben darauf vorbereitet und erleben dann - zumeist für die Menschen zwischen dem 28. und 42. Jahre unbewußt, aber in den intimen Tiefen der Seele vollwertig - die Begegnung mit diesem Vater-Prinzip. Dann kann die Nachwirkung in das spätere Leben hineinragen, wenn wir feine Empfindungen genug entwickeln, um auf das zu achten, was so in unser Leben aus uns selber kommend als Nachwirkung der Begegnung mit dem Vater-Prinzip hereinspielt.

Eine gewisse Zeit unseres Lebens, wo wir vorbereitet werden, sollte daher die Erziehung dahin wirken - durch die mannigfaltigsten Mittel kann das geschehen -, dem Menschen recht tief möglich zu machen diese Begegnung mit dem Vater-Prinzip. Es kann dadurch geschehen, wenn der Mensch während seiner Erziehungszeit angetrieben wird, so recht das Gefühl zu entwickeln von der Herrlichkeit der Welt, der Größe der Welt, der Erhabenheit der Weltvorgänge. Wir entziehen dem heranwachsenden Menschen viel, wenn wir ihn zu wenig merken lassen, so daß es auf ihn übergeht, daß wir für all das, was sich offenbart an Schönheit und Größe in der Welt, die hingebungsvollste Ehrfurcht und Ehrerbietung haben. Und indem wir so recht den Gefühlszusammenhang des menschlichen Herzens mit der Schönheit, mit der Größe der Welt den heranwachsenden Menschen fühlen lassen, bereiten wir ihn vor für eine rechte Begegnung mit dem Vater-Prinzip. Denn diese Begegnung mit dem Vater-Prinzip bedeutet viel für das Leben, das zwischen dem Tode und einer neuen Geburt verläuft. Dieses Begegnen mit dem Vater-Prinzip, das in den angedeuteten Jahren normalerweise eintritt, bedeutet, daß der Mensch eine starke Kraft und Stütze hat, wenn er, wie wir wissen, zurückzuleben hat, nachdem er durch die Todespforte geschritten ist, im Rücklauf seelisch seinen Lebensgang, sein Erdenleben, indem er durch die Seelenwelt geht. Und stark und kräftig, wie es eigentlich der Mensch soll, kann er diese Rückwanderung - die, wie wir wissen, einen dritten Teil der Zeit bedeutet, die wir zubringen zwischen der Geburt und dem Tode - erleben, wenn er immer wieder schaut: Da, an dieser Stelle bist du begegnet demjenigen Wesen, das der Mensch stammelnd, ahnend ausdrückt, wenn er von dem Vater der Weltenordnung spricht. Das ist eine wichtige Vorstellung, die neben der Vorstellung des Todes selber der Mensch, nachdem er durch die Todespforte geschritten ist, immer haben soll.

Natürlich entsteht in Anbetracht dessen, was wir gerade besprochen haben, eine wichtige Frage. Es gibt Menschen, welche, bevor sie des Lebens Mitte, wo normalerweise die Begegnung mit dem Vater-Prinzip geschieht, durchlaufen haben, sterben. Wir müssen den Fall ins Auge fassen, daß der Mensch eben dann durch Veranlassung von außen, durch Krankheit - die ja auch eine Veranlassung von außen ist -, durch Schwäche stirbt. Wenn durch dieses frühe Sterben die Begegnung mit dem Vater-Prinzip in den tiefen unterbewußten Seelengründen noch nicht hat stattfinden können, dann findet sie in der Todesstunde statt. Mit dem Tode wird diese Begegnung zugleich erlebt. Und hier ist es, wo wir anders ausdrücken können etwas, was ja, eben wieder anders, im entsprechenden Zusammenhang schon ausgedrückt ist zum Beispiel in meiner 'Theosophie', wo von der ja immer im höchsten Grade betrüblichen Erscheinung gesprochen ist, daß Menschen durch ihren eigenen Willen ihrem Leben ein Ende machen. Das würde keiner tun, der die Bedeutung einer solchen Tat einsieht. Und wenn einmal Geisteswissenschaft wirklich in die Empfindungen der Menschen übergegangen sein wird, wird es keinen Selbstmord mehr geben. Denn daß der Mensch in der Todesstunde, wenn dieser Tod vor der Lebensmitte eintritt, zugleich wahrnehmen kann das Vater-Prinzip, das hängt davon ab, daß eben der Tod von außen an ihn herankommt, nicht daß er ihn sich selbst gibt. Und die Schwierigkeit, die die Menschenseele hat, die von einem anderen Gesichtspunkt in meiner 'Theosophie' geschildert wird, könnte nun von dem Gesichtspunkt, von dem wir heute sprechen, auch so geschildert werden, daß wir sagen könnten: Der Mensch entzieht sich durch den eigenwilligen Tod eventuell der Begegnung mit dem Vater-Prinzip in der entsprechenden Inkarnation." (Rudolf Steiner: Bausteine zu einer Erkenntnis des Mysteriums von Golgatha. GA 175, Dornach 1982, 20.02.1917, S.62ff.)

Es kommt also zu einem unbewußten seelischen Todeserlebnis in den Untergründen. Mit dem zweiten Mondknoten, im 36. bis 38. Lebensjahr, kann davon ein Nachklang stattfinden, oft auch etwas wie eine innere Katastrophe, meist auch mit Umwälzungen der äußeren Lebensverhältnisse verbunden.

Das alles sind Knotenpunkte, die nach dem Christus fragen: beginnend mit dem kindlichen Erleben, weitergeführt beim Idealesuchen des Heranwachsenden, dann die Wüsten- und Todeserlebnisse am Beginn und in der Mitte der Dreißiger usw. Mit all dem sind Anstöße verbunden, die - wenn der Mensch sie aufgreift - jeweils auch zu einem weiteren Schritt in der Christusbeziehung führen können. Beim älter werdenden Menschen, zwischen 50 und 60 Jahren, wird erlebt, daß das Leben langsam zu Ende geht, und es entsteht die Frage, was aus dem geworden ist, was man einmal erhofft hat. Man sieht, daß nur noch wenig getan werden kann, beginnt seine Kraft einzuteilen; das geht hin bis zum älteren Menschen, der dann schon den Tod vor sich sieht.

Das ganze Leben hindurch können immer neue Schritte zum Vertiefen des Christuserlebens getan werden. In der einzelnen Biographie kann das natürlich eine ganz unterschiedliche Ausgestaltung erfahren, es kommen vielleicht Krankheiten vor, der Tod eines nahestehenden Menschen, Unglücksfälle usw. Aber auch rein innere Erlebnisse können eintreten, etwa das Gefühl, plötzlich mit nichts mehr dazustehen: Dies sind alles Annäherungen an die Christuserfahrung.

C.P.: Haben Sie Kenntnisse davon, ob Menschen, die ein spirituelles Leben führen, eher mit 33 Jahren einen Krisenpunkt - oder wie Sie es nannten: "Todes-Wüsten-Erlebnis" - hatten, während er bei anderen, die sich nicht so sehr um Geistiges bemüht haben, mehr um das 35. Lebensjahr, also in der sozusagen natürlichen Lebensmitte, stattfindet?

H.-W. Schroeder: Das kann ich nicht aus meinen Erfahrungen bestätigen. Es könnte aber ein interessanter Aspekt sein. Mein Eindruck war bisher, daß es von einzelnen Schicksalsgegebenheiten abhängt, ob die Krise früher oder aber später eintritt, wie stark sie äußerlich sichtbar ist oder ob sie mehr in den Untergründen stattfindet und dann gar nicht ins Bewußtsein kommt - was aber bedeutet, daß sie zu einem späteren Zeitpunkt dann doch auftritt. Ein Priester erzählte mir einmal, er habe beobachtet, daß die Menschen, die die Konfirmation intensiv erlebt haben, mit den Lebensmitteproblemen leichter fertig würden. Ich selbst habe das nicht beobachtet, aber es ist ein interessanter Aspekt, der durchaus richtig beobachtet sein kann.

Wenn man völlig im Nichts steht

C.P.: Welche Einzelschicksale gibt es heute, unabhängig von den Lebensrhythmen, in denen die Menschen den ätherischen Christus schauen oder auf mehr unbewußte Weise erleben? Es gibt Lebenswege, die bis zu einem gewissen Alter völlig harmonisch verliefen, und dann bricht für diese Menschen auf einmal alles zusammen: Familie, Beruf, soziales Umfeld usw., und sie stehen völlig im Nichts. Manche erleben auf andere, manchmal auf mehr innere Weise, solche Ausweglosigkeiten. In diesen biographischen Abbrüchen steht der Mensch völlig im Dunkeln. Sind das die Situationen, in denen heute die Menschen ein Christuserleben haben können?

H.-W. Schroeder: Ich halte diesen "Abbruch" im Schicksal für sehr geeignet, um über die eigenen Schranken hinauszukommen. Gerade wenn man durch sein Schicksal an eine Grenze stößt, kann es sein, daß diese auf einmal durchlässig wird. Überhaupt: Jedes schwere Schicksalserlebnis, bis hin zu den Kriegsereignissen, birgt die Möglichkeit in sich, über die Grenze hinauszukommen. Aber nicht nur aus Schwierigkeiten heraus, sondern zum Beispiel am Erleben des Kultus oder durch geistige Schulung kann auf eine mehr innerlich getragene Weise die Grenze plötzlich durchsichtig werden.

Was man jenseits der Grenze erlebt

C.P.: Was erlebt man dann? Woher weiß man, daß das ein Christuserleben ist und nicht das eigene höhere Ich oder der Engel?

H.-W. Schroeder: Man würde zunächst gut daran tun, diese Differenzierung gar nicht so stark ins Auge zu fassen, weil in der geistigen Welt die Wesen gar nicht so voneinander getrennt sind wie im irdischen Erleben. Es kann ein Engelerlebnis sein, das sich zu einem

Christuserleben verdichtet. Wenn der Christus erscheint, ist auch immer das höhere Ich des Menschen mit anwesend. Das Charakteristische solcher Erfahrungen ist die menschliche Nähe, die da erlebt wird; der Mensch erlebt Trost und Frieden. Vor allem erfährt man eine vom Egoismus wegführende Schicksalsverwandlung. Daraus entsteht eine positive Zuwendung zu anderen Menschen, oft in einer ganz tätigen und konkreten Weise. Wenn solch eine Erfahrung nur zur Steigerung der eigenen Empfindungen, der Selbstbezogenheit führt, dann ist sie kein Christuserlebnis gewesen. Das echte Erlebnis öffnet immer für andere Menschen; für sich selbst gewinnt man mehr Kraft, das eigene Schicksal zu tragen.

Das Leben als Schulungsweg

C.P.: Kann ein Lebenslauf an sich heute schon ein Schulungsweg sein?

H.-W. Schroeder: Ja, auf jeden Fall. Die Schicksale sind heute oft so schwer, daß sich alle Erlebnisse, die man sonst in der Schulung durchmacht, wie Einsamkeit, Heimatlosigkeit, Versachlichung der Lebensempfindung, oft schon im gewöhnlichen Leben ereignen. Daraus kann eine entsprechende Reife, können eventuell auch geistige Erlebnisse entstehen. Das Schicksal als Schulungsweg, das ist heute ein wichtiges Thema!

C.P.: Kennen Sie konkrete Beispiele von Menschen?

H.-W. Schroeder: Das bekannteste Beispiel ist wohl Jacques Lusseyran. Durch seine Blindheit und sein Leiden im Konzentrationslager wird er an bestimmte Erfahrungen herangeführt, bis in Buchenwald das entscheidende Erlebnis dann durchbricht. Das Ausschlaggebende ist, daß er danach für andere Menschen in einer enormen Weise als selbstlos Helfender bedeutungsvoll wird.

C.P.: Lassen Sie uns jetzt wieder die *Lebensphasen* unter dem Aspekt des Schulungsweges betrachten. In welchem Alter sind bestimmte Meditationen angemessen, oder sollte man bis zu einem gewissen Alter nur Übungen machen und richtige Meditationen erst ab der Lebensmitte? Kann man das so sehen?

H.-W. Schroeder: Nein, das glaube ich nicht. In diesem Fall sind die individuellen Voraussetzungen, die heute sehr verschieden sind, wichtig. Ganz allgemein wäre zu raten, nicht zu früh mit der Meditation zu beginnen, also wohl nicht vor dem 21. Lebensjahr. Und bevor man anfängt, sollte man die vorbereitenden Übungen gründlich gemacht haben, vor allem die tägliche Rückschau, so daß man zu einer Konsequenz in der geistigen Schulung kommt.

C.P.: Welche biographischen Urbilder gibt es in der Bibel? Zum Beispiel haben die Holländer den Spruch: "Mit fünfzig sollte man Abraham gesehen haben". Abraham sollte sein Liebstes, nämlich seinen Sohn, opfern, und als er sich dazu innerlich bereiterklärt hatte, wurde er ihm von Gott wieder zurückgegeben. Und so passiert es oft in den Fünfzigern, daß man etwas loslassen muß, an dem man hängt, was aber mit Status, gesellschaftlichen Rollen und mehr oder weniger äußeren Dingen zusammenhängt, um dann zu Wesentlicherem durchzudringen. Dies ist zum Beispiel ein Urbild für das Alter von fünfzig Jahren. Kennen Sie noch andere?

H.-W. Schroeder: Mir fallen jetzt zu den biographischen Lebensaltern nicht viele Beispiele ein. Aber es gibt natürlich die Situation des 12jährigen Jesus im Tempel, die urbildlich darstellt, was Jugendliche im Alter von 12 bis 14 Jahren angeht. Dann ist das

Ereignis der Christ-Geburt, mit den Scharen der Engel, ein Urbild für jede Geburt. Alles, auch was mit Tod und Auferstehung zusammenhängt, betrifft jedes Menschenleben. Man kann auch das Alte Testament im *ganzen* als Lebensweg eines Volkes betrachten, der mit dem menschlichen Lebenslauf parallel geht: Sieben Jahre im Einzelschicksal entsprechen 700 Jahren im Leben des althebräischen Volkes. 2100 v.Chr. die "Geburt des Volkes" mit den "Erzvätern", den Begründern des Volkes; dann um 1400 v.Chr. die Zeit Moses mit der Gesetzgebung (Schule) und Begründung des jüdischen Kultus, was im individuellen Leben mit dem siebten Lebensjahr dem Beginn der Schule und der Kindersonntagshandlung entspricht. Zwei, drei Jahrhunderte später erscheint mit David die Verinnerlichung, kurz darauf die Weisheit Salomons, was den Entwicklungen der Schulzeit entspricht. Dann ereignet sich mit der "babylonischen Gefangenschaft" und dem Auftreten der Propheten die dramatische Wende. Da macht sich mit 14 Jahren der Astralleib geltend, mit den Herausforderungen durch die Umwelt und dem Einsetzen des individuellen Schicksals. Die Geburt des Ich mit 21 Jahren ist dann das Christusereignis selbst.

Das Alte Testament hat nicht nur eine Bedeutung für das jüdische Volk, sondern für die ganze Menschheitsgeschichte, weil es in Bildern und Ereignissen den Lebensweg eines Volkes schildert, den wir mit der menschlichen Entwicklung bis zum 21. Lebensjahr vergleichen können. Nach der Christusgeburt werden die Ereignisse immer individueller. Das, was dann mit dem Wandeln auf dem Meer oder als Speisung der Fünftausend erzählt wird, versinnbildlicht verschiedene Lebenssituationen, die nicht so sehr an biographische Schritte gebunden sind. Die Darstellungen der Jüngerberufung und Jüngerversuchung zum Beispiel charakterisieren, wie man eine Beziehung zu dem Christus bekommt, wie man von ihm gerufen wird, wie man ihm nachfolgen kann, bis hin zum Verraten und Verleugnen. Das sind Situationen, die in jedem Lebensalter auftreten können. In diesem Sinne ist das Evangelium als Ganzes ein Bild für das Leben.

Erzählte Biographien

INTERVIEW MIT CHRISTOPH GÖPFERT

von Annegret Kühl

Christoph Göpfert: *geboren 1926 in Hamburg; Besuch der dortigen Waldorfschule bis zu ihrer Schließung 1939; während des Krieges Unterbrechung der Schulzeit und kaufmännische Ausbildung. 1946 Abitur; anschließend Studium der Germanistik, Geographie, Geologie und Philosophie in Hamburg und Tübingen; Erstes Staatsexamen. Waldorflehrerseminar in Stuttgart und anschließend vier Jahre Tätigkeit als Klassenlehrer. Promotion über ein religionsgeographisches Thema (Neuguinea); Referendariat und Zweites Staatsexamen. Einige Jahre Unterrichtstätigkeit am Gymnasium; Oberstufenlehrer an den Waldorfschulen Krefeld und Evinghausen. Seit 1987 verstärkt an verschiedenen Ausbildungsstätten für Waldorfpädagogik tätig; Vortragstätigkeit; Veröffentlichungen zur Literatur des 20. Jahrhunderts, besonders der modernen Lyrik sowie zur Methodik des Deutsch- und Geographieunterrichts in verschiedenen anthroposophischen Zeitschriften. Weitere Interessengebiete: Mythologie, Megalith-Kultur, Gralsströmung, Romanik und moderne Malerei.*

Von der 1. bis zur 8. Klasse wird in der Waldorfschule am Ende des Hauptunterrichts erzählt. Die meisten Geschichten handeln auf die eine oder andere Art und Weise von Lebenswegen. In der Oberstufe werden dann unter anderem die Biographien der Dichter, die gelesen werden, betrachtet. Und nach der Schulzeit? ... Da wählt jeder selbst die passende Lektüre zwischen Tagebuch und Monographie, zwischen Entwicklungsroman und Autobiographie. Eine zentrale Frage des folgenden Interviews ist: Warum fesseln Biographien Menschen jeden Alters?

Annegret Kühl: Zum Unterricht des Klassenlehrers in der Waldorfschule gehört es zu erzählen. In der 1. Klasse werden Märchen erzählt, in der zweiten Legenden. Warum werden in der 8. Klasse Biographien erzählt?

Christoph Göpfert: Als Sie im Vorfeld dieses Interviews die Frage ansprachen: "Warum werden in der 8. Klasse Biographien erzählt?" habe ich mir gedacht, daß man die Antwort in einen größeren Zusammenhang stellen muß. Diesen Zusammenhang haben Sie gerade eben erwähnt. Es wird bereits vor der 8. Klasse erzählt, auch Biographien, und das wird auch nach der 8. Klasse weitergeführt. Das, was man seit der 1. Klasse am Ende des Hauptunterrichtes erzählt, hängt mit dem zusammen, was in der 8. Klasse im Schildern von Biographien kulminiert. Mit Märchen, Legenden und Mythen wird das Kind sozusagen auf das Thema Biographie eingestimmt. In den Märchenbildern werden menschliche Entwicklungsmöglichkeiten gezeigt. Es wird dargestellt, wie ein Mensch sich ganz allgemein entwickeln könnte, es werden bildhaft Entwicklungswege aufgezeigt, die sich dann in einer Biographie eventuell wiederfinden.

A.K.: Im Märchen werden immer Wege, Lebenswege, beschrieben, die die Märchenhelden gehen. Kann man sagen, daß zur Biographie hin dieser Weg individualisiert wird?

C. Göpfert: Ja, im Märchen wird es in Phantasiebildern gehalten. Die Märchen sind nicht nur eine Einstimmung auf das Thema Biographie, sondern die Märchenbilder selber senken sich wie eine Nahrung in die Seele des Kindes hinein; das geschieht in einer Zeit, in der das Kind von seiner eigenen Biographie eigentlich noch gar nichts weiß. Legenden, die in der 2. Klasse erzählt werden, oder die Geschichten des Alten Testaments von den Erzvätern in der 3. Klasse führen eine Stufe "weiter herunter" als das Märchenbild. Es sind Gestalten halbmythischer Art, aber doch in einen gewissen historischen Raum hineingehörend. Ihr Leben ist zwar äußere Wirklichkeit, aber noch wie umschwebt von etwas, was man nicht durch Daten festlegen kann. Es umgibt diese Gestalten eine Sphäre der Heiligkeit.

Das zehnte Lebensjahr ist dann auch in der Art, wie man erzählt, ein entscheidender Einschnitt. In diesem Alter erleben die Kinder eine Distanz zur Welt. Das ist auch ein Schritt zur Selbstfindung. Vorher fühlen sie sich in einer Einheit mit der Welt, und in diese Welt gehören eben auch die Märchengestalten. Jetzt aber, mit zehn Jahren etwa, erlebt das Kind sich der Welt gegenüberstehend, und durch diese Distanz werden erst bestimmte Lernschritte möglich, die vor diesem Alter nicht möglich sind.

A.K.: Was wird in der 4. und 5. Klasse erzählt?

C. Göpfert: In der 4. und 5. Klasse, in der "Mitte der Kindheit", wo in dem Kind ein neues Interesse an der äußeren Wirklichkeit erwacht, wird noch einmal Mythisches erzählt, in der 4. Klasse germanische Mythologie, in der 5. Klasse Sagen der Griechen und der anderen alten Kulturen. Es werden also noch einmal Geschichten erzählt, die - wie die Märchen - das Übersinnliche mit einbeziehen. In diesem Alter bereitet das Kind den Schritt in die eigene seelische Selbständigkeit vor, und diese Sagen schildern nun, wie die Menschen, menschheitlich gesehen, von den Göttern entlassen werden, in Zweifel fallen.

Das ist genau das, was das Kind im Seelischen in diesem Alter erlebt. Insofern ist auch dieser Erzählstoff eine Hinführung auf das Biographische, aber indirekt.

Etwa mit zwölf Jahren beginnt dann die Vorpubertät. Jetzt will das Kind nicht nur kennenlernen, *was* in der Welt gewesen ist, sondern es will wissen, *warum* sich etwas so abspielt. Allmählich wird das Individuell-Seelische (der Astralleib) geboren, und jetzt verlangt das Kind nach kausalen Begründungen: Warum ist etwas so, wie es ist? Damit fragt es aber in gewisser Weise auch nach der Biographie: Warum ist diese Biographie so verlaufen? Vielleicht bewegt das Kind sogar schon eine leise Sorge: Warum verläuft ein menschliches Leben überhaupt so? Oder: Warum verläuft *mein* Leben so?

In der 6. Klasse, in der dieser Umbruch stattfindet, wird im Geschichtsunterricht das Mittelalter behandelt. In der 7. Klasse kommen die Entdeckungsreisen hinzu. Aber in der 5. und 6. Klasse wird man ja, wenn man an den Geschichtsunterricht denkt, Geschichte an einzelne Persönlichkeiten gebunden darstellen. Man schildert keine Prozesse, sondern zum Beispiel wie Hannibal über die Alpen gezogen ist, wie Cäsar Gallien erobert oder wie Alexander der Große seine Züge unternommen hat. Da ergeben sich manchmal schon ganze Biographien oder zumindest große Lebensabschnitte einzelner Persönlichkeiten. Daran bindet sich Geschichte an. Von der Mitte der Kindheit an und besonders in der der Vorpubertät tritt das einzelne Leben stärker in das Bewußtsein des Kindes. Bei der Darstellung des Mittelalters kann man zum Beispiel das Leben Ottos des Großen oder Heinrichs IV. erzählen. Ich kann mich aus meiner Schulzeit noch an die Schilderung erinnern, wie Heinrich IV. im Büßergewand in Canossa im Schnee stand. In der 6. und 7. Klasse werden also durchaus schon Biographien erzählt, aber eben aus der Vergangenheit. Sie sind dem Kind zeitlich noch etwas ferngerückt; doch das entspricht dem Verhältnis des Kindes zu seiner eigenen Biographie in diesem Alter. Solche Schilderungen aus der Geschichte werden nicht nur während der Geschichtsepoche gegeben, sondern zum Beispiel auch während einer Rechenepoche kann man im Erzählteil Biographisches weiterführen. Das hat nebenbei den Vorteil, daß man nicht alles in die Geschichtsepoche hineinpressen muß.

Neuland-Entdeckungen

A.K.: Was sollte man besonders in der 7. und 8. Klasse erzählen?

C. Göpfert: In der 7. Klasse werden zum Beispiel die Entdeckungsreisen erzählt. Das Thema ist also: Entdeckung von Neuland. Wenn man von Kolumbus oder Magellan erzählt, so sind das über die Erde hin ausgebreitete Beispiele von Neuland-Entdeckungen. Dasselbe macht das Kind in diesem Alter: Es ist dabei, sein seelisches, biographisches Neuland zu entdecken. Das ist auch ein neuer "Kontinent"! Es geht also nicht nur um die Kenntnis über Kolumbus und Magellan, sondern es geht darum, Beispiele zu geben, wie man überhaupt in Neuland vorstoßen kann.

Ich finde es besonders eindrucksvoll, neben Kolumbus Magellan zu stellen. Er hat sich gesagt: Wenn es stimmt, daß die Erde eine Kugel ist und Kolumbus nicht in Indien landete, dann muß man weiterfahren können, über den neu entdeckten Erdteil (Amerika) hinaus, durch den völlig unbekannten Ozean. Auch wenn Magellan selber nicht um die Erde herumgekommen ist, so sind es doch seine Schiffe mit einem Teil der Mannschaft. Es gibt von Stefan Zweig eine sehr schöne Biographie von Magellan, die ich selber einmal zur Vorbereitung benutzte, als ich diese Biographie erzählt habe. Er schildert sehr eindrucksvoll, wie Magellan praktisch vor dem Nichts steht, sich aber sagt, daß es weitergehen muß, und dann weiterfährt.

Wenn man in der 7. Klasse in der Geographie bereits Afrika besprochen hat, kann man auch die Biographien von Entdeckungsreisenden wie Livingstone und Stanley behandeln. Ebenso kann man aus den Naturwissenschaften, etwa der Physik, Biographien herausgreifen. Auch im freichristlichen Religionsunterricht erzählt man in diesem Alter Biographien. Ich kann mich an meine eigene Schulzeit erinnern, wie uns in der 7. Klasse die Biographie von Henrik Steffens erzählt wurde, jenem norwegischen Naturphilosophen (um 1830), der lange in Deutschland gelebt hat und von dem es eine Autobiographie, "Was ich erlebte", gibt. Es ist also bereits in der 7. Klasse möglich, in den verschiedensten Bereichen konkrete Biographien zu erzählen.

A.K.: Geht es dabei ausschließlich um Biographien, die an den Unterrichtsstoff angeknüpft sind und in denen beschrieben wird, wie Menschen Neuland entdeckt haben?

C. Göpfert: Es gibt da natürlich keine Vorschriften. Es geht in den Biographien eigentlich immer darum, daß ein Mensch durch Schwierigkeiten hindurch zu seiner Lebensleistung kommt. Wenn der Lehrer bemerkt, daß eine bestimmte Biographie für seine Klasse jetzt notwendig ist, dann kann er natürlich eine Biographie nehmen, die nichts mit dem Unterricht zu tun hat.

In der 8. Klasse ist ja die Neuzeit Thema im Geschichtsunterricht. Da kann man zum Beispiel das Leben von Galilei beschreiben. Dabei kann eventuell das Stück von Brecht für den Lehrer eine Hilfe sein. Auch die Rowohlt-Monographie ist zur Vorbereitung geeignet. Kopernikus kann man schildern. Dann ist, gerade unter dem Gesichtspunkt, wie ein Mensch seine Erfindung durchbringt, James Watt sehr interessant. Unter welchen Bedingungen mußte er arbeiten! Das Wasser mußte laufend aus den Bergwerken herausgepumpt werden. Aber für seine Erfindung wurde er angefeindet, und seine ersten kümmerlichen Dampfmaschinen hat man zerstört. Auch die Biographien von Karl Zeiss und seinem Freund und Schwiegersohn Ernst Abbe sind erzählenswert. Zeiss war ursprünglich Handwerksmeister, der seinen Betrieb ganz aus der Praxis heraus aufbaute. Abbe führte das Unternehmen dann weiter, sagte sich aber, daß man auch etwas Soziales einrichten müsse. Daraufhin gründete er die Karl Zeiss-Stiftung. Damit ging der Gewinn nicht mehr in seine Tasche, sondern kam auch den Angestellten zugute. In dieser Biographie sind die sozialen Impulse interessant.

A.K.: Diese Biographien erzählt man nun in der 8. Klasse. Worin unterscheiden sie sich von den Biographien, die man in der 7. Klasse erzählt hat?

C. Göpfert: In der 7. Klasse sind die Biographien mehr geographisch auf die Erde verteilt. Man erzählt den Schülern, welche Menschen Neuland auf der Erde entdeckt haben und was dabei geschehen ist. In der 8. Klasse geht es mehr um Erfinder. Es geht nicht um die Entdeckung eines neuen Kontinents, sondern es geht um die Mobilisierung "innerer Erfindungskräfte". Es ist natürlich ein Arbeiten an der Außenwelt, wenn James Watt die Dampfmaschine entwickelt. Aber der Erfinder muß nicht verreisen, um seine Lebensleistung zu vollbringen. Beides, sowohl die äußeren Entdeckungsreisen als auch die mehr "innerlichen Erfindungen", erzählt man den Schülern in diesem Alter, weil sie selber an der Schwelle zur Ausbildung ihres eigenen Innenraums stehen.

Goethe und Schiller

A.K.: Die Schüler stehen kurz vor der Geburt ihres Individuell-Seelischen. Die eigentliche Individualität, das Ich, kommt aber erst später zum Tragen. Was bedeuten nun die Biographien für den Jugendlichen in diesem Lebensalter?

C. Göpfert: Wenn man es schlicht sagen möchte: Vorbilder. Die Jugendlichen sehen, wie auch andere Menschen aus Schwierigkeiten heraus ihr Leben gestaltet haben. Das kann für die Schüler, die selber vor der Frage stehen, wie sie ihr Leben gestalten sollen, wie eine Richtschnur sein. Es werden indirekt Individualität und Entwicklung des Jugendlichen angeregt und impulsiert. Es gibt ja viele Biographien, in denen eine Selbstfindung geschieht. Gerade für die Frage: Was soll das eigentlich alles?, gibt es zwei urbildhafte Biographien, die man in der 8. Klasse erzählt: Goethe und Schiller. An der Biographie von Goethe kann man wirklich zeigen, wie ein junger Mensch aus einer bestimmten Elternsituation seine Entwicklungsschritte, auch Krisen, durchläuft und wie sein Ich immer stärker eingreift. Mit 18 Jahren hat er in Leipzig eine Lebenskrise, die ihn an die Schwelle des Todes bringt, weil er sein Leben undiszipliniert geführt hat. Dann kommt er nach Straßburg, wird von seinen Freunden auf das Münster geführt, und ihm wird schwindelig. Dieses Erlebnis, daß er da vorne nicht stehen kann, während seine Freunde das können, empfindet er als Blamage. Er vertuscht es und geht dann tagelang immer wieder alleine auf das Münster, bis er es schafft, oben am Rand zu stehen, ohne schwindelig zu werden.

A.K.: In welchem Alter erlebt er das?

C. Göpfert: Das ist 1771 gewesen. Da ist er also 22 Jahre alt. Es ist das Alter, in dem erlebt wird: Ich muß doch an mir arbeiten können. In Goethes Leben sieht man mehrmals dieses Motiv der Selbsterziehung. Daneben kann man dann die Biographie Schillers stellen.

A.K.: Warum stellt man Goethe und Schiller nebeneinander?

C. Göpfert: Dazu muß man zunächst noch etwas zu Goethe sagen. Er hatte eine wunderbar behütete Kindheit, ihm ist alles gegeben worden, was ein junger Mensch in seiner Zeit haben konnte, es ist wie ein Füllhorn. Trotzdem kommt er in tiefe Krisen hinein, auch in zwischenmenschliche Krisen. In Straßburg zum Beispiel lernt er Friederike Brion kennen. Diese Beziehung geht so weit, daß er sich fragt, ob sie eine Lebensgefährtin für ihn sei. Er muß sich dann aber eingestehen, daß sie das nicht ist, auch wenn das für Friederike sehr schmerzlich ist. Er sieht aber deutlich, daß sie nicht in Frankfurt als Frau eines Rechtsanwalts leben kann. Goethe kann sein Leben also insoweit überblicken, daß er erkennt, daß diese Verbindung für sie beide nicht glücklich sein würde. Zwei Jahre später, als er in Wetzlar am Reichskammergericht arbeitet, lernt er dort Charlotte Buff kennen. Zwischen beiden entwickelt sich wieder eine starke Beziehung. Lotte ist aber die Braut seines Freundes, und Goethe steht wieder vor dem Problem: Was mache ich jetzt? Das ist wieder eine Frage nach dem richtigen Lebensweg. Er erkennt, daß er die Verbindung zwischen dem Freund und Lotte nicht zerstören darf und schleunigst gehen muß. Daraufhin verläßt er Wetzlar und schreibt den “Werther”. Das ist ein Briefroman, in den er eigene Briefe einbaut. Er schildert das Leben des Werthers so weit, wie er es in seinem eigenen Leben nicht hat kommen lassen, denn Werther begeht Selbstmord. Es wäre eben möglich gewesen, aus einer solchen Situation, in der sich

Goethe befand, keinen Ausweg zu finden und Selbstmord zu begehen! Goethe selber findet aber den Ausweg, vielleicht sogar dadurch, daß er sein Erlebnis in diesem Werk aus sich heraussetzen kann. Auch die Situation mit Friederike taucht in Goethes Werk später wieder auf, nämlich wenn er im "Faust" Gretchen beschreibt: Friederike Brion hat nicht geheiratet und ist schwermütig geworden; Gretchen wird wahnsinnig.

1775 kommt Goethe dann 26jährig nach Weimar und wird "Erzieher" des Erb-Großherzogs Karl August, der 17 Jahre alt ist und gerade die Herrschaft übernehmen soll. Der 26jährige Goethe wird zum Ratgeber und, man kann schon sagen, ausgesprochen geschickten Erzieher des Großherzogs. Goethe selber schildert diesen Vorgang in "Dichtung und Wahrheit". Karl August wird in wenigen Jahren zu einem verantwortungsvollen Regenten. In diesem Alter kann Goethe also schon das, was er selber an Kraft gefunden hat, anderen vermitteln. Das greift im Laufe seines Lebens in immer weitere Kreise aus. Das Leben Goethes sollte man also in der 8. Klasse behandeln, sonst übernimmt es gerne der Deutschlehrer in der 9. Klasse.

A.K.: ... und Schiller?

C. Göpfert: Schiller ist sozusagen das Gegenbild. Es gibt glückhafte Biographien wie die Goethes; trotz der Krisen ist sein Leben ausgesprochen "geschlossen". Schiller hingegen kommt aus dürftigen Verhältnissen. Sein Vater ist ein besserer Feldscher und genießt keinerlei Freiheit. Wenn sein Sohn überhaupt eine Ausbildung erhalten soll, muß er in die Karlsschule, eine Militärakademie. Der Großherzog Karl Eugen von Württemberg bestimmt, was die Söhne seiner Bediensteten zu studieren haben. Alle, die auf die Karlsschule kommen, werden später in der Verwaltung oder im Militär eingesetzt; sie werden unmittelbar im Dienste des Großherzogs stehen. An ein Theologiestudium oder etwas ähnliches darf der junge Schiller nicht denken, sondern nur das Studium als Militärarzt wird ihm erlaubt.

Er erlebt also bereits in diesem Alter Zwang. Alle Eleven an der Karlsschule wurden schikaniert, und eine Befreiung daraus war fast nicht möglich. Schiller mußte in der Nacht dichten und bekam dafür auch noch Strafen. Es blieb ihm zuletzt nur die Flucht. Auch in seinem weiteren Leben kann man sehen, wie er immer gegen ungeheure Widerstände hat arbeiten müssen. Ganz wenige Glücksmomente waren ihm gegönnt; er hat sich im Grunde genommen innerlich verbrannt. Deshalb ist er so jung gestorben. Goethe und Schiller sind also Polaritäten; aber gerade diese beiden werden für eine gewisse Zeit ihres Lebens Freunde. Wie ergänzen sie sich! Die Schüler sehen also jetzt nicht mehr nur eine Biographie, sondern sie sehen, wie zwei gegensätzliche Menschen zu einem gemeinsamen Schicksalsweg zusammenkommen.

A.K.: Dann erleben die Schüler nicht nur einzelne Lebenswege, sondern auch etwas Soziales.

C. Göpfert: Ja, sie erleben hieran das Geflecht von Schicksalen. Besonders bei Goethe, auch bei Schiller, kann man sich auch ansehen, in welchem Lebensalter was geschieht. Goethes Lebenslauf ist sozusagen ein urbildhafter. Den Schülern würde man natürlich nicht sagen, daß das die Jahrsiebte sind, sondern man würde schildern, in diesem Alter ist das und das passiert. Man kann zum Beispiel auch sagen: Mit 18 Jahren wird Goethe an die Schwelle des Todes geführt, weil er mit seinem Körper nicht richtig umgeht. Es ist also eine gefährliche Situation mit 18 Jahren. Mit 22 Jahren fängt er mit der Selbsterziehung an usw.

In der Oberstufe: Von Keller bis Celan

A.K.: Wie geht es nun mit den Biographien in der Oberstufe weiter?

C. Göpfert: Ich bleibe einmal beim Deutschunterricht. Da hat man also diese zwei urbildhaften Biographien. Jetzt bespricht man die Werke anderer Dichter. Ich meine, daß man dann auch Biographien schildern muß, in denen es nicht so glücklich abläuft. Bereits in der 9. Klasse wird man, wenn man etwas von Stifter oder von der Droste liest, deren Schicksalswege beschreiben. Man wird auch Gottfried Kellers Leben schildern, wenn man etwas von ihm liest. Der "Grüne Heinrich" ist ja so etwas wie eine Selbstbiographie Kellers, auch wenn der Name ein anderer ist. Da weiß jemand, der aus armen Verhältnissen kommt, daß er Künstler ist, und will auf die Kunstakademie nach München. Wie lange braucht er, bis er merkt, daß er nicht Maler, sondern Schriftsteller werden soll! Das Künstlerische wird also gesucht, aber zunächst auf einem ganz anderen Gebiet. - Wenn man über Stifter erzählt, muß man auch über seine Wiener Zeit (mit einem unehelichen Kind) erzählen und über sein Ende im Selbstmord. Das darf man nicht verschweigen. Man kann bei Stifter aber dagegenhalten, wie er mit seinen dichterischen Werken immer auch erzieherische Absichten hatte und daß er gegen Ende seines Lebens als Schulrat von Niederösterreich doch einiges im Schulwesen hat modernisieren können.

Wenn man dann in der 11. Klasse Kleist liest, wird man auch auf seine Biographie eingehen. Dabei muß man auch deutlich machen, daß es bei ihm nicht einfach Verzweiflung war, sondern daß er ganz hohe Ziele hatte, die die Gesellschaft überhaupt nicht aufnehmen konnte, daß dieses Sich-ausgeschlossen-Fühlen also nicht nur seine Schuld war.

A.K.: Wie steht es mit Biographien unseres Jahrhunderts? Wann würde man die erzählen?

C. Göpfert: Biographien unseres Jahrhunderts kann man - wenn man zum Beispiel an Albert Schweitzer denkt - bereits in der 8. Klasse erzählen. Bei Albert Schweitzer wird sehr deutlich, wie ein Lebensziel auf Umwegen und mehrstufig erreicht wird.

A.K.: Sollte man in der 8. Klasse lediglich Biographien erzählen, in denen der Lebensweg zu einem Ziel führt und nicht vorzeitig abgebrochen wird?

C. Göpfert: Ja, ich meine, daß es in der 8. Klasse solche mehr positiven Biographien sein müßten. Wenn man an die Naturwissenschaften denkt, wird man durchaus geeignete Biographien unseres Jahrhunderts finden, Alfred Wegener zum Beispiel, der die Theorie der Kontinentalverschiebung entwickelt hat, obwohl er kein Geologe oder Geophysiker war. Es war empörend, daß er sich in ein Fachgebiet vorwagte, das er nicht studiert hatte. Er wurde verlacht, hat das Thema aber weiterverfolgt bis zu seinem Tod im Eis auf Grönland. Nach Jahrzehnten hat sich herausgestellt, daß er recht hatte.

Als Biographien unseres Jahrhunderts, die man allerdings noch nicht in der 8. Klasse erzählen kann, möchte ich Franz Kafka und Paul Celan erwähnen. Celans Leben endet auch mit einem Selbstmord; das wird man aber erst in der 12. Klasse erzählen. Paul Celan erlebte Erfahrungen an der Grenze zur übersinnlichen Welt, die so stark gewesen sein müssen, daß er das nicht ausgehalten hat. Bei Kafka kann man schildern, wie er gegen ungeheure Widerstände, unter anderem des Elternhauses, seinen Lebensweg geht. Sein Vater ist ein "Schrank" von Mann, ein Selfmademan, der natürlich möchte, daß sein Sohn die Firma übernimmt. Der Sohn hat aber ganz andere Interessen und ist schmächtig. So wird er Jurist und ist in einer Unfallversicherungsgesellschaft angestellt. Er arbeitet dort gut, ist aber eigentlich doch Dichter. Von Kafka kann man sicherlich schon in der 11. Klasse etwas lesen und dann auch seine Biographie hinzunehmen.

A.K.: Der Verlag Freies Geistesleben plant, Biographien für Jugendliche herauszugeben. Nach welchen Gesichtspunkten werden die Persönlichkeiten ausgewählt, von denen Biographien erscheinen sollen, und wie sollen sie geschrieben sein?

C. Göpfert: Im Beltz-Verlag gibt es bereits einige Biographien als Jugendbücher. Das Projekt des Verlags Freies Geistesleben ist in Vorbereitung. Es sollen Biographien von Menschen des 20. Jahrhunderts ausgewählt werden, die Vorbildcharakter haben. Es ist dabei an eine Leserschaft zwischen 14 und 18 Jahren gedacht. Es soll in den Biographien deutlich werden, wie sich in der heutigen Zeit ein Leben gestalten kann und welche Schwierigkeiten es zu überwinden gilt. Der Verlag meint, daß vorwiegend Biographien veröffentlicht werden sollen, an denen man sich als Jugendlicher orientieren kann. Die Schwierigkeit dabei ist, daß man nicht eine Erst-Biographie schreiben kann, weil man dazu endlos recherchieren müßte, sondern man muß auf Bekanntes zurückgreifen. Die Biographie soll außerdem natürlich so "erzählt" sein, daß sie für Jugendliche spannend zu lesen ist. Es muß also etwas dichterische Phantasie hineinkommen, ohne daß die Ereignisse verfälscht werden. Das ist nicht einfach. und ich bin sehr gespannt, wie das erste Buch dieser Reihe, das vermutlich über Wegener sein wird, ausfällt. Es gibt von Wegener Tagebuchaufzeichnungen, die eingebaut werden sollen. Grundsätzlich wünscht man sich, daß auch an einer modernen Biographie etwas von den Lebensgesetzen sichtbar wird.

A.K.: Ist es nicht schwierig, in unserem Jahrhundert gradlinige Biographien zu finden?

C. Göpfert: Das ist mir auch eine Frage. Es müssen auch nicht unbedingt gradlinige Biographien sein, sondern es geht darum, daß ein Mensch sich durch die ungeheuren Widerstände, die es in unserem Jahrhundert gibt, nicht unterkriegen läßt. Ich denke da zum Beispiel an die Biographie einer nicht sehr bekannten Russin: Alja Rachmanowa. Sie war in Rußland bereits eine anerkannte Schriftstellerin und mußte dann nach Wien fliehen, wo sie ein Milchgeschäft eröffnete und zunächst von den Leuten sogar schikaniert wurde. Sie hat sich dann ganz allmählich das Vertrauen ihrer Kunden erworben. Sie mußte also in ihrem Leben dann ganz andere Dinge tun als ihr eigentliches Anliegen.

Unabhängig von dieser Reihe im Verlag Freies Geistesleben gehören in diesen Zusammenhang auch die Bücher von Jewgenija Ginsburg: "Marschroute meines Lebens" und "Gratwanderung". In diesen Büchern schildert sie die 18 Jahre, die sie in stalinistischen Lagern in Sibirien verbracht hat. Sie macht dort Fürchterliches durch. Sie ist zu Unrecht verurteilt worden. Sie war an einem Literaturinstitut in Moskau, ein Vorgesetzter gab eine Veröffentlichung heraus, in der er nicht in der damals üblichen Weise den Kommunismus herausstrich, sondern er hat einfach nur wissenschaftlich gearbeitet. Ihr wurde vorgeworfen, daß sie nicht gemerkt habe, daß er den Kommunismus zu wenig gepriesen habe. Sie schildert nun ihre Erlebnisse in den Lagern in Sibirien, und zwar so, daß man es vor dem Einschlafen lesen kann. Denn sie bringt die Grausamkeiten so ins Wort, daß hinter den äußeren Vorgängen immer wieder eine höhere Menschlichkeit spürbar wird. In den schwierigsten Situationen hält sie durch, indem sie Gedichte verschiedener Dichter, die sie auswendig gelernt hat, innerlich spricht. Das gibt ihr die

Kraft durchzuhalten. Das ist nun freilich eine Biographie bzw. eine Autobiographie, die man nicht unbedingt vor dem 18. Lebensjahr lesen sollte. Aber daran wird erlebbar, welche innere Kraft von Menschen im 20. Jahrhundert in extrem schwierigen Lebenslagen entwickelt werden kann.

"Wenn man sich nicht mit Biographien beschäftigt, ist der Lebenskreis enger"

A.K.: Ist es auch für den Erwachsenen anregend oder hilfreich, Biographien zu lesen? Warum fesseln sie auch den erwachsenen Leser?

C. Göpfert: Natürlich. Ich glaube, daß bei kaum einem Menschen sein Leben so verläuft, daß er es völlig überschauen kann und mit allem einverstanden ist. Eigentlich birgt jedes Leben Überraschungen, die man nicht versteht. Beim Lesen einer Biographie ist es ja so, daß man einem anderen Menschen begegnet. Sein Leben wird zwar nur beschrieben, aber ich begegne ihm doch, fast so, als würde ich ihn wie einen Bekannten kennenlernen, vielleicht sogar wie einen Freund. Es ist ein "Buchfreund", wenn man so will. Wenn es eine gute Schilderung ist, wird mir sein Inneres wirklich sehr vertraut.

A.K.: Vielleicht sogar vertrauter als bei einem Freund?

C. Göpfert: Ja, das ist möglich. Für eine Biographie gilt - glaube ich - auch das, was Rudolf Steiner das Aufwachen am Geistig-Seelischen des anderen Menschen genannt hat. Jede Begegnung mit einem anderen Menschen kann dazu führen, daß ich in mir einen Aufwachprozeß erlebe.

A.K.: Dazu ein Wahrspruchwort Rudolf Steiners:

> "Wirkliche Selbsterkenntnis wird dem Menschen zur zuteil,
> Wenn er liebevolles Interesse entwickelt für andere;
> Wirkliche Welterkenntnis erlangt der Mensch nur,
> Wenn er das eigene Wesen zu verstehen sucht."
>
> (Rudolf Steiner: Wahrspruchworte. GA 40, Dornach 1978, S.227)

C. Göpfert: Ja, und das ist auch in der Biographie in einer sehr intimen Weise möglich. Ich muß mich hier mit dem anderen Menschen nicht unterhalten; ich hätte vielleicht auch eine Scheu davor. Aber an dem Buch kann ich ganz intime Gefühle entwickeln, die ich nicht gestehen muß, die ich vor niemandem aussprechen muß. Von daher kann man sagen, daß es eine wichtige Beschäftigung ist, Biographien zu lesen. Auch für den Erwachsenen ist es wie eine Nahrung. Wenn man sich nicht mit Biographien beschäftigt, ist der Lebenskreis enger, genauso, wie wenn ich keine Freunde habe und zu wenige Menschen kenne.

A.K.: Durch das Lesen von Biographien kann man auch Weltteile und Zeiträume, die einem selber nicht unmittelbar zugänglich sind, kennenlernen. Ich habe bei der Vorbereitung des Interviews im Freundeskreis gefragt, warum der eine oder andere gerne Biographien liest. Eine Antwort war: "Ich lese gerne mehrere Biographien aus einem Zeitraum und einem Ort, so daß zum Beispiel das Paris der Jahrhundertwende für mich lebendig wird, indem ich mehrere Menschen, die das erlebt haben, kennenlerne."

C. Göpfert: Der eine Gesichtspunkt ist, daß man ein Leben kennenlernt wie das Leben eines Freundes. Aber dann gibt es eben das, was Sie gerade geschildert haben, daß man in eine Zeit hineingeführt wird und dann sogar seine “Bekannten” wiedertrifft. Alma Mahler-Werfel zum Beispiel schildert das Wien am Anfang unseres Jahrhunderts und was sie in ihren drei Ehen erlebt hat. Ein sehr bewegtes Leben, und sie hat sehr viele Menschen kennengelernt, die in ihrer Biographie auftreten. Dazu kann man dann von Nina Kandinsky lesen: “Kandinsky und ich”, und findet diese Welt wieder; aber von einem anderen Menschen erlebt.

Man kann also durch das Lesen von Biographien Situationen kennenlernen, die man selber nicht miterlebt hat. Von Margarethe Buber-Neumann gibt es nicht nur das Buch “In den Lagern von Stalin und Hitler”, sondern auch das Buch “Kafkas Freundin”. Hier beschreibt sie das Leben der Milena Jesenska, die Margarethe Buber-Neumann im KZ in Ravensbrück als ältere Frau kennengelernt hat. Jelena erzählt ihr ihr Leben, und zwar nicht nur ihre Freundschaft mit Kafka, sondern auch ihre Jugend. Dazu wird der Alltag des KZs geschildert, in dem die beiden Frauen sich kennenlernen. Wir lernen also zwei uns fremde Ebenen kennen.

Tagebuch und Biographie

A.K.: Was ist der qualitative Unterschied zwischen einer Biographie und einer Autobiographie?

C. Göpfert: Die Frage ist: Wer schreibt die Biographie? Schreibe ich sie selber, schreibt sie ein Dichter oder schreibt sie ein Wissenschaftler? Es gibt natürlich einige begnadete Biographen, zu denen auf jeden Fall Hermann Grimm gehört. Er hat nicht nur über das Leben Goethes geschrieben, sondern auch über Raphael und Michelangelo. Außerdem gibt es von ihm Goethe-Vorlesungen, die nicht nur eine Vorform der Biographie Goethes sind, sondern in grandiosen Bildern schildern, wie zum Beispiel Goethe und Schiller zueinander in Beziehung gesetzt werden können, verglichen werden können.

Zunächst würde man vielleicht meinen, daß, wenn man sich wirklich über ein Leben informieren will, eigentlich nur ein Tagebuch oder eine Autobiographie in Frage käme, denn das haben die Leute ja selber geschrieben. Alles andere ist doch nur irgendwie angenähert.

A.K.: Aber es fehlt der Tod und die Frage, wie sie über den Tod hinaus gewirkt haben.

C. Göpfert: Ja, das fehlt. Außerdem sind diese Aufzeichnungen, gerade wenn man an das Tagebuch denkt, häufig sehr unvollständig. Ich schätze diese unvollständigen Tagebücher sehr, weil darin nur das eingetragen wird, was dem Menschen wirklich wichtig ist, was ihn nothaft bedrängt. Häufig ist nicht einmal ein Datum dabei, so daß man auch keine Chronologie aufstellen kann. Es soll allerdings auch Autoren geben, die bereits beim Schreiben des Tagebuchs daran denken, daß es irgendwann einmal gedruckt werden soll. Das ist natürlich etwas fragwürdig.

A.K.: Beim Tagebuch muß der Leser den Überblick schaffen, während bei einer Biographie der Autor den roten Faden des Lebens mitliefert und im Hinblick darauf die Darstellung zusammenstellt.

C. Göpfert: Wenn man ein Tagebuch liest, kann man diesen Überblick eventuell gar nicht selber schaffen, weil man nicht die nötigen Kenntnisse hat. Warum schreibt ein

Mensch seine Autobiographie? Schreibt er sie, um sich zu rechtfertigen? Die Gefahr ist dann, daß er nur sich selber sieht und nicht den Vergleich mit anderen Lebensläufen zieht. Man kann natürlich auch nie das ganze Leben selber schildern, die Autobiographen brechen immer irgendwann ab. Auf viele Ereignisse des Lebens würde ein anderes Licht fallen, wenn man weiß, wie das Leben weitergeht. Die Autobiographie von Henrik Steffens, die ich vorhin erwähnte, ist aus einem ganz bescheidenen Bedürfnis geschrieben, einfach um sich selber noch einmal klarzumachen, wie das Leben eigentlich gewesen ist. In Tagebüchern hingegen treten einem Freude und Leid unmittelbar entgegen. Bei Kafka findet man das völlig rückhaltlos geschildert.

A.K.: Sind dann die Tagebücher gut, um das Werk Kafkas zu verstehen?

C. Göpfert: Ja, ich habe alle Tagebücher von Kafka gelesen, allerdings nicht nur, um sein Werk zu verstehen, sondern weil mich diese Individualität interessiert. Was hat so ein Mensch alles durchgemacht! Welche Verästelungen seines Seelenlebens sind da geschildert! Welche Differenziertheiten, welche Feinheiten gibt es da! Ich kann wirklich in die Seele eines Menschen schauen. Auch bei Eugene Ionescos Tagebuchaufzeichnungen kann man sehr weit in die Falten seiner Seele hineinblicken. - Tagebücher müssen natürlich so geschrieben sein, daß es sich lohnt, sie zu lesen.

Der biographische Roman

A.K.: Wie ist es nun zum Beispiel mit "Dichtung und Wahrheit" von Goethe? Ist das ein biographischer Roman, ein Tagebuch oder eine Autobiographie?

C. Göpfert: Es ist im Grunde genommen eine Autobiographie in Richtung auf einen autobiographischen Roman. Goethe sagt selber, daß er nicht ganz genau schreibt, wie es war. Er versucht, das Geschehene zu überhöhen, nicht um es zu beschönigen, sondern um die eigentlichen Lebensgesetze herauszuarbeiten. Es ist ein außerordentlich interessantes Werk, weil in diesem Fall ein Mensch sein eigenes Leben betrachtet und die Signatur seines Lebens zu erkennen sucht. Das müßte eine Biographie überhaupt leisten, daß die Signatur eines Lebens deutlich wird. Gottfried Keller schildert in dem Roman "Der Grüne Heinrich" ganz viel von sich selber, aber in Romanform. Das halte ich für sehr berechtigt.

Ein Beispiel für einen biographischen Roman ist Jakob Wassermanns "Die Ungeduld des Herzens". Er schildert darin das Schicksal Kaspar Hausers. Er kannte noch nicht alle Dokumente, die wir heute kennen, hat aber ein feines Gespür für die Individualität des Kaspar Hausers, so daß er damals schon, ohne die heutige Forschung, das Wesentliche getroffen hat. Da diese Darstellung nicht völlig auf Tatsachen fußt, würde ich sie nicht Biographie, sondern biographischen Roman nennen. Die Biographie, und das ist ihre Abgrenzung zum biographischen Roman, darf sich eigentlich nur auf Dokumente stützen. Und was macht sie, wo ein Dokument fehlt? Da muß sie entweder aufhören oder Vermutungen aussprechen, die auch als solche gekennzeichnet sein müssen. Es gibt dann noch die ganz streng wissenschaftliche Art der Biographie, die Monographie, die sich ganz und gar auf Dokumente stützt, aber eventuell sehr trocken zu lesen ist.

A.K.: Wenn man nun, wie Sie es vorhin nannten, in die Falten einer Seele hineingukken will, ist es da nicht unbefriedigend eine Monographie zu lesen?

C. Göpfert: Ja, so eine Monographie ist nicht unbedingt Seelennahrung, sondern

Information, die aber unter Umständen auch notwendig ist.

Der Entwicklungsroman

A.K.: Wie ist es nun mit den Romanen, die das Leben eines Menschen schildern, der gar nicht wirklich gelebt hat?

C. Göpfert: Das würde man Entwicklungsroman nennen. Ich denke da zunächst an den "Simplizissimus". Grimmelshausen hat in diesem Buch sehr viel aus seinem eigenen Leben verarbeitet, wie eigentlich jeder Dichter aus seinem Leben etwas in seine Dichtung hineinbringt. Goethe sagt dazu: "Alle meine Werke sind wie Bruchstücke einer großen Konfession." Das trifft auf Entwicklungsromane natürlich in besonderer Weise zu. "Wilhelm Meister" zum Beispiel hat nicht gelebt, aber an diesem Roman kann man sehr viel darüber ablesen, wie menschliche Entwicklung möglich ist.

A.K.: Unterscheidet sich der Entwicklungsroman nicht doch in einem wesentlichen Punkt von der Biographie, weil die Hauptfigur nicht tatsächlich gelebt hat?

C. Göpfert: Ein Entwicklungsroman ist natürlich keine konkrete Biographie, sondern es ist ein möglicher, etwas überhöhter Lebensweg. Wir kommen damit in der Dichtung wieder in die Ebene hinein, die ich am Anfang bei den Märchen und Legenden und beim Alten Testament erwähnt habe. Es sind dort die Gestalten nicht so dargestellt, wie sie tatsächlich gelebt haben, sondern es schwebt etwas wie eine allgemeine Menschlichkeit, eine geistige Aura um sie.

Auf der Suche nach dem Gral

In einem Entwicklungsroman, der wirklich Kunstwerk ist -beispielsweise im "Parzival" -, kommen die allgemeinen, geistigen Entwicklungsgesetze und -möglichkeiten eines Menschen ins Bild. Man braucht nicht zu wissen, wann und ob Parzival gelebt hat. Um die Biographie eines Menschen, der die Gralsströmung in sich verwirklicht hat, kennenzulernen, liest man vielleicht die Biographie von Karl IV. Er hat versucht, sich in seinem eigenen Leben als Kaiser in die Gralsströmung hineinzustellen.

A.K.: Können Sie dazu auch ein Beispiel aus der Gegenwart nennen?

C. Göpfert: Ja, Dag Hammersjöld, der frühere UNO-Generalsekretär. Er hat ein Tagebuch geschrieben, das unter dem Titel "Zeichen am Weg" veröffentlicht ist. In diesem Buch wird deutlich, wie ein Mann, der auf höchster politischer Ebene gestanden hat, ein meditatives, christlich-spirituelles Leben geführt hat. All diese Aufzeichnungen sind aus einem innerlichen Christentum, aus einem Gralschristentum heraus geschrieben. Darin wird deutlich, daß die spirituelle Welt für ihn unmittelbar erlebbar war. In einem frühen Gedicht sagt er: "Der Tod wird mich finden als einen wachen Mann." Womit er ausdrückt, daß er bereit ist, dem Tod wach entgegenzugehen. Seine letzte Mission im Kongo war ausgesprochen schwierig, und er hat sie durchaus in dem Bewußtsein angetreten, daß es sein könnte, daß er nicht lebend herauskommen würde; und es war dann ja auch so.

A.K.: Gibt es auch einen modernen Entwicklungsroman, der ein Leben aus der Gralsströmung schildert?

C. Göpfert: Das ist aber unter Umständen sehr verschlüsselt und nicht so eindeutig wie "Parzival" oder "Wilhelm Meister". Aber es gibt sehr interessante Entwicklungsromane, zum Beispiel Alfred Döblins "Berlin Alexanderplatz". In diesem Roman wird die Berliner Unterwelt, das Gangstermilieu, um 1930 in all seiner Brutalität geschildert. Franz Bieberkopfs Leben in diesem Milieu wird erzählt. Gegen Ende des Romans hat er sich durch das, was man ihm angetan hat, sehr verändert. Es tauchen jetzt zwei Engel auf, die sich darüber unterhalten, ob das Leben des Franz Bieberkopf noch wert ist, daß es weitergeführt wird. Der eine Engel sagt zu dem anderen, daß Franz Bieberkopf bereits einige Schritte getan habe und daß er es auf der Erde weiterführen müsse. Dann eine Szene, wie Franz Bieberkopf in der Irrenanstalt im Fieberwahn eine Auseinandersetzung mit dem Tod hat, der als Gesprächspartner auftritt. Dabei kommt heraus, daß der Tod noch keine Gewalt über ihn hat, weil die Engel gesagt haben, daß er noch weiter leben müsse. Es ist noch nicht alles verloren, und der Roman endet tatsächlich damit, daß Bieberkopf wieder auf dem Alexanderplatz steht und einen neuen Anfang als Portier machen will. In die Darstellung werden immer wieder Bibelzitate eingebaut (das ist die Romantechnik der Montage); sie weisen darauf hin, daß das Leben sich in größeren Zusammenhängen abspielt. Das ist wieder die Überhöhung, von der wir vorhin bei den Legenden und beim Alten Testament sprachen. Durch diese eingeblendeten Bibelzitate und Liedtexte wird immer wieder darauf verwiesen, daß es etwas Höheres, etwas Geistiges gibt, das das menschliche Leben durchzieht. - Dieser moderne Entwicklungsroman führt also von einem Zementarbeiter, der im Verbrechermilieu aufgeht, zu einem Menschen, der Entwicklungen durchmacht, so daß er von den Engeln für würdig erachtet wird, weiterzuleben. Das ist allerdings eine sehr anspruchsvolle Lektüre, die ich auch schon einmal in der 12. Klasse gelesen habe. Das geht allerdings nicht mit jeder 12. Klasse.

Ein anderer moderner Entwicklungsroman, sehr viel leichter aufzunehmen, ist "Homo Faber" von Max Frisch. Da wird nicht ein ganzes Leben geschildert, aber ein entscheidender Abschnitt am Ende von Fabers Leben, wo er aus seinem technischen Beruf, aus seiner Ingenieurswelt herausgeführt wird zum Verständnis von Schicksal. Es ist sehr erhellend, die Stationen dieses Weges zu verfolgen. Ein Entwicklungsroman sieht heute also ganz anders aus als früher, er ist sehr viel versteckter.

A.K.: Können Sie zum Schluß noch einmal auf den Unterschied zwischen Entwicklungsroman und Biographie eingehen?

C. Göpfert: Auch der Entwicklungsroman ist eigentlich eine Biographie, nur von einem Menschen, der nicht gelebt hat. Der Entwicklungsroman ist auf jeden Fall eine Ergänzung zur Biographie. Wenn ein Mensch daran interessiert ist zu erfahren, was für Leben auf der Erde gelebt worden sind, so wird er sicherlich eher zu Biographien bzw. zu Tagebüchern greifen. Wenn man einen Entwicklungsroman liest, dann ist dort immer schon der Schritt zur Dichtung vollzogen. Es wird etwas geschildert, was hätte sein können, was aber nicht dagewesen ist. Der Entwicklungsroman ist wie eine Art Vorschlag, wie menschliches Leben sein könnte, während die Biographie sich ganz am konkreten Geschehen orientiert.

Anschriften

Christoph Göpfert
Wallenhorster Str. 55, D-4550 Bramsche 8

Prof. Dr. Bernard C.J. Lievegoed
Prof. Sproncklaan 13, NL-3705 AA Zeist

Ulrich Morgenthaler, Forum 3
Gymnasiumstr. 21, D-7000 Stuttgart 1

Christine Pflug
Mittelweg 147, D-2000 Hamburg 13

Hans-Werner Schroeder
Spittlerstr. 11-15, D-7000 Stuttgart 1

Helmuth ten Siethoff
Es grand clos, CH-1083 Mézières (VD)

Dr. Annette Vogt
Franz Hitze-Str. 19, D-4400 Münster

Tijno Voors, Centre for Social Development
Old Plaw Hatch House, Sharpthorne, GB-RH19 4JL West-Sussex

Mathias Wais, Beratungsstelle
Hesseweg 24, D-4600 Dortmund 14

Gibt es weiteres Material über die Anthroposophie im "Dritten Reich"?

Vor sieben Jahren fragte der damalige Herausgeber der Zeitschrift "Beiträge zur Dreigliederung des sozialen Organismus" die Leser von Info3: Gibt es Material über die Anthroposophie im Dritten Reich?

Inzwischen hat sich so viel Material angesammelt, daß es sinnvoll erscheint, dieses in einer Dokumentationsreihe in den "Beiträgen ..." herauszugeben. Aus diesem Grunde möchten wir die damalige Anfrage nochmals aufgreifen. Der Herausgeber der "Beiträge ..." schrieb damals in Info3, 3/83:

"Aus der Geschichte ihrer Bewegung und aus Hinweisen Rudolf Steiners mußten die Anthroposophen wissen, daß zwischen ihnen und der nationalsozialistischen Bewegung eine besondere Beziehung besteht. Was haben sie gegen die hereinbrechende Flut unternommen? In Berichten, Lebensbeschreibungen und Autobiographien findet man nur kärgliche Hinweise über Tätigkeiten in dieser Zeit. Beschrieben wird, wie man sich an die neuen Gegebenheiten erst angepaßt hat und wie dann doch alles verboten wurde.

Wir dürfen diesen Zeitabschnitt von 1925 bis 1945 weder vergessen noch verdrängen, sondern müssen ihn aufarbeiten. Dies ist meines Wissens auch für die anthroposophische Bewegung noch nicht geschehen."

So weit der damalige Aufruf. - Wir suchen heute zur Abrundung unseres Materials weiterhin:

- persönliche Erlebnisberichte,
- Lebensbeschreibungen,
- Dokumente,
- Hinweise auf Veröffentlichungen u.v.a.m.

Wir meinen, daß die Auffassung, man solle das alles doch ruhen lassen usw. mit einer spirituellen anthroposophischen Geschichtsauffassung unvereinbar ist, da die Probleme nicht von den Geschichtsbüchern verschluckt wurden, sondern fortbestehen. Wir möchten nur an die vielen Millionen Toten der damaligen Zeit erinnern, die nach anthroposophischer Auffassung der Zuwendung bedürfen. Die Geschichte dieser damaligen Zeit ist schon in ihrem äußeren Ablauf kompliziert und in ihrer Beurteilung extrem strittig. Die mit ihr verbundenen spirituellen Probleme sind praktisch nicht einmal angedacht.

Bitte geben Sie in Ihrer Zuschrift an, ob der Text zur Veröffentlichung zur Verfügung gestellt wird oder ob er der persönlichen Information dient; außerdem, ob Sie ein Interesse an der Dokumentationsreihe der "Beiträge ..." haben.

Arfst Wagner

Kontakt: Redaktion "Beiträge zur Dreigliederung ..."
Lohengrin Verlag, Apenrader Weg 80, D-2370 Rendsburg

Bücherschau

Walter Kühne: Die Stuttgarter Verhältnisse und Rudolf Steiners Impuls der Sozialen Dreigliederung

Novalis Verlag, Schaffhausen 1989, 139 Seiten, DM 25,-

Seit einigen Jahren konnte man hier und da diese Aufzeichnungen Walter Kühnes in Form eines Schreibmaschinen-Manuskripts finden. Im Jahre 1962 hatte er diese Erinnerungen an die Zeit der Dreigliederungsbewegung 1920/21 in einer kleinen Anzahl vervielfältigt und sie einem Freundeskreis zur Verfügung gestellt. Das Buch wird sicher nicht nur positive Besprechungen erhalten. Zu persönlich ist der Ansatz der Darstellung Kühnes. Er schildert aus seiner Sicht die Vorgänge im Bund für Dreigliederung, dessen von Rudolf Steiner eingesetzter Leiter er war. Er selbst tut dies ganz bewußt in Kenntnis des vielleicht zum Teil einseitigen Blickwinkels. Man muß es deutlich sagen: Ein solcher Blickwinkel muß gestattet sein und ist es auch. Es ist auch erlaubt, die Persönlichkeiten, die sich seinerzeit um die Dreigliederungsarbeit bemüht haben und sich auch anderweitig um die Anthroposophie unzweifelhaft verdient gemacht haben, aus diesem Blickwinkel heraus einmal kritisch anzuschauen. Immer wieder zeigt Kühne, wie sehr er in der Lage war, die sachliche Auseinandersetzung von der rein menschlichen Beziehung zu unterscheiden. Das Buch zeigt aber auch, daß diese Fähigkeit nicht weit verbreitet war.

Die menschliche Seite spielt stark in das damalige Scheitern der Dreigliederungsbewegung hinein. Eine ungeheure Tragik zeigt sich gerade in der Auseinandersetzung Walter Kühne - Emil Molt. Der Begründer der ersten Waldorfschule kommt dabei nicht gerade vorteilhaft davon.

Eine anthroposophische Buchhandlung in Norddeutschland weigert sich bereits, dieses Buch in ihr Sortiment aufzunehmen. Man meinte aus dem Vorwort herauszulesen, daß Kühne selbst eine solche Verbreitung nicht gewollt habe, da er selbst im Vorwort schriebe, er habe diese Aufzeichnungen nur wenigen Freunden vorgelesen oder zum Lesen gegeben. Das galt aber nur für die vorläufige Fassung von 1958. Im Jahre 1962 wich er von dieser Auffassung ab, wie man in dem Vorwort selbst lesen kann.

Den Inhalt des Buches bildet die Beschreibung des Kampfes Kühnes mit dem, was Rudolf Steiner das *Stuttgarter System* genannt hat: Zentralismus und Ämterhäufung innerhalb der anthroposophischen Arbeit in Stuttgart.

Jedem einigermaßen gutwilligen Leser wird es deutlich sein, daß es sich bei dem Buch nicht um eine persönliche Abrechnung Kühnes mit seinen damaligen Freunden handelt. Fast allen Menschen, mit denen er damals in Fehde lag, blieb er menschlich verbunden.

Das Nachwort des Herausgebers enthält einen Hinweis auf eine wichtige Aktivität Emil Molts, der sich bemühte, die Dreigliederung dem damaligen Außenminister Simons nahezubringen. Dieser Versuch bewirkte eine Reaktion Adolf Hitlers, der, was vielen Lesern vielleicht unbekannt sein wird, sich bereits am 15. März 1921 in einem Aufsatz über Rudolf Steiner und die Dreigliederung ausgelassen hat. Die Passagen dieses Hitlerschen Aufsatzes sind im Nachwort zitiert.

Alles in allem ist das Buch eine lehrreiche Fallstudie. Allerdings wird nur derjenige Leser ein wirkliches Verständnis von Kühnes karmischer Position finden können, der in der Lage ist, die Welt auch aus den Augen seines Nächsten zu sehen und der einer bewußt subjektiven Betrachtungsweise gegenüber es nicht nötig hat, diese ohne Versuch des Nachempfindens abzuqualifizieren.

Arfst Wagner

J. Emanuel Zeylmans van Emmichoven: Wer war Ita Wegman Eine Dokumentation. Band 1

Edition Georgenberg, Grabengasse 9, D-6900 Heidelberg, 1990. 388 Seiten, 28 Abbildungen auf Kunstdruckpapier und zahlreiche Faksimiles. Ln. DM 56,- (Subskriptionspreis bis zum Erscheinen von Band 2. Bezug nur über den Verlag.)

Daß es bisher keine Biographie von Ita Wegman gab, kommt erst dadurch so richtig zum Bewußtsein, daß es jetzt anders ist. "Wieso, gab es denn das noch nicht?" Erschreckenderweise muß die Antwort "Nein" lauten. Vergleichsweise periphere Gestalten der anthroposophischen Bewegung, wie zum Beispiel Stein und Kolisko, wurden bereits in umfangreichen Büchern gewürdigt. Über Ita Wegman wußte man nur, daß sie bis zu seinem Tod das Vertrauen Rudolf Steiners besaß und 1935 aus dem Vorstand der Anthroposophischen Gesellschaft ausgeschlossen wurde, wobei selbst diese beiden nüchternen Tatsachen stets, wenn die Sprache auf sie kam, mit einem Nebel des Mysteriösen überzogen wurden.

Nach zehnjähriger Arbeit legt Emanuel Zeylmans van Emmichoven nunmehr den ersten Teil seiner zwei Bände umfassenden Dokumentation zum Leben Ita Wegmans vor.

In einer "Information für den Buchhandel" begründet der Verlag Edition Georgenberg die Entscheidung, das Buch nur durch Direktbestellung, also nicht über den Buchhandel zu vertreiben, mit den "Bedenken, die von seiten der Urheberrechtsinhaber wegen des persönlichen Charakters der Dokumentation grundsätzlich einer Veröffentlichung entgegenstanden." Dieser Passus betrifft offensichtlich die zehn erstmals veröffentlichten Briefe Rudolf Steiners an Ita Wegman, und hier steht man in der Tat staunend vor persönlichen Dokumenten, die in ihrer inhaltlichen Aussage weit über das hinausgehen, was bisher zugänglich war: Der im Anhang der Dokumentation faksimiliert wiedergegebene Brief ist das einzige authentische Schriftstück, in welchem Rudolf Steiner konkret über eine eigene frühere Inkarnation spricht. Liest man diese Briefe, so stellt sich vor allem die Frage, warum solche für ein Verständnis der letzten Lebensjahre Rudolf Steiners unerläßlichen Dokumente erst jetzt veröffentlicht werden.

Auch zur Geschichte und Struktur der Anthroposophischen Gesellschaft enthalten Zeylmans Darstellungen eine Reihe bemerkenswerter Gedanken. Im Vordergrund steht natürlich der Lebenslauf Ita Wegmans und ihre ganz besondere Beziehung zu Rudolf Steiner. Sehr sympathisch ist, daß man Ita Wegman als Mensch kennenlernt, nicht nur als Ärztin, Mitarbeiterin etc. und dadurch auch zu Rudolf Steiner als Mensch Zugang findet.

Der erste Band umfaßt die Jahre 1876 bis 1925; im Herbst 1991 soll der zweite Teil für die Zeit bis 1943 erscheinen. Emanuel Zeylmans ist zu wünschen, daß es ihm gelingt, diese Periode der Irrungen und des Zerfalls mit ebensoviel Wärme, aber auch sachlicher Zurückhaltung zu schildern wie Ita Wegmans erste sieben mal sieben Lebensjahre, den potentiellen Lesern, daß der zweite Teil so viel Spannendes und Neues enthält wie der erste.

Wolfgang Weirauch

Soeben erschienen: